重塑游戏、电竞与情感经济 ○＋＋口
游戏直播简史

Watch Me Play
Twitch and the Rise of Game Live Streaming

[美] T. L. 泰勒（T. L. Taylor） 著　　　曹书乐 何威 译

华东师范大学出版社

·上海·

图书在版编目（CIP）数据

游戏直播简史：重塑游戏、电竞与情感经济 /（美）T. L. 泰勒著；曹书乐，何威译. -- 上海：华东师范大学出版社，2025. -- ISBN 978-7-5760-5292-3

Ⅰ.G898.3

中国国家版本馆 CIP 数据核字第 2025W8T064 号

Watch Me Play: Twitch and the Rise of Game Live Streaming
by T. L. Taylor
Copyright © 2018 Princeton University Press
Simplified Chinese translation copyright © 2024 by East China Normal University Press Ltd.
All rights reserved. No part of this book may be reproduced or transmitted in any form or by any means, electronic or mechanical, including photocopying, recording or by any information storage and retrieval system, without permission in writing from the Publisher.

上海市版权局著作权合同登记 图字：09-2019-405号

游戏直播简史：重塑游戏、电竞与情感经济

著　　者	〔美〕T. L. 泰勒
译　　者	曹书乐　何　威
责任编辑	顾晓清
审读编辑	赵万芬
责任校对	姜　峰　时东明
封面设计	郑絮文　KW
出版发行	华东师范大学出版社
社　　址	上海市中山北路3663号　邮编　200062
网　　店	http://hdsdcbs.tmall.com/
客服电话	021—62865537
印 刷 者	苏州工业园区美柯乐制版印务有限责任公司
开　　本	890毫米×1240毫米　32开
印　　张	13.25
版面字数	284千字
版　　次	2025年5月第1版
印　　次	2025年5月第1次
书　　号	ISBN 978-7-5760-5292-3
定　　价	92.00元
出 版 人	王　焰

（如发现本版图书有印订质量问题，请寄回本社市场部调换或电话021—62865537联系）

献给父亲，经由他，
我寻得了对电视的热爱

致　谢

对我来说，写书是一个漫长的过程，包含着研究过程中探索的好奇和兴奋，随之而来的则是对多年工作成果进行整合和外化的艰难的写作之旅。在过去六年从事该研究项目的过程中，我有幸获得了很多出色的人的支持。

首先，也是最重要的一点，我衷心感谢这些从事现场直播的人，你们慷慨地向我提供时间和洞见。你们允许我进行采访、跟随活动、拜访住处，并借助你们的经验来研究这个引人入胜的领域，这些是其他一切都无可替代的。特别感谢 Twitch 和电子竞技联盟（Electronic Sports League，下文简称"ESL"）向我敞开了组织的大门，让我得以一窥这个行业中绝大多数人很少能看到的一面。两家公司的许多工作人员都愿意向我解释并展示工作内容，与我讨论复杂的问题，这使得这项研究成为可能。对此，我深表感谢。

衷心感谢肯德拉·艾伯特（Kendra Albert）、伊恩·康德瑞（Ian Condry）、梅甘·芬恩（Megan Finn）、基尚娜·格雷（Kishonna Gray）、丹·格林（Dan Greene）、弗洛里什·克林克（Flourish Klink）、格雷格·拉斯托夫卡（Greg Lastowka）、克劳迪亚·罗（Claudia Lo）、凯特·罗（Kat Lo）、凯兰·科伊尔·麦克多诺（Kaelan Coyle McDonough）、凯特·米尔特纳（Kate Miltner）、迪伦·马尔文（Dylan Mulvin）、赫克托·波斯蒂戈（Hector Postigo）、杰西·塞尔（Jesse Sell）、阿德里安娜·肖（Adrienne Shaw）、阿贝·斯坦（Abe Stein）、乔纳森·斯特恩（Jonathan Sterne）、尼克·泰勒（Nick Taylor）、威廉·尤里奇奥（William Uricchio）、王瑾（Jing Wang）和艾玛·维特科夫斯基（Emma Witkowski），在我研究过程中提供宝贵意见、和我深谈。感谢我在"任意键"（Anykey）的合作者摩根·罗明（Morgan Romine）于工作中分享的一切，这些意见经常成为本项目的有用的洞见。感谢汤姆·布尔斯托夫（Tom Boellstorff）和比尔·莫尔（Bill Mauer）将本书纳入"文化与技术"书系，并在关键时刻提供了有益的意见。感谢普林斯顿大学出版社的弗雷德·阿佩尔、娜塔莉·巴恩、塔莉娅·利芙、辛迪·米尔斯坦以及书稿的匿名审稿人提供的宝贵意见和支持。

我要特别感谢微软新英格兰研究院的社交媒体中心，尤其是南希·贝姆（Nancy Baym）、塔尔顿·吉莱斯皮（Tarleton Gillespie）和玛丽·格雷（Mary Gray）。大家接待我，让我在那里度过了几个月的美好时光。团队成员都愿意阅读本书的草稿，并提供了无与伦比的反馈意见；这些反馈既是真正的鼓励，也充满真知灼见，推动我的研究工作更上一层楼。

特别要向玛丽·格雷大声道谢。除了支持我访问微软，你还在我从事项目研究时经常与我交谈，是我写作时的伙伴。没有你，我就无法完成这个项目！你总是给我一针见血的反馈、充满关心的鼓励，是我全方位的好朋友，帮助我不断前进。

最后，我要一如既往地对米克表示最诚挚的感谢和爱意，尽管我在出版每本书后都说"再也不写了"，但米克仍一如既往地以各种方式支持我、为我加油。幸运如我，有你在我生命中。

目　录

第一章　播出我自己　　001

- 游戏很重要　　015
- 历史快照和研究方法　　019
- 本书结构　　026

第二章　网络化广播　　031

- 电视：人造物、体验与转变　　033
- 互联网广播　　040
  - 摄像头文化　　041
  - UGC、YouTube 和劳动　　046
- 多玩家游戏与旁观者　　052
- 网络化受众　　054
  - 我们为何观看　　055
  - 聊天　　059
  - 受众工作　　062

- 建造平台 067
  - 起源 073
  - 工程和策划 081
  - 成长 088

第三章 | 家庭工作室：从私人游戏向公共娱乐的转型 093

- 参与的轨迹 099
- 生产制作层面 104
- 娱乐与专长 112
- 情感和联系 118
  - 表演式游玩 121
  - 观众、社区……以及家族？ 124
  - 情感经济 134
  - 藏私 137
- 公共与私人 140
  - 日常生活与家庭空间 141
  - 不含地理位置的个人信息 144
- 观众的期待和成见 147
  - 刻板印象 149
  - 重视差异 153
  - 生存和发展 156
  - 适可而止 161
- 游玩的生意 163
  - 直播经济 164
  - 依赖平台和开发者 175

- 多频道网络、代理和律师　　184
- 有激情但不稳定的劳动　　188

第四章　电竞播出：抛弃电视梦　　193

- 超越电视　　196
- DIY 根源　　206
  - 技术性和黑客　　208
  - 内容与审美　　216
  - 经济与劳动　　218
- 作为网络化媒体事件的电竞　　223
  - 工作中的技术　　224
  - 制作中的劳动　　230
  - 情感审美　　236
  - 管理数字体育馆　　240
  - 商业模式　　246
- 构建受众和市场　　260
  - 想象中的受众与广告　　261
  - 公平与伦理　　270
  - 培育新的市场和受众　　275
- 增长、竞争和合并　　278
  - 行业间竞争　　278
  - 传统媒体和社交媒体的竞争　　284
  - 许可和版权　　290
  - 过度饱和的游戏供应　　293

第五章	网络化广播的规制前沿	295

- 社区管理　305
  - 管理员　306
  - 骚扰和毒性技术　308
  - 社会技术因素　311
- 政策　317
  - 成人内容　319
  - 着装规范和"虚假女玩家"　322
- 法律　330
  - 合理使用和粉丝生产　334
  - 作为转化性工作的"玩游戏"　339
  - 自治法　341
  - 自动执行　345
- 共创文化　348

第六章	作为媒介的直播	351

- 变化中的媒体产业　359
- 参与的政治　361
- 作为工作的游戏　363

注　释　367
参考文献　387

第一章

播出我自己

2012年5月的一天,我坐在沙发里上网时,偶然发现一个网站正直播在巴黎举行的电脑游戏《星际争霸2》锦标赛。在电子竞技比赛中,职业选手为赢取奖金而参赛。我研究过电子竞技,还为此写过一本书,可以说很熟悉游戏直播。即便如此,这场赛事还是吸引了我的注意力。比赛在美轮美奂的大雷克斯剧院音乐厅举行,镜头里两千多名精力充沛、欢呼加油的观众与游戏比赛的现场直播交织在一起。奇异的《星际争霸》世界——游戏中的"人族"、来自异世界的"神族"和令人毛骨悚然的"虫族",与大剧院中的电竞选手、解说员和观众的面孔共享着屏幕时间。然而,还有另一类观众——那些只在线上参与的人。我与世界各地成千上万的人一起通过互联网实时观看这场比赛。在我们的屏幕上,除了来自巴黎的视频画面,还有一个实时聊天版块。成百上千的人通过这种老式互联网中继聊天(Internet Relay Chat,下文简称"IRC")频道讨论比赛,用文字和表情符号一起为之欢呼。

　　我不仅是一名游戏研究者,也扎根于互联网研究、虚拟环境和计算机中介同步传播(SCMC)等领域。眼前的一切一下子激发了我的研究兴趣。吸引我的不仅是人们观看比赛的行为,还有赛事播出者与观众之间的传播形式和存在方式,既包括比赛现场的交流，也包括互联网上的交流。我被这一媒介事件（media event）的体验吸引。这场比赛面向全球观众实时播出。当晚我还了解到，人们也在推特（Twitter*）这样的在线空间中谈论它。我当时还开着电视，但很快就把电视的音量调低了。笔记本电脑上播放的这个游戏"频道"吸引了我全部的注意力。我立即明白，我需要更深入地探索这个空间。

我不是一个人在看，而是和千千万万的人一起实时观看，这种感觉十分强烈。对我而言，这是一种熟悉的、引发共鸣的体验。我一直都很喜欢电视，尤其是现场直播节目，从孩提时代起就感受到了它的吸引力。记得还是青少年时，我的卧室里有一台小小的黑白电视机，我在那里熬夜看《周六夜现场》，并由此进入了那个年龄段的我本无法接触到的成人世界。突发新闻经常让我实时感受到与广阔世界的联系。父亲总是要么在看晚间新闻，要么在看体育节目。我们家通常从傍晚时分打开电视，一直持续到上床睡觉。除了直播节目，我们还经常看动画片、情景喜剧和电视剧；我们看电影也主要通过电视，而非去电影院。电视机是全家共享的东西，它让我们会聚一堂，所以我们总是开着它。我对电视的个人经验和社会经验，正如隆·莱博（Ron Lembo，2000）提出的"连续的电视使用"（包括他对电视在自己的工人阶级家庭中的位置的个人反思）那样，既是世俗的，也是有意义的。[1] 有时它吸引了我的全部注意力，而在其他时刻它只是背景噪

---

* 编者注：Twitter、YouTube、Facebook 等虽有中文译名，但其英文名称已被广泛使用，因此在本书中，在后文出现时仍使用其英文名称。

音，提供一种令人感到愉悦的氛围。² 电视不仅存在于我的家庭生活中，还将我与外部世界联系起来；它向我提供娱乐、信息、与他人交谈的材料，给了我更广泛的文化路标，而有时就只是提供陪伴。

当然，与电视的这种关系并非我个人的独特体验。多年来，学者们已经记录了电视在我们生活中可能产生的深远作用，从政治、意识形态、制造迷思（myth）到社会化，它构建我们的家庭生活，平凡地存在着。³ 与一些电视研究学者不同，我从来没有把这样一个我喜爱和关注的事物作为研究对象。电视就是电视。但那天晚上，看着比赛直播，看着观众和我在网上并肩作战，我按下了暂停键。虽然我已做了一辈子的电视观众，但我也像很多人那样开始在网上和游戏空间中花费大量时间。这次直播似乎将所有的线索编织在了一起：这是电视、电脑游戏、互联网和计算机中介传播（CMC）的一次有趣碰撞。它作为一个现场直播的媒体产物，充满生机，既像电视，又是其他东西，这一切如此迷人。

在电子竞技，即正规化的电脑竞技游戏领域，人们长期以来一直在寻求游戏的电视转型，尽管这些年一路坎坷。这背后寄托着这样的希望：如果游戏可以进入广播电视领域，其合法性就能得到确认，观众的数量也可能大幅增长。在之前对该行业的分析中，我曾简要讨论过使用流媒体播放竞技类游戏，也即在网上进行游戏直播的现象，并评论了游戏玩家对 Justin.tv 和 Ustream 这样的"社交摄像头"（social cam）网站的使用现状（Taylor，2012）。这些网站通过网络摄像头直播日常生活、提供业余脱口秀表演，甚至提供非常生活化的"狗频道",比如播放一窝新生小狗崽酣睡的视频。但也有一些游戏玩家受到这些网站吸引,打开个人电脑,开始在网站上实时直播玩游戏,谁想要看便可以来看。尽管他们的所作所为并不太符合这些网站的预期使用模式,但他们在此驻足,用网站满足了自己的需求。

之后,在直播领域,事情很快发生了变化。2011 年 6 月,Twitch 作为一个致力于游戏的直播平台从社交摄像头网站 Justin.tv 中分离出来,并在数年间戏剧性地重塑了产业布局。[4] 到 2017 年,该网站号称每月有超过两百万名的独立主播,另外 Twitch 的"合作伙伴项目"每月还有超过 17000 名会员,以及"加盟计划"中的 11 万名创作者。这些内容制作者从每日直播中获取利润,而直播内容的日活用户为一千万(Twitch,2017b,2017c)。平台上什么游戏类型都有。大型电子竞技比赛通常会在一个周末内吸引百万观众。全能型主播(variety streamers),也即什么种类的游戏都直播的人,每次可以吸引成千上万的观众。只有少数主播能吸引大部分观众,小直播间的观众通常屈指可数,但在一天中的任何时间浏览网站,你都能找到数百个正在直播的直播间。[5] 虽然就观众规模而言,大多数大型电视体育赛事仍超过电竞直播,而且任何单场比赛的具体数字都应被谨慎看待,但直播作为一种新形式的广播和游戏内容的媒介,其整体增长是不争的事实。

Twitch 当然不是唯一助力电子竞技发展的平台;其他像优兔(YouTube)、脸书(Facebook)这样的平台公司或像 ESL、梦想骇客(DreamHack)、职业选手联赛(ProGamer League, PGL)和职业游戏大联盟（Major League Gaming，下文简称"MLG"）这样的组织，以及像拳头（Riot）、阀门（Valve）和暴雪（Blizzard）这样的游戏开发商都决意拥抱游戏直播，开始制作和/或发行直播内容。2013 年至 2014 年推出的新一代游戏主机 PS4 和 Xbox One，都具有支持玩家直播游戏的功能。特纳（Turner）这样的传统媒体公司则通过 E 联盟（ELEAGUE）锦标赛（下文简称"E 联赛"）进入这一领域，并在传统有线电视和 Twitch 上同步播放。每周 7 天，每天 24 小时，一小时接着一小时的游戏内容在互联网直播平台上被生产和消费。

虽然在任何领域用"浪潮"来进行分期都有可能遮蔽其中的连续性或掩盖一些早先未能流行起来的试验，但它还是有助于对电子竞技进行概述，这对那些可能对游戏知之甚少的人来说特别有意义。第一次浪潮（20 世纪 70 年代到 80 年代）由街机游戏和在家中使用的主机游戏所引领，这一阶段的游戏具有本地性。第二次浪潮（20 世纪 90 年代到 2010 年）借助了互联网的力量，使得多人联网游戏及全球竞技空间的形成成为可能。在这一时期，互联网的力量也成为快速启动电子竞技**产业**的一种手段，而这个产业在很大程度上参照了传统体育的模式。第三次浪潮（始于 2010 年前后）的核心是在线直播的增长，它利用了我们之前看到的网络的力量，并将其与电视有力地结合起来。正是在此期间，电子竞技不仅成为一种体育产品，还成为一种**媒体娱乐**的渠道。

职业电竞选手和团队通过直播游戏，并且往往是在卧室中进行的直播，获得了发展受众、打造品牌和获得收入的机会。锦标赛则利用它构建了主要基于互联网的全球受众，从而扩大了竞技游戏的影响范围（见图1.1）。有了在线直播，成为电子竞技的粉丝突然变得容易多了。

从此不再需要下载游戏重播文件、寻找YouTube或其他小众网站上的视频点播文件（video on demand，下文简称"VOD"），或在赛后不断搜索比赛结果。Twitch上有从练习到比赛的海量内容。在那里可以跟其他观众聊天，"关注"自己最喜爱的频道以接收开播的通知，还可以每月缴纳会员费订阅频道，其中一项"会员特权"便是从直播中去除广告。2014年亚马逊收购了Twitch，如果将亚马逊的Prime会员关联到自己的Twitch账号，还能在平台上获得额外的好处，例如获得免费的游戏内容。[6]我之前已经追踪研究过第二次浪潮中的电子竞技，而游戏直播的出现让我进一步认识到，电视体验与网络文化的力量结合后，将会如何深刻地改变一个新兴的行业。

然而，当我在网站上花费更多时间后，我意识到其背后隐藏着一个更大的产业。游戏直播的增长并非仅仅关乎电子竞技，也关乎游戏文化和游戏分享中更大的变化。Twitch上的竞技游戏活动精彩绝伦，但这并非只是电子竞技在流媒体直播中寻找家园。该媒体为各类玩家提供了打造观众群的机会，观众有兴趣观察、评论他们，与他们一起玩游戏。直播使得各类游戏玩家**将他们的私人游戏转变为公共娱乐**。像YouTube之类的网站，长期以来一直通过发布游戏视频满足用户的这一愿望，而直播进一步向主播们提供了通过同步聊天窗口与观众实时互动的机会以获得更高的回报。观众自身以及观众与主播之间的互动，也融进了节目。

图 1.1 新兵 vs VG：2014 年国际邀请赛总决赛。战队选择比赛所用的角色。图片右下角显示出当前观看人数（213,391）、频道总浏览量（38,693,102）以及特别标记出该频道的人数（92,624）。屏幕右侧是即时聊天窗口

游戏直播已经成为**网络化广播**[①]（networked broadcast）的一种新形式。

这些非电子竞技主播，通常被称为"全能型游戏主播"，因为他们玩的游戏范围很广，从全新 3A 大作到经典任天堂主机游戏，再到小众独立游戏。他们也是平台的重要组成部分。他们在玩各种游戏时进行直播，以满足观众不断增长的需求。为将自己的脸呈现在游戏屏幕上，他们还经常使用绿幕。在游戏窗口和摄像头窗口之外，还有一个聊天空间，观看游戏直播的人可以在此与主播及其他观众进行互动（见图 1.2）。电竞直播时聊天窗口会频发欢呼，与之不同的是，这些频道中的谈话既有与主播或其他观众关于游戏的聊天，也有关于日常生活的闲聊。

虽然电脑游戏是 Twitch 的主流，但几年过去，频道中也开始出现数字游戏之外的直播。热心的卡牌游戏玩家，比如万智牌的玩家，也开始在平台上练习和竞技。现在，老派的"桌面"角色扮演游戏也能直播，并在可视化玩家角色及掷骰子过程方面进行了创新（见图 1.3）。[7]

除了这些多样化的、有时是实验性的游戏直播形式，Twitch 也成为分享创意工作（比如制作 Cosplay 服装或艺术）、分享厨艺和进行吃播（人们直播自己吃东西）以及分享音乐（从练习到大规模的演唱会）的地方。Twitch 平台回归了 Justin.tv 的传统，设

[①] 译者注：broadcast 在英文学术界指通过广播和电视进行信息传播，通常译作"广播"。本书根据上下文和中文使用习惯，将原文中的 broadcast 分别译作"广播""广播电视""播出"等。"直播"则对应原文中的 live streaming。

图 1.2 "真人 vs 游戏"(MAN vs. Game)频道的游戏直播画面,2013 年

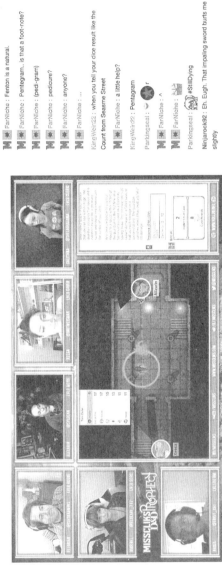

图 1.3 MissCliks D&D 频道的游戏直播画面，2017 年

置了一个名为"现实生活"（in real life，下文简称"IRL"）的直播类别，使人们能够直播自己的日常生活。

这个平台最初只支持数字游戏，现在已迅速拓展成那些想为他人制作各种创意内容的人的平台。一些内容吸引了少量亲朋好友，另一些内容则在周末活动期间吸引了数千乃至数百万的观众。整个平台上，参与者都在创造新的娱乐产品，将玩游戏、耍幽默、评论和与粉丝及观众的实时互动融合在一起。一些全能型主播与电子竞技主播一样，正努力通过广告、赞助、打赏和其他变现形式，将他们的游戏时间转换为职业工作。

这些创造性的活动非常新颖，但并非全然发生在现有媒体行业之外。游戏公司已习惯于通过播出将产品推送到玩家面前，让玩家对游戏品牌产生兴趣，这其实是在尝试将直播作为一种营销和推广的形式。从举办游戏发布会到组织游戏开发商谈话，许多公司正在利用直播空间作为一种新的公关和支持形式。一些开发商，如荷兰的独立工作室弗拉姆贝尔（Vlambeer）的拉米·伊斯梅尔（Rami Ismail）已经将平台整合到了其设计过程中。他一周两次直播游戏《废土之王》的开发过程，包括与观众的实时对话和反馈。此外他还通过阀门的 Steam 平台分发抢先体验版——这能通过 Twitch 购买，还出了特殊聊天表情符号，也支持频道订阅。[8] 位于马萨诸塞州的普罗列塔利亚特（Proletariat）游戏开发工作室则专注于制作直播游戏，例如《流线》（*Streamline*），这款游戏可以让主播和观众一起玩。观众还可以通过投票决定游戏中出现什么样新的即时挑战，例如地面突然喷发火焰，所有玩家就都得往平台上跳。

在这一切背后,从核心平台开发商到开发直播工具的第三方科技公司,一直在努力建构和维护视频服务的基础设施,并创造了让它们得以生存的经济模式。工程及网络基础设施的严峻挑战、视频压缩技术和大规模用户管理系统,在全球化的语境下纠缠、发展。直播所催生的大量新活动,从根本上来说是与由专业和业余开发人员所建造的社会技术物(sociotechnical artifacts)相联系的。

在这些创新和尝试中潜藏着许多关键问题。显而易见,关于平台和技术将如何运作的决策与关于网络游戏、观众和媒体的未来的想法密切相关。例如在许多用户生产内容(user-generated content,下文简称"UGC")的平台中,广告仍然是变现的主要模式,但它也遭遇着独有的、持续的一系列挑战,从广告拦截软件到广告库存(ad inventory),再到对广告过度饱和的担忧。在许多 UGC 平台,特别是那些原创内容和知识产权内容交织的平台上,仍不断爆发关于所有权和监管的小规模冲突。作为平台上的亚文化空间,其承载着充满活力的实践社区,而对它的治理和管理仍然是令人头疼的问题。正如许多互联网社区和游戏社区的情况一样,推动创新和新文化形式的巨大创造力,经常与试图管理它的法律或社会框架产生冲突,而这些框架又很难对其进行管理。虽然直播正在改变媒体的生产、传播和日常实践,但它仍然存在于通常与文化走向并不同步的法律和治理框架中。

从向他人直播自己玩游戏的个体到观看直播的群体,直播让我们看到了网络和媒体文化与当代数字游戏的碰撞,以及在线内容生产者和观众的未来。我们看到了一种新的网络化广播的形式的崛起：它与将私人游戏转变为公共娱乐的愿望息息相关。但游戏文化的这个新趋势也是媒体领域更大范围内变革的一部分。从退订电视（cord cutting）到寻找生产和发行的替代路径，游戏直播是媒体行业正在发生的更大转变的一部分。

游戏很重要

在着手写这本书时，我觉得有必要将它锚定在游戏研究之外更广泛的对话中。从电视研究到互联网对创意实践的影响，再到社会技术系统，有很多东西可以被拿来理解游戏文化。对我们这些接受过传统学科训练的人来说，这种做法并不罕见。我们经常卓有成效地回顾本学科或其他成熟的学科，以辅助我们穿越游戏文化的疆域。我希望这条线索能够清晰地贯穿全书。但我想在这里呼吁各个不同学科严肃地对待游戏，将其视为经验数据和知识创造的宝贵之地以及媒体、网络和社会技术景观中具有决定性的核心部分。

游戏直播与当代的许多问题有关，这些问题不仅涉及媒体转型，还涉及对文化生产和日常用户的更广泛的考量。如能理解这个领域，我们将更好地看清整体。近二十年来，我目睹游戏研究发展为一个研究领域，看着它在本领域外的学者的关注下起起落落。2005年前后，各个领域的研究者开始关注大型多人在线游戏（如《魔兽世界》）或虚拟世界（如《第二人生》），但很少有人持续关注游戏文化的变化和发展。这种情况的出现，部分责任在于游戏研究者并不总能将自己的领域与更广泛的学术研究和公共利益联系起来,还有部分责任在于游戏研究领域之外的学者对这一研究领域的关注不足。这是一种不幸,会对我们更广泛的集体研究议程造成严重后果。在这些议程中,我们不仅要理解社会技术系统,还要了解更多传统形式变化的方式。那些对批判性分析平台、新兴媒体和在线公民参与感兴趣的人,也将受益于对严肃文化事件在原先所认为的休闲空间中展开的过程的观察。

日常生活被工作和休闲填满,是人们经常深入探索政治、文化生产和社会技术系统之所在。这也是政治以间接方式影响我们的地方。尽管许多人的所作所为都谈不上是我们所谓的"严肃公民参与",但我们每个人每一天都身处朋友、同事、陌生人和家人之中,应对着家庭生活和工作中的一系列关键问题。回家后,我们试图通过各种形式的休闲放松来逃离"现实世界",这是日常生活的常态。游戏日益成为这样一种空间。游戏玩家经常遇到自己社交世界之外的人,并在这些系统中构建起网络和在线生活。然而游戏现在已前所未有地与商业化平台、复杂网络和媒体基础设施紧密联系在一起。公司、政策和法律,从知识产权到行为标准,无所不包地管理着游戏。用户、所有者和系统共同构成了一个空间,它反过来又形塑了我们的体验。这也就意味着,人们玩游戏的那些时刻仍是**最**具政治色彩之所在。

就像体育和其他形式的媒体一样,休闲与性别、种族、性、社会认同和社区、规范模式和复杂的监管体系紧密相连。经常被鄙视为"简单休闲"或"玩玩而已"的东西,实际上在我们所有公民生活和政治生活中都具有深刻的核心性和形成作用。当然,一些游戏研究学者使用"魔圈"的概念来具象化这种区分。坦率地说，这种做法在概念上弊大于利。这不仅受到数字游戏社会学研究的经验挑战，也受到根植于人类学的游戏研究的长期挑战。[9] 这些早期学者的研究发现只在我们当下的数字游戏研究中不断得到回响，但我们的玩耍和游戏总是与我们的日常生活密不可分。我们的身份、身体和社会政治世界总是与之紧密相连。游戏研究者必须关注游戏的语境，同样，那些对我们生活中更"严肃"的方面如政治或公民生活感兴趣的学者，也能从关注休闲和游戏中获益。

通常情况下，在游戏和休闲空间中，你可以看到数年或数十年后将在主流社会中出现的关键问题的预兆。不妨想一想，举例来说，对基于文本的多用户"地下城"（MUD）游戏（最早的虚拟世界之一）的早期研究，处理的便是代码、治理和参与形式之间的关系。[10] 长期以来，游戏研究者都在争论技术和社会实践之间的相互关系、技术系统如何共同构建经验，其中还包括社会控制和秩序的形式如何内嵌于系统中。[11]

早期的游戏研究者还探讨了通过游戏建立在线社交网络的意义。经由游戏，传播、自我呈现、具身性形式以及线下和线上生活之间的回路将我们与朋友及陌生人联系起来。[12] 虽然现在"社交媒体"一词已经成为指涉我们在线经验的主要术语，但早期的多玩家游戏世界才是最早探索在线生活意义的地方。在那里，我们的身份和社交网络已经超越了物理和地理的限制。在丰富的新兴游戏文化中，学者研究这些空间中的性别、性和种族，由此阐明社会技术系统与令人不安的行为交织在一起的关键节点。他们帮助我们了解社区、平台和游戏如何培育与线下的自我和身份概念有关的包容和排斥系统。[13] 他们研究社区本身如何管理边界、推行特定的传播和行为模式,以及应对经常出现的骚扰和排斥。[14]

早在"UGC"成为学界和业界的一个新名词之前,游戏研究者就在分析玩家的生产——普通游戏玩家如何为其他玩家创造内容,如游戏模组(mods,即modifications的缩写)、视频或网站。其研究为我们提供了对生产者和消费者的主流设定如何被破坏的分析。[15] 这些活动又反过来推动了对平台与正式设计以及实际使用之间的迭代的探寻。在这个过程中,开发者挑选了一些UGC或相关实践来改进官方产品。[16] 与此相联系的是,要考虑到全球商业化平台已经成为人们生活中的主要节点——现在任何关注Facebook或Twitter的人都能理解这一点。[17]

游戏研究为我们现在最重要的政治和批判性对话提供了持续的早期探索。这在很大程度上是因为这些问题是休闲和游戏所固有的,而非来自游戏外部。虽然在游戏研究领域中,一些人试图将这个领域划为特殊领域,但他们这么做是错的。游戏研究者可以从社会学、人类学、媒体研究和科学技术研究(仅举几例)等领域学到很多。同样,对那些对新旧媒体的批判和政治性感兴趣的人来说,研究游戏也收获颇丰。很多时候,学者向我表示,他们认为自己不足以被称为游戏玩家甚至对游戏望而生畏,无法真正了解这个研究领域中正在进行的发展。这真是令人遗憾。这正是我们所有人错过的、能将我们的工作沿着这个领域的边界联结起来的良机,如能这样,我们便能观察到领域间的共鸣或隔阂,看我们的数据和论述是否能支持彼此的论点,以及研究是否真的能对它构成挑战。

我们的媒体生活并不是散点存在的。一个人不会仅仅是电视观众、Twitter 用户、体育迷或游戏玩家。媒体和休闲实践**跨越多个平台和社区，交叉并相互影响**。其中，实践、体验和生产的循环在起作用。在默认情况下，任何节点都已与其他节点纠缠在一起——它们总是身处多地。即使我们对框架中的一个单独对象展开分析（例如，我选择 Twitch 作为我的目标平台），我们也必须转向构成我们媒体生活的集合体，才能充分理解正在发生的一切。

玩乐和游戏与重要的事物密切相关，并影响着我们的生活。这最终意味着游戏是一个公民空间、政治领域、媒体领域和批判之所，同时又是一个休闲甚至是休息和放松的场所。我们不能把游戏赶到一隅，视其为古怪的前哨、学术上的猎奇。对很多人来说，它是巨大的乃至**最重要**的直接参与核心文化问题和辩论的空间。它塑造并深刻影响着主流的对话和文化。游戏很重要。

历史快照和研究方法

当我开始着手这个项目的研究时，我以为会写成一篇论文，让我 2012 年的关于电子竞技研究的书得到一次更新。然而它却发展成为一个对特定直播网站的完整案例研究。但是，理解这一点至关重要，正如许多此类项目一样，它深深根植于一个特定的历史时刻。为本书研究所做的田野调查主要集中在 2012—2015 年间，早期 Twitch 主播不仅活跃在这个平台上，还在其他领域参与更广泛的直播尝试。这一时期，电子竞技组织将早期的大量新兴媒体实践推向繁荣。全能型主播努力开拓具有创新性的实践，不少接受我访谈的主播都渴望以一种当时还无法想象的方式走向职业化。当我走访 Twitch 在旧金山的办事处时，它还是一家新兴的小公司，尚未归亚马逊所有，并且毫无疑问地生存于游戏和科技文化的边界。

平台以及游戏和更广泛意义上的媒体，都在不断转型和变化，其速度快得往往让我们跟不上。在本书中，我试图为这些变化提供路标，但大部分数据和分析都应该被视为与游戏直播的早期阶段（Twitch 出现后的一段时间内）密切相关。游戏直播的早期先行者，是积极寻求直播并以引人入胜的方法推动其发展的个体游戏玩家和相关组织，我记录在本书中的大部分内容主要来自他们的实践。特别是在过去几年间，我有幸会见了许多新学者，他们通常在忙毕业论文的相关工作。当这个空间在游戏和媒体文化中的地位越来越稳固的时候，他们向我提供了关于这个空间的丰富叙述。尽管具有一定的时间和平台局限性，但我希望这一研究可以成为有用的历史案例，提供概念上的干预和挑战，让未来的读者在直播取得新发展的情况下也仍会觉得这些叙述有意思。

与我之前的研究项目一样，这项研究也采用定性的社会科学方法，使用从访谈到档案研究的多种研究工具。之前我做电子竞技研究时，因研究对象横跨大量不同的网站和域名而面临独特的挑战，这次我很早就决定回归我的方法论根源，主要关注单一平台 Twitch。我将它作为一个关键案例，通过深入挖掘，使之既有丰富的特殊性，又能与更广泛的语境对话。这种写作风格更契合我在民族志方法论上的敏感性，而且坦率地说，考虑到平台本身的异质性，这也为对处于深刻转型期的现象的研究提供了宝贵的可操作的锚点。[18]

我花了数百小时观看直播，抓住有趣的时刻，包括伴随直播的聊天（通常用截图和笔记的方式记录下来）。有时我观看的直播是一次性的，其他一些主播则是我长期关注并通常已经订阅的。在开始这项研究项目时，我学会了如何直播自己玩游戏，以此理解网站的基本功能。几年来，观察 Twitch 上直播实践的出现、演变、变化甚至消亡，让我获得了很棒的机会。它也让我看到了整个网站的文化，例如在其中出现和传播的审美或传播惯例，以及不同频道的亚文化的多样性。

谈论"Twitch 上的直播"是一种有用的方式，可以将一些事情联系在一起以试图理解更广泛的现象。但当人们想在一些特定的频道中观察不同的实践和亚文化时，这种做法也存在分析局限性。我很早就发现，杰弗里·鲍克（Geoffrey Bowker）和苏珊·李·斯塔尔（Susan Leigh Star）的"边界对象"（boundary objects）概念对理解游戏空间十分有用，直播也不例外。他们指出："边界对象是那些既存在于多个实践社区，又满足其中每个社区的信息形成要求的物体。因此，边界对象既具有足够的可塑性，能适应若干使用方的本地需求和限制，又足够强大，能保持一种跨站点的共同身份。"（Bowker and Star，1999，297）当你试图了解包括公司代表、个人用户和第三方商业利益方在内的不同行动者如何以各自特定的方式参与其中，彼此保持本质上的张力，但仍然日复一日地共存下去时，这个框架就显得尤为强大。

游戏直播暂时的连贯异质性可能是值得我们去理解的最重要的层面之一。它使我们能够批判性地思考以及从方法论上思考平台作为横跨整个网站的连续性空间的问题,这个网站同时拥有充满活力的、在微观层面上共同构建文化的亚文化世界。

  本书的研究还包括在线论坛中的数据收集、在不同的互联网空间中关注别人和相关的讨论,以及从印刷物和网络媒体中收集新闻报道。我在进行互联网研究时学到的最早一课便是,要跟上网络社区的前进步伐。人们很少会停留在一个平台上,而是会使用各种平台来构建自己的整体在线经验(Taylor,1999)。现场直播也是如此。参与者使用各种不同的渠道来创建社区并维持社区日常运作,推动直播实践。互联网用户特别善于跨站点整合资源以管理和增强在线体验。所以,我默认这个项目的研究是跨站点的,并且充满了"意想不到的轨迹"(Marcus,1995,98)。虽然Twitch构成了该研究的基础,但研究也将我带到一些新闻网站、红迪网(Reddit)、Twitter以及Facebook上。正如之前许多其他基于互联网的社区一样,主播也是自己的空间和实践的狂热编目员和分析师。将这些资源整合到一起,对理解直播的生态至关重要。

  通过Skype以及面对面的方式,我对很多游戏主播——从什么游戏都玩的主播到主要专注于某个竞技性游戏的专业电子竞技游戏玩家进行了访谈。因为我有兴趣了解人们如何在投入大量时间、金钱和社交网络的"严肃休闲"领域中遨游或尝试将玩游戏和创意工作职业化,所以我主要关注主播们如何努力使直播变成一份全职工作。我通过看直播、参加活动以及一个人推荐另一个人的"滚雪球"的方法寻找访谈对象。我还做过家庭访问,看主播采用的直播设备,有的时候与主播的家人交谈,这些都为我提供了关于直播工作与家庭生活相交之处的额外洞见。我也访谈过一些为主播组建团队、开发界面图形和智能助理以及从事其他幕后协助工作的人。我还组织了一些公共论坛,让主播谈论自己的工作,并以一个专注于公平和包容性游戏的组织"任意键"研究主任的身份召开内部研讨会。[19]

我的田野调查工作已经扩展到电竞组织如何受直播的影响并在此语境下获得发展,我也有幸与一些直播大型赛事的电竞组织进行交谈。他们中的许多人多年来一直从事电子竞技行业,在应对播出和观众的挑战方面拥有丰富的经验。他们对行业的变革具有宝贵的洞察力。我进行了一些短暂的"幕后"访问,旁观电子竞技现场的媒体制作过程,还在大型赛事的后台度过几个完整的周末,了解其技术、组织和制作实践,并与身处百忙之中的专业人士交谈。我获得的一些关于电竞比赛制作的最重要的智慧,就来自我在后台亲眼看到媒体制作过程的时刻。在现场与人交谈、了解他们如何为全球观众建构和举行大型赛事,给了我巨大的启发。我之前的作品曾对其中一些组织进行过研究,因此这个难得的机会让我看到了熟悉的公司的转型,看到他们如何将新的媒体形式整合到业务中去。在许多方面,这些活动能让我看到未来的媒体实践,也即本地活动、全球受众和互联网传播的融合。

除了这些主题明确的线下活动,我还有几次在其他公共场合了解直播的机会。我曾多次参加在波士顿举行的 PAX East 游戏展①，这让我有机会在 Twitch 展台前长时间逗留，与各种各样的主播和粉丝见面并交流，并将直播置于更广阔的游戏文化中。我也有幸参加了 Twitch 组织的前三次年会，这是公司特别为主播举办的大会。看到平台本身努力建设社区、教育主播、支持粉丝，这样的经历非常有价值。在这些不同的活动中，我主持了几次有关直播的小组讨论，这反过来也为我提供了许多额外的与参会者交谈的机会。会议展览也被证明是与公司会面和聊天的好机会，这些公司包括音频及视频制造商、软件开发商甚至是服务提供商，大家都在争夺由小型媒体制造商构成的这一新兴行业的注意力。

最后，虽然本书的一个重要部分是关于主播和电子竞技公司的内容制作，但这项研究也非常关注更广泛的组织机构和技术。促使这些制作成为现实的机制和结构，对我们理解这一领域很重要。平台和管理平台的机制，为用户参与建构了强大的条件以及边界。我曾多次拜访 ESL 位于加利福尼亚州伯班克的工作室，包括它刚刚开业、仍在铺设技术基础设施的时候。我很幸运能够在数年间多次拜访 Twitch 在旧金山的办事处，并目睹它作为一家公司在适应和业务迭代的过程中成长。我与员工和管理人员进行了交谈，他们对自己身处的这个快速变化的世界拥有独到的见解。虽然本书并不是正式的组织民族志研究，但我也一直敏锐地意识

---

① 译者注：PAX 英文全称为 Penny Arcade Expo，是一个大型游戏文化展会，首届举办于 2004 年。由于该展会后来发展到远超街机游戏的范畴，因此一般只使用其缩写。2010 年 PAX 的第一个分展会在美国东海岸举办，名为 PAX East。

到，同时作为平台和公司的 Twitch 对当下任何一项直播研究都具有重要价值。从技术到政策，再到营销和经济，公司的组织能力是这个故事的关键部分。

考虑到本研究项目横跨多个站点，我并没有采用单一方案来进行匿名处理。当涉及个人，包括那些在不同机构工作的人时，如果我要引用访谈或非正式谈话中的材料，我会对他们进行匿名处理。当我引用主播在公共论坛上发表的演讲或用户在 Twitter 上发表的公开评论时，我会使用他们的名字或网名（有些人出于多种原因不希望公开真名，我稍后会再讨论这一点）。我一直致力于匿名化的实践。访谈对象慷慨地将时间交给研究者，却对研究结果毫无掌控可能，因此，匿名化是对他们的最佳保护方式。即使有一些被访对象会过目研究初稿（正如我的一些受访者所做的那样），但出版后会有什么后果，任何人都无法预测，更不知道读者会如何理解书中的材料。对那些正在创建公司和设法谋生的人，特别是在这个不稳定的行业中谋生的人来说，须得万分小心才是。我认为匿名化处理是我在这类工作中的研究伦理的重要部分。[20]

但是，对组织进行匿名化处理是这类研究项目的额外挑战。采用案例研究模式的研究者经常面临这样的问题：出于研究的必要，如何在减少这些网站的特殊性的同时保护参与研究的人？正如研究个体那样，我们必须在作出更大结论的需求和在故事中提及具体人名的吸引力之间进行平衡。我的研究对象是本领域内少有竞争对手的组织，而这个组织的特殊性对分析来说十分重要，因此我无法对 Twitch 平台进行匿名处理。同样，海龟娱乐公司及其设立的 ESL 能让我在重大活动中观察人们的工作，此外，其在电子竞技中的历史特定性和组织特殊性对于这项研究至关重要，这使我无法将其作为某组织来匿名。但是我对 Twitch 平台上的受访者都进行了匿名化处理。虽然我经常和 Twitch 及 ESL 核查研究中的事实数据或者与若干特别有帮助的知情人一起探讨论述的有效性，但我并没有在出版之前将本书的草稿提供给任何公司。这主要是出于我保有学术自主权的愿望。我深深感激那些向我敞开胸怀的受访者们，我也会尽我所能对他们满怀尊重、认真对待，同时依旧遵守研究和总结发现的操守。我也希望其他机构能通过这项工作认识到，让研究者进入是有价值的。

本书结构

在下文中，我不仅探索了从全能型直播到电子竞技直播的网络化广播，还探讨了这个新兴领域中的各种组织和技术议题。我特别关注伴随着游戏直播而出现的从着装要求到知识产权的监管和政策等问题。在很多方面，本书的结构就像一个沙漏：我围绕媒体的变化进行了全面的思考，然后深入到全能型直播和电子竞技直播的案例，再回头去考虑治理和规制框架如何广泛地发挥作用。

第二章"网络化广播"首先回顾了电视制作及播出领域的变化，并分析了直播得以涌现的历史框架。我将游戏直播的发展置于媒体制作、互联网文化和基础设施以及游戏实践这样一些更广泛的发展轨迹中。我花了一些时间讨论通过直播构建起来的网络化受众（networked audience），探讨人们为什么要观看直播，以及我们该如何理解在这个领域中观众的工作。最后我对 Twitch 进行了概述，这是游戏玩家将自己玩游戏的过程发布给其他人看的主要站点。

在第三章"家庭工作室：从私人游戏向公共娱乐的转型"中，我的研究对象是个人主播，他们在玩游戏的过程中建构起了新的游戏类型。这些主播最能体现本书中提出的"将私人游戏转变为公共娱乐"的观念。虽然"看别人打游戏"这件事一直存在于游戏文化中，但游戏直播的规模、作为其基础的更广泛的媒体生态以及变现形式，都使得这些内容生产者成了一个值得关注的重要群体。

游戏主播的家庭工作室通常位于客厅或卧室。他们开创了游戏观赏和媒体播出的新惯例。他们当中大多数人白天有其他工作，但也有一些人在家庭或合作伙伴的支持下全力追求全职的"专业"主播工作。这些主播游走在公共空间和私人空间，将玩游戏和评论、幽默甚至教学交织在一起。鉴于 Twitch 支持与视频同步的实时聊天，主播通常也会与观众实时互动——与他们聊天、回答问题、回应观众的反馈，一个月、两个月、一年、两年，随着时间的流逝，渐渐了解自己的观众并被观众所了解。要想拥有一个成功的频道，还需关注其他社交媒体形式。在 Facebook、Twitter 甚至 YouTube 上创建和管理账号，成为打造和维护观众的整体生态建设中的重要组成部分。[21] 最后，许多主播已经非常擅长快速提高自己的视频制作技能，而且通常是"个人秀"。他们不仅成为内容制作者，也进行品牌管理和社区管理。

然而，在颇具创造性的内容制作和令人激动的观众互动之外，这些空间中的女性、有色人种与性少数群体同样面对着骚扰和"虚拟攻击"，这仍是最重要的值得探索的领域之一。本章着眼于这一开放的、具有参与性的媒体空间所面临的挑战。

过去几年间，数以千计的游戏直播频道如雨后春笋般涌现，其中直播的发展对促进电子竞技转型的作用是独一无二的。第四章"电竞播出：抛弃电视梦"重点关注网络化广播的兴起如何改变了电子竞技玩家的日常生活，也改变了电子竞技的组织和赛事。在过去十年间，职业竞技游戏旨在提升其可看性，以便吸引大众、凝聚观众。很多人曾尝试用电视直播的方式来播出电子竞技，通常效果不佳。随着像 Twitch 这样的平台的兴起，电竞专业人士对待观看问题的态度发生了明显变化。他们越来越多地表示不需要电视，因为他们已经有直播了。这样的表述通常被认为是从传统媒体结构中脱离的自由宣言，是从"冷落之地"的明确转身。正如过去几年电子竞技组织经常在采访中所说的那样，他们认为观众主要在线上，通过电脑上网，而这正是他们触及观众的地方。

无论是使用技术向粉丝广播的长期电子竞技玩家，还是在周末时获得百万观众的锦标赛，许多致力于竞技游戏的人都在使用这些平台继续拓展**体育/媒体**业务。从日常练习的直播到引人眼球的高端直播，电子竞技得以发展。作为一个崭新的媒体空间，它提供了一连串令人着迷的试验：主播们琢磨出新的类型惯例，例如使用摄像头以及图层覆盖，尝试将观众变现，并围绕这种新兴媒体形式开发新企业。专业游戏玩家和组织正以前所未有的方式参与到媒体工作中去。本章便讲述了作为一种劳动形式的游戏如何与广播迎面碰上的故事。

仅仅在几年前，人们还不清楚游戏及其粉丝的活动能有多大市场，但直播一直是电子竞技吸引观众的好方法，其内容可以直接来自个体玩家、联盟和越来越多的游戏开发者。直播已被证明是一种重要的新游戏推广工具，开发者也都注意到了这一点。普通游戏玩家不仅参与正式的高端竞技游戏，也为自己的休闲选择注入了活力。例如，观众不仅观看《英雄联盟》锦标赛，也自己玩游戏，并且购买职业选手使用的角色，完善自己的游戏策略。

客厅中的独立主播和生意遍及全球的大型组织，都在推动着这样的媒体大发展。在短短几年时间里，它已经改变了游戏。但在这种新形式的媒体制作和广播之中仍潜藏着一些关键问题。在第五章"网络化广播的规制前沿"中，我考察了前几章所讨论的巨大创造力和试验如何与对直播起干预作用的组织、法规和法律相抗衡。我讨论我所命名的"规制组合"的内容，并在本章中对在平台上运行的从社交到算法的各个层面的治理形式进行宏观考量。

我探究了各种社区管理形式如何在游戏直播中发挥作用，从草根频道管理员的积极变化到观众如何制定社会秩序，包括分布式拒绝服务攻击或直接骚扰，以及对主播的敌意等破坏性行为。我还讨论了机器人等非人类行动者如何从事管理工作，并逐渐变成直播的社会技术空间的重要组成部分。

在社区管理之外，我还探讨了政策和法律如何参与到游戏直播的治理中去。我分析了平台上的各种行为准则如何形成治理结构,但有时又受到来自社区成员的反弹。我讨论政策如何通过自动化执法的社会技术工具来体现。与 Facebook 一样,越来越多的算法规则对内容实施监控,并针对特定渠道采取行动,这种行动通常备受争议。

我们在这些具有生成性的 UGC 空间中看到的现象,其背后大多有法律规则作为支撑,这些法律规则深刻地影响了用户和平台开发者对待直播的方式。在知识产权主张和纠纷方面,该领域的所有权和权利的很多问题仍然在不断变化。在如何理解商业化媒体领域中的变革性创意作品方面,直播活动仍然充满了各种问题。在研究这一媒体空间目前的治理情况时,最重要的也许是为可能兴盛的直播形式建立起惯例、规范和先例。

本书最终要问的问题是,当人们开始**将私人游戏转变为公共娱乐**,并且当一种新兴的**网络化广播**媒体形式出现时会发生什么。共享游戏和观看是数字游戏的根本,而直播将它们编织进媒体和互联网文化发展的这一特定时刻。在第六章"作为媒介的直播"中,我从多方面思考了游戏直播的增长和媒体未来的可能性。我讨论营销形式和商业化如何越来越多地形塑渠道,以及直播作为一种创造性文化实践形式的影响。我探究了 Twitch 这样的发展时期:它发展成为一个容纳了越来越多主流媒体工作的媒体实体,跟传统媒体并驾齐驱。最后,我总结了这个平台如何通过创意、音乐甚至 IRL 广播形式,再次回归其早年的根本。虽然本书主要侧重游戏直播,但也希望加入到关于技术、文化和媒体的不断发展的、更广泛的批判性对话中去。

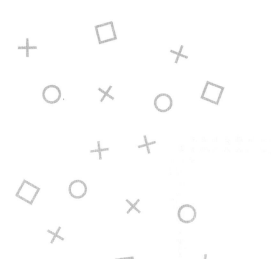

第二章

网络化广播

游戏直播是多元文化轨迹碰撞与迭代的绝佳范例。它让人联想到与电视密切相关的结构和模式，但也契合了更为广泛的一系列文化——玩游戏与看人玩游戏、UGC 和电信。它是一种新兴的网络化广播形式。作为一种典型的娱乐方式，游戏直播围绕着传统的媒体制作和发行渠道来开展，又容纳了游戏粉丝，召唤出无数对准平凡日常的网络摄像机的力量，依赖着，也创造着网络文化以及计算机中介传播。游戏直播看似突如其来，然而实际上与电视和互联网广播的漫长历史一脉相承。同时它还深深根植于我们当下的时代——这个充斥着种种在线媒体服务、创客与 DIY 运动盛行、网络生活与社会各界开展创意文化生产活动的时代。

电视：人造物、体验与转变

媒体研究学者威廉·尤里奇奥对电视的精彩描述有助于我们理解游戏直播与历史上对于"电视"的想象是多么紧密地联系在一起。他指出，关于电视是什么，总是可以灵活地阐释，而早期的开发者们追求的阐释路径之一就是现场感和互动性。他举例说，早在 1883 年，法国插画家亚伯特·罗比达（Albert Robida）

就描述过一种通过一对一沟通来进行广播的电视设备，使用者既可端坐家中，也可身处公共场所。这种对促进"实况扩展、互动、虚拟在场和交流"的兴趣，其实贯穿了整个电视发展史，广泛存在于众多发明者和开发者之中（Uricchio，2008，291）。[1]

这个特定项目的核心是关注"共时性技术"。该技术不仅服务于传播，也服务于民族认同和国家认同。虽然国家级规划跟游戏类广播并没有那么大的共鸣，但我们仍可以看到"现场感"如何让人们彼此紧密联系起来，并创造出一整套共享的经验和认同，使他们团结在一起。无论是在规模较小的流媒体社区，还是在电子竞技的大规模跨国观众群体之中，各种游戏频道营造的身临其境之感都被证明是一种强大而动人的力量。正如我将在后面的章节中讨论的那样，主播们经常谈到制作环节里共时性的力量。[2] 这种力量范围很广，从实时汇聚大量观众参与到体育赛事直播者对现场感的充分利用。尤里奇奥等学者介绍的内容强调了现场直播这种方法在电视领域的悠久历史及其与更深层次的文化和政治形式的紧密联系。

将网络化广播置于更广泛的传统媒介形态变化的语境之中，尤其是与电视媒体转型相互参照，有助于我们更好地理解它。在电视研究中至少有几条线索有助于我们认识游戏直播：电视机（TV）"之后"的电视（television），制作、发行与消费的变化，后电视网时代和小众节目。[3]

正如尤里奇奥（Uricchio，2004，165）在《电视机之后的电视》一书中所说："从一开始，电视就是一种短暂而不稳定的媒介，其技术迅速变革，其文化飞快转换，其现状转瞬即逝，其内容平庸无奇。"就在过去几年，我们已目睹的巨大变化证明，我们需要始终关注这种持续不断的"过渡转型"以及将某个特定历史瞬间的"电视机"形态与电视整体概念混为一谈的短视看法。媒体研究学者希拉·墨菲（Sheila Murphy，2011，5）的看法与之相似。她认为电视是一种"文化想象"："与其简化地认为它只是个带有屏幕的家用电器，不如说电视是一套相互关联的思想、信念和技术。"让我们重新理解什么是电视吧，不再是过去的电视网模式［想想美国广播公司（ABC）、全国广播公司（NBC）和哥伦比亚广播公司（CBS）这三大电视网（下文分别简称"ABC""NBC"和"CBS"）］，也不是你客厅里那个物质性的方盒子，而是经历形态变化后，更广义地包括了各种设备与协议的视听媒体。理解这一点，有助于我们在更广阔的媒体语境下看清游戏直播的位置所在。

将电视看作**始终**处于转型期，有助于我们理解电视与数字技术的交集以及不同融资、制作和发行模式的一些最为显著的变迁。传统内容的数字发行在不断增长。例如，美国职业棒球大联盟（Major League Baseball，下文简称"MLB"）使用流媒体服务和专门的 App 让赛事内容从平板电脑、手机到游戏机无处不在，家庭票房电视网（Home Box Office，下文简称"HBO"）热门的"Now"视频点播服务完全绕过了有线电视订阅，又或是 Hulu 视频网站的网络电视流媒体服务等。上述种种都昭示着传统媒体机构是如何善用互联网的。然而，更值得重视的是网飞和亚马逊等网络视频服务的兴起。它们发行了诸如《纸牌屋》或《女子监狱》这样广受好评的网剧，而这些剧集只有通过互联网才能看到。这些变迁引起了观众和评论界的关注。非传统制作和发行途径的崛起，凸显了连续剧和电视内容如何在有别于无线广播或有线电视套餐的体系中蓬勃发展。

网络的发展也引起了学者和业界的关注。他们试图理解正在发生的变化。有些人支持"第二屏幕"（second screen）体验，即电视观众通过手机、笔记本电脑或平板电脑来增强观看体验。营销人员热衷于"参与度"指标，所以往往拥护"社交电视"（social TV）的概念，即在观看节目的同时也结合社交媒体的使用，从而拓宽媒体使用的概念。[4] 就像学者曾关注遥控器的出现如何重塑电视的家庭使用一样，我猜想更多学者将去探究计算技术如何融入到日常阅听体验中。

"少看有线族"（cord cutters）或"不看有线族"（cord nevers）越来越多了。这指的是那些放弃传统有线电视套餐而使用在线资源（授权或盗版）的观众。① 跟传统电视网时代相比，电视的形象很快就变得截然不同。在那个时代，我们曾经全都围在客厅的一个"盒子"旁，在相当有限的频道中选择，按固定时间表来观看节目。电视研究者认为，将"电视"等同于与某个特定历史时刻相关的单一形象是错误的。[5] 我们当前的语境是，传统媒体机构和家中的电视机依旧存在，与之并存的还有让我们获取内容的其他无数设备以及替代性的内容生产和传播路径。

现在，观看电视的体验主要是由一系列我们不再称之为"电视"的技术构成的——通过 ABC、NBC 和 CBS 等"远亲"的服

---

① 译者注：二者的区别在于，"少看有线族"指的是减少订阅付费电视频道而更多地通过宽带互联网、IPTV、免费卫星电视等方式观看节目的人，而"不看有线族"指的是从不使用商业有线电视服务、一开始就依赖互联网资源的人。

务，绕过无线电波或有线电视套餐，并与我们的在线实践和生活越发紧密地联系在一起。我们仍然会在茶余饭后谈论传统有线电视以及电视节目，但我们也可能与朋友（甚至网友）讨论那些家庭自制的视频。[6] 这是我们当前的媒介空间最有趣的一面：它将传统的产制与审美和新兴的类型与形式交织在一起，而这些类型与形式常常是由粉丝、非专业人士或不太主流的媒体公司创造的。观众的内容消费范围横跨了上述领域。他们可能会观看像 HBO 出品的《西部世界》这样的大制作，同时也会在 YouTube 上搜寻业余爱好者自制的视频，或在 Twitch 上寻找游戏直播内容。从大屏幕家用电视到 iPad 或 PS4，跨越各种设备的内容循环播放，这并不罕见。游戏网络直播只是这种混搭组合中的一个节点。[7]

这些趋势与媒体生产和传播的巨大变迁息息相关。电视研究学者阿曼达·洛茨（Amanda Lotz）注意到了电视制作领域中的经济转型，特别是通过使用"外逃制作"（runaway productions）挑战劳动力结构的做法，即将摄制组工作人员从以工会为基础的好莱坞转移到加拿大等可以削减成本的地方。这些转变与颠覆传统营收模式的全新发行渠道齐头并进。如她所言："发行领域的变化也使产制领域的经济发生了显著的变化，足以让那些对广电或有线电视行业来说太少数或太特殊的观众群体能够通过一些新兴发行方式特别是那些涉及交易和金融模式的新方式来支持细分小众内容。"（Lotz，2014，137）在诸如 YouTube 和 Twitch 等平台上，较小规模受众群体越发受到关注。观众既可以追踪大制作游戏的相关内容，也可以找到那些可能只有少数人为之着迷的古怪的小游戏的内容。同时，"真人秀"和其他不需要大量编剧、导演和表演才能的内容也在增多，成为 UGC 和低成本游戏网络直播发展的完美的孕育环境。[8]

美国当前电视领域的主要特征是主流电视网络的整体性衰落、非传统制作和发行的崛起，以及小众细分渠道和节目的增长。游戏网络直播的出现在电视的历史轨迹中是相当自然的。媒介研究学者丽莎·帕克思（Lisa Parks, 2004, 134）使用"后广播"（post broadcasting）这个词，并非为了"指称数字时代的某个革命性时刻，而是要探索与地面电视、有线电视和卫星电视相关的历史实践如何与计算机技术相结合，重新定义电视的意义和实践"。洛茨（Lotz, 2014, 8）称这是"后电视网时代"（post-network era），这个时代大约从 21 世纪初开始，"产业的竞争性规范和运作的变迁变得过于明显，以至于许多旧的实践操作无法保留；不同的产业实践正在成为主导，并取代了上个时代的做法"。游戏直播作为媒体生产和传播的一种形式，其运作发生在这些更宏大的产业变革中，并且正是这些变革的深刻体现。

除了这些产制、播出和消费图景的变迁，想要以各种方式加强互动性的做法也由来已久。儿童电视节目和那些包含各种形式游戏内容的节目，都颇具创意地想要通过互动来吸引观众。像《闪闪丁克》（Winky Dink）这个节目就有个古怪的系统：给儿童提供蜡笔和一张可以覆盖在电视屏幕上的透明纸，这样孩子们就可以直接在上面画画，这也成为和特殊内容互动的一种方式。这可能是让观众与事先编制好的材料进行互动的最早尝试之一。更多的当代节目如《蓝色斑点狗》（Blue's Clues）或《爱探险的朵拉》（Dora the Explorer），则是围绕着观众参与的模式来建构内容的。它们试图让孩子们回答节目角色提出的问题，用这种直观而具体的方式让孩子们参与其中。虽然观众参与实际上不会改变内容，但以上这些例子都致力于模糊节目和观众之间的界限。

还有些节目试图让观众的行动能够真正地改变内容，从而鼓励互动。节目《电视砰》（*TV Powwww*，1978年开播）让观众用自己的电话打进来，口头发布命令（大喊一声"砰"，指挥向目标开火），然后就会在实时直播的视频游戏中执行。20世纪80年代BBC的节目《你的故事》（*What's Your Story*）用"拨打电话、选择你的冒险"的模式，让观众来决定叙事如何进行。20世纪80年代加拿大的节目《动力队长》（*Captain Power*），采用了与《闪闪丁克》相同的技术，将内容和设备融合起来，提供了一种特殊的玩具来促进参与。购买了"动力喷射XT-7火凤凰"（一种类似于NES Zapper的光枪）的儿童能够向电视"开火"并进行即时战斗。正如该系统所警告的："电视节目会反击。它将会回击。要么得分，要么被击中。你明白了吗？"（Toal，2012）最后，像《老大哥》（*Big Brother*）这类节目或者《欧洲歌唱大赛》（*Eurovision*）这样的竞赛节目，都通过投票系统让观众直接参与；这些节目也昭示着制作人希望把观众吸引到内容的实际进程之中。

当使用"网络化广播"这一术语时，我参考借鉴了这些学术线索和案例。游戏直播正是网络概念的最好范例：它根植于利用第三方平台的、遍布全球的用户内容创造者，涉及作为直播核心组成部分的社交互动，嵌于形形色色的网站并得到强化和扩展。正如我在本书中所展示的，游戏直播是行动者、技术和实践的集合体。它是一种嬉戏于受众和生产者之间的界限的形式。它的内容是通过网络以及将玩游戏进行转化的工作共同建构起来的。这样的联结和内容的网络都在一种播出的框架内阐明了游戏直播的位置。媒介研究学者约翰·卡德维尔（John Caldwell，2004，45）认为，理解当前这样一个数字技术与电视相交汇的时刻，既要关注"产制的社区与文化"，也要关注"政治经济或意识形态驱动的屏幕形态"。

将游戏直播视作网络化广播的一种新兴形态，这也反映了一些学者长期以来的担忧。他们认为电视是一种过于个人化、私人定制化和私有化的阅听微空间。虽然这些倾向或许确实存在，甚至可能最终会主导游戏直播，但至少在游戏直播的起步阶段它们并非核心导向。游戏主播们早已深深扎根在社交网络和实践社区之中。平台也始终根植于主播和观众之间或者观众彼此之间的交流。尽管观众可以在这一空间里浏览各种细分的小众频道，但他们始终身处一个更大的平台环境之中——这个环境自诩为"Twitch 大家庭"以及为数众多的小型子社区的东道主。在相关的生产、发行和消费中，网络这一形象总是游戏直播的核心隐喻和实际支柱。这是一个基于电视历史并结合了游戏的变革特性从而繁荣发展的新媒体空间。

互联网广播

如果仅仅从电视或电视相关领域变革的角度来看待游戏直播，其实是会有所疏忽遗漏的。墨菲（Murphy，2011，88）在《电视如何发明新媒体》（*How Television Invented New Media*）中督促我们去思考:"新媒体怎样才不仅仅是电视的翻版?"她想确保我们不会在"新媒体"的脉络中忽略电视,当然主播们也会关注电视传统,并不断从中获益。她以历史视角关注电视对游戏(以及更广义的新媒体)的影响,预见了我们在游戏直播中的所见,其著作将一系列数字媒体置于更长远的电视历史中,因此具有难以置信的价值。[9]

尽管她的分析方向是去理解电视如何成为那些常被我们看作新媒体"黑箱"的基础,但我发现这个问题从相反的方向,也就是针对互联网和游戏文化的分析看也很有启发。虽然互联网被越来越多地用于传播传统媒体内容,但墨菲的问题可以有效地帮助我们围绕早期网络历史上的"摄像头文化"(cam culture)、YouTube 等网站上的 UGC 以及多人游戏和观看游戏的丰富传统来理解互联网广播的成长。游戏直播既与电视共鸣,同时也根植于互联网特定技术与文化的多个相关领域。[10]

摄像头文化

我是一个用过基于调制解调器技术的老式 BBS[①]的人,并在 20 世纪 90 年代目睹了各种热情洋溢的试验在网上涌现。所以当我第一次看到在线直播时,立刻就想到了早期互联网上的摄像头文化。在大众的想象中,长期存在着对视频电话和远程通信的梦想——你跟别人远程聊天的同时还能看见他们。令人吃惊的是,到了 20

---

① 译者注:BBS 即 bulletin board system,电子公告牌系统,一种多人在线讨论社区服务,后来演变成网络论坛。

世纪90年代中期,这一梦想对普通用户而言也变得如此切实可行。今天我们或许会认为理当如此,因为有了像Skype这样的程序,以及预装在笔记本电脑、平板电脑和手机等各种设备上的小型摄像头。但其实在几十年前,人们才刚开始玩实时视频传输。

人们最开始通过互联网进行实时联系,用的是低分辨率的黑白摄像头。其中最有名的是1992年开发的名为CU-SeeMe的免费程序(见图2.1)[11]。虽然这些早期的尝试通常是出于教育或科学目的(如美国航空航天局就是著名的早期用户),但大量视频连接还是为人们提供了彼此相遇和社交的机会。

图2.1　全球学堂的多个教室通过CU-SeeMe开展合作
(图片来源:冯伊娜・玛丽・安德烈斯[Yvonne Marie Andres],
依据"知识共享署名3.0许可"使用)

包括我在内的一些人，使用 CU-SeeMe 之类的程序来增强各种网络空间里的社交关系（见图 2.2）。对那些过去只把时间花在文本世界里的人来说，摄像头提供了一个令人兴奋的全新舞台。正如早期一本指南类图书《伴随 CU-SeeMe 的互联网电视》所写："基于计算机的视频会议令人吃惊。它重新定义了你和计算机的关系，更为重要的是，重新定义了你如何与世界各地的人展开电子交流。"（Sattler，1995，2）即使在使用网络摄像头与他人进行在线联系的早期阶段，人们也感受到了那种力量，那种能将人与人之间的功能式接触转化为更加人际关系式接触的力量。早期探索的核心所在是使用这种技术来跨越遥远的距离，进行交谈和联系。

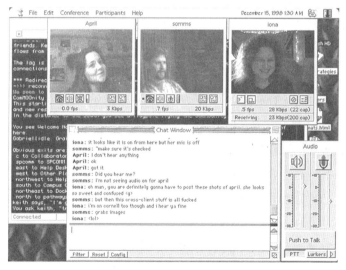

图 2.2　1998 年的多窗口互联网会话。背景中展示的是作者与朋友们同在一个基于文本的虚拟世界中，前景则是 CU–SeeMe

网友们试验着如何通过连线相互看见并通过摄像头创造出共享空间。媒介研究学者肯·希利斯（Ken Hillis, 2009, 9）对在线生活有着丰富的研究，其研究呈现了使用网络摄像头的巨大情感力量。他写道："有时这些接触会引发某种缺席之感，就是那种'真希望你也在这里'的感觉。但大多数情况下，它们的效果恰恰相反：每个人都或多或少地觉得自己就在对方面前。"这种远距离的在场感，即通过视频的方式在某种程度上和他人在一起的感觉，是我们共享网络体验中的一种强有力的诱惑。随着摄像头越发便宜和宽带接入越发普及，技术的发展已经让并不昂贵的"遥在"（telepresence）形式成为可能。

对那些希望拓展广播电视媒介可能性尤其是通过对其日常生活持续直播来进行拓展的人来说，20世纪90年代末和21世纪初是充满探索性的时期。有时这些直播跟性行为有关，但更常见的往往是日常生活片段——允许观众偷偷观看甚至与直播者聊天。[12] 关于这种现象最早的研究之一，是互联网研究者特蕾莎·森夫特（Theresa Senft, 2008）对20世纪90年代"镜头女孩"（cam girls）浪潮的记录，这个词指的是那些主要在家里向访问其网站的观众进行24小时全年无休的直播的女性。[13] 尽管所有这些网上的早期尝试经常被简写成"暴露狂"（exhibitionism），森夫特还是做了更细致微妙的分析——关于这些空间中直播者和观众之间的"即时感和亲密感"是如何被创造出来的。希利斯和森夫特都强调了这些联结关系、交谈的过程、彼此的逐渐了解（即使存在于某种表演的框架之内），并且都打破了那种简单化的"偷窥癖"叙事。将观众理解为与直播者有所关联（有时通过

"家人"的隐喻来唤起),强调"反应热烈"以及摄像头前工作的情感性特质是早期在线广播的关键所在,这和我们在游戏直播中观察到的类似动向遥相呼应。[14]

森夫特的洞见不仅针对摄像头文化及其美学,也包括了物质和经济方面,为我们思考在Twitch等平台上的所见提供了有用的基础。她指出"微名人"(microcelebrity)①——"一种在线表演的新风格,包括人们利用视频、博客和社交网站等技术在网上'扩大'自己的知名度"(Senft,2008,25)——在职业主播中扮演着强有力的角色。森夫特认为,想做名人,不论传统的名人还是新型名人,都要求一个人必须"要么打出品牌,要么消亡于世",但她也认为"微名人"独特之处取决于"与其观众的联结,而不是与观众的强制分隔"(Senft,2008,26)。在这些平台上的名声是与主播们的情感工作和关系工作紧密相联的。[15]

从这些最早期的试验来看,摄像头前的人和观看的受众之间的互动是一切的中心。纪录片《我们活在公共场合》(*We Live in Public*,2009)讲述了一些最早的试验性的在线直播。如其所述,观众能够"插嘴"始终都是互联网直播的核心。该片展示了无论是1998年在Pseudo.com上出现的、具有开拓意义的早期互联网节目的广播(模仿传统电视台以各种主题为中心来编制节目),还是该网站创始人、摄像头早期用户乔希·哈里斯(Josh Harris)那24小时不间断直播的"连线房屋",都有一个位于侧边栏的文本窗口,可以让观众在那儿实时聊天。在糅合了电视文化和互联

---

① 译者注:当下中文语境中的"网红"。

网文化的探索中，始终有这样的部分。[16]

尽管这些关于早期摄像头直播的故事跟电视真人秀节目的流行和兴盛看起来颇为相似，但观众与主播之间有交流渠道甚至可以做到同步交流是互联网所独有的特点。早期的摄像头文化凸显了 20 世纪 90 年代的普通网民是如何善用各种技术以满足自己的社交和互动需求的。具备与他人远距离、视觉化地实时联系的力量，可以同时徜徉于交流和表演的空间，还能向他人展示平凡世俗却又值得回味的日常生活，以上正是过去的视频体验和当前的游戏直播之间千丝万缕的联系。

UGC、YouTube 和劳动

作为互动社交空间的摄像头文化在 20 世纪 90 年代还相当小众，但互联网文化的第二条主线，也就是 UGC 的崛起，在网络直播的发展中发挥着显著作用。[17] 过去数十年间，身处传统行业产制之外的人们的创意工作，始终处于新媒体发展历程的核心位置。玩家制作模组来改造他们玩的游戏或为游戏创造内容；粉丝制作视频或撰写故事，让媒体的内容资产更为繁荣兴盛；艺术家创作混搭拼贴的内容；用户创建各种数据库和目录使得他人的相关活动更为便利——这些都是 UGC 的例子。它们已成为互联网文化中强健有力的一部分。观众也一直积极地接受这些内容。

在过去的十年里，一些学者追踪了 YouTube 和其他网站上日常用户的创意行为，并详细描绘了在共有平台上从"用户生产者"（user-producers）到其他受众成员的流动。[18] 例如，YouTube 的 2017 年统计数据显示，它有"超过 10 亿用户——几乎占据了互联网上所有人的三分之一，而且每天人们观看数亿小时的YouTube视频，产生数十亿条评论"。虽然像音乐或电影制作公司之类的传统创意企业如今也向该平台提供了大量内容，但平台的根基和主要内容来源都是用户。该网站上的视频无所不包，从独立音乐人发布歌曲到愚蠢的恶作剧和绝活表演。聚焦游戏的视频也越来越流行。由于YouTube已被认定为是个有商业价值的网站，它也已经被用于谋利并受到管制。

该网站经常被当作所谓"参与式文化"（participatory culture）的典范。媒体学者亨利·詹金斯（Henry Jenkins, 2006a）如此描述我们当前所处的这一时刻：粉丝是各种内容材料的积极生产者和消费者——这些材料并非由那些主流媒体企业机构产生，而是来自粉丝自己。"参与式文化"的概念指的不是简单地、被动地消费大公司生产的内容，而是这样的现象，即普通人正在创造各种东西，并参与这些内容，彼此开展有意义的互动。[19]数字媒体研究者阿克塞尔·布伦斯（Axel Bruns, 2006, 2）提出"生产型用户"（produsers）这一术语，来描述那些"为追求不断改进而对现有内容开展协作式、持续性建设与扩展"的人。这种协作不仅发生在粉丝和商业内容之间，也发生在社区内部。有时这些内容是全新的，另外一些时候，它对已有的东西，包括从书籍到歌曲再到电影和游戏的内容资源进行了重新混合和再次利用。归根结底，这种文化生产的视角关注的是自上而下和自下而上的创意实践的混合，这些实践横跨了企业、个人和那些往往扎根于粉丝的社区。

互联网和媒体学者简·伯吉斯（Jean Burgess）和乔舒亚·格

林（Joshua Green）(2009, 25) 采用了"草根创造力"（vernacular creativity）的概念来理解我们所见的东西，即"在高雅文化或商业创意实践的文化价值体系之外，广泛的日常创意实践（从剪贴簿到家庭摄影再到闲聊中的故事叙述）"，例如我们在 YouTube 上所看到的。[20] 伯吉斯和格林理解生产和消费循环的方法，其优势之一是强调不但要看到视频的创造，还要将对它们的分享和讨论看作一种社交网络形式。这种方法对分析游戏的网络直播极为重要。恰如本书所讨论的，网络和关系的维度不仅是理解平台创作者的核心，也是理解受众的核心。

他们反对把这些行动称为"微不足道或刻板求真"，而是希望我们看到其如何"在数字文化语境下的媒体产业及其未来的讨论中成为焦点"（Burgess and Green, 2009, 13）。正如我们所见，他们对"消费者公民"（consumer-citizens）的关注极有助于理解游戏直播。尽管他们认为，进行专业和业余、商业与非商业的简单二元分析并无帮助，但我们还是可以借此反思这些平台上的劳动是如何被置入当代资本主义之中的。UGC 所在平台本身就是一个典型的商业机构，或者说是由广告支撑的，因此与此类体系息息相关。

回到理论家蒂奇亚纳·泰拉诺瓦（Tiziana Terranova, 2000, 34）具有奠基意义的论著，她让大家思考互联网的"文化和技术工作"是"后工业经济的一种普遍特征"。这对研究诸如 YouTube 和 Twitch 等平台来说是有益的。泰拉诺瓦在建构理解数字经济的框架时，坚持称我们不应逃避对劳动的思考，即使它看起来并不像我们早已习惯的典型的雇佣劳动。相反，她请大家把非物质的且常常是免费的劳动视为新媒体工作的核心。如她所言,"免费劳动正是这样的时刻:对文化的知识性消费被转化为生产性活动,从而被愉快地接受,同时也常常被无耻地剥削"。(Terranova,2000,37)这种路径帮助我们认识到对平台的种种贡献——从 YouTube 视频的产制到我们最爱的社交媒体上的动态更新——都是一种劳动的形式,它往往触及强大的情感甚至是关系模式。尽管理论家和用户都在争辩剥削的问题,但从根本上看,这种非物质劳动是理解网络直播的关键——它为我们揭示了当前数字生活的主要面貌。

本书将我所记录的直播者的活动定位为从事新形态的媒体行业工作,从而在诸多方面扩展了有关劳动和数字经济的对话。制作和发行是主播自己承担的最主要的工作。对全能型主播而言,全新的语言创意与传统的产业逻辑并存且共同发挥作用,同时又会压过或者改造传统的产业逻辑。而对电竞公司而言,网络直播深深根植于体育与媒体产业正在进行的转型之中。游戏直播延续了数字经济中关于劳动的对话,但也将其置于一种与不同形式的实践和报酬相关联的媒体行业框架中,进而拓展了这一对话。

事实上,对游戏玩家来说,YouTube 的这种两面性长期如此,可谓常态,因为它变成了再创(remix)和原创作品、业余和商业化活动的重要发生地点。该平台向游戏玩家提供了最初的机会,使他们不仅可以从事创意劳动,还可以尝试从中赚钱。"引擎电影"(Machinima)——使用游戏引擎来创造内容的视频作品——就在该平台上找到了理想的家园,并激励了多频道网络(multichannel network,下文简称"MCN")结构的诞生:许多主播个体联合起来成为一个集体。在过去几年里，评论、教程以及广泛意义上的游戏娱乐节目也开始兴起。由于有可能通过平台的广告系统获得报酬，一些内容创作者已经能够通过其个人创作内容谋生了。2007年，"YouTube合作伙伴计划"推出，获批准的内容提供者可以从自己频道上原创作品之间插播的广告中获得一定的收入。尽管在2017年4月，其变现模式提升了合作伙伴开始赚钱的门槛（在本书写作之时，该门槛要求必须在你的频道上累计超过一万次浏览量才能开始获得收入），但该计划在探索UGC和商业化结合的方式上仍然是具有开创性的。

　　游戏研究者埃丝特·麦卡勒姆-斯图尔特（Esther MacCallum-Stewart）研究了一个内容生产团队"酸奶广播"（Yogscast），并深入分析了这样一个媒体生产者的专业团队是如何因为深厚的粉丝情感而崛起的。她追溯了在游戏领域之中播客音频和网络广播（通常是预先录制的视频）的发展，并展示了这些广播者如何做到了"不仅成为整个游戏社区的代言人，还是传播有关游戏产品和游戏领域信息和广告的强大力量"（MacCallum-Stewart，2014，83）。通过追溯这些人在经济上的成功，她指出，他们的工作并不仅限于简单的信息传播。考虑到他们自身已经算是名人，麦卡勒姆-斯图尔特借鉴了诸如马特·希尔斯（Matt Hills，2002）等人的论著，将这些主播定义为"大牌粉丝"，即这样一群人：已经享有盛名，但其本质上还保留了粉丝身份认同，并且其成功也深深依赖于其他游戏玩家粉丝。这种跨界的身份以及这些内容生产者所做的大量工作（包括社区参与），在许多方面都和本书关注的网络主播很相似。尽管我研究的主播所产制的内容较之略有不同,而且与观众的实时互动也带来了一些独特的议题,但围绕着"粉丝"和社区的主题与麦卡勒姆-斯图尔特的研究主题是相呼应的。

正如她对"酸奶广播"的个案研究所描述的那样,最初的粉丝行为发展成了一门生意。游戏研究学者赫克托·波斯蒂戈(Hector Postigo, 2016)的重要研究调查了得以变现的游戏玩家生产的不同形式,包括"将玩游戏转化为 YouTube 上的钱"。在波斯蒂戈的论著中,尤为有价值的是他对 YouTube 的技术如何成为 UGC 系统关键组成部分的研究。他聚焦于平台的可供性(affordances),巨细无遗地探讨了从上传系统到赋能观众给作品评论和打分的各种细节,如何将"制造游玩过程"转化为"制造游戏报酬"。他的分析特别有助于揭示该形式的 UGC 的本质,也有助于在试图理解 YouTube 主播们的内容生产时,避免"剥削/自由"或"工作/游玩"的简单二分。如他所言:"在这些情况下,我们不应该把'游玩'和'生产'概念化为迥异之物。反之,在'制造游玩过程'的语境下,创造性过程和生产性过程是融为一体的,游玩和生产是统一的过程。"(Postigo, 2016, 9)在很多方面,这确实是 YouTube 在塑造系统如何运作之时就希望实现的梦想。波斯蒂戈不但深刻地揭示了这些游戏玩家的劳动,还揭示了这一平台如何促进了玩家创意生产的商业化。

随着网络直播的发展,越来越多的 YouTube 用户开始在诸如 Twitch 等网站上进行直播。同时,内容也会从网络直播平台转而回到 YouTube,以此作为 VOD 节目的承载平台。许多围绕内容产制以及游戏、制作者和粉丝之间的关系题材的内容,都可以在

YouTube 上率先看到。一些最早的 UGC 变现试验和制作者可持续经济模式的开发都是从那儿开始的。YouTube 以及进军游戏领域的 UGC 的广泛整合，是追溯游戏直播历史的一个关键节点。

多玩家游戏与旁观者

在便宜的视频通讯和 UGC 崛起的混合背景下，我们现在必须来回顾多玩家游戏和旁观者乐趣的漫长而又生机勃勃的历史。从数字游戏的萌芽时期起，人们就聚集在一起分享他们的游玩，有合作，有竞争。街机厅是多玩家游戏的一个重要场所，它不仅促进了竞争，还培养了人们排队等候时看别人怎么玩或是欣赏熟练玩家的操作的习惯。[21]

随着家用游戏机的日渐普及（以及街机厅的逐渐消失），人们开始坐在地板或沙发上，肩并肩一起玩游戏，往往还得轮流使用游戏手柄。游戏主机将数字化的游玩带入千家万户，因此它成为家庭休闲实践和语境的一部分。与家人和朋友一起分享游戏设备、手柄和卡带，这使多玩家游戏的概念超越了游戏产品本身的限制并拓展到游玩行为所处的社会环境。

作为一种游戏设备，个人电脑的发展也增强了多玩家游戏的体验。在最初的时候，又一次地回到了在同一台机器上轮流玩游戏，通过磁盘来共享游戏。最终将若干机器联成局域网，纵身跃入可共享的数字化空间，实时共享游戏，这成为一大重要发展（特别是对竞技性游戏和早期的电子竞技而言）。

随着互联网的兴盛，我们可以越来越容易地跟不在邻近地理位置的人一起玩游戏。在线的网络游戏从20世纪90年代中期开始迅速发展，不论是身体还是机器，都不再需要物理意义上的"在一起"。大型多人在线游戏、组队进行的第一人称射击游戏或一对一的战略游戏全都大受欢迎。而随着移动游戏的发展，这个故事又增添了新的情节，数字化游玩的日常体验如今深入骨髓甚至令人习以为常地根植在以网络为中介的多玩家游戏语境之中。

在所有多玩家游戏的变化中，观战的体验贯穿始终。无论是在街机前等候自己上场，还是在家用游戏机的手柄被递给别人的时候，又或是当你控制的角色"死亡"后去旁观一场热火朝天的在线战斗时，观战自始至终都是玩游戏的一个部分。即便是那些单人游戏，观看另一个玩家在游戏中的动作也是引人入胜、饶有趣味的。有时候，旁观者甚至会和主控玩家一起付出劳动，比如出谋划策或帮忙探索游戏里的空间。游戏研究者詹姆斯·纽曼（James Newman，2002，409）认为这些形式的参与在游戏中发挥着明显的作用，尽管旁观者并没有手握游戏手柄。"即使要通过主控玩家这一中介，但他们还是在某种程度上展现出了对游戏的兴趣和参与，其程度超越了单纯的袖手旁观或冷静观察。"观战有自身的乐趣体系和情感体验形式。它本身就可以是一种参与游玩的形式，长期以来在游戏过程中发挥着重要作用。

正是在这种电视转型、互联网文化和多玩家体验的混合大潮中，游戏直播应运而生。这些跨越新旧媒体的长期趋势彼此交织。游戏直播昭示着电视被互联网和游戏文化取而代之的某些方向。它也可以成为极为醒目的"煤矿中的金丝雀"，为我们更为宽泛的批判性思考预警。它可以帮我们窥见最为前沿的媒体活动和文化转型。网络直播密切关联着互联网文化中围绕用户创造的内容、变现和规制形式的对话。它还契合了更为普遍的媒体分析，尤其是那些主流之外的内容产制和发行机制。在诸如网飞或亚马逊等网络服务商撼动传统的电视制作、发行和消费之时，游戏直播也正处于全新广播图景中的关键时刻。游戏玩家们正在为其他玩家创造媒体产品。他们实现这一点，并非通过传统的电视，而是通过在线网站以及与线上生活和玩游戏相配套的技术。追溯网络直播的成长壮大，可以发现它是根植在早年的电视、互联网文化、UGC 和玩游戏的融合之中的，我们由此发现了一个新领域，它能让我们深入了解网络和媒体生活的交织之处。它揭示了一个网络化广播的新时代。

网络化受众

网络的概念将以多种方式出现在后续故事中：通过技术和行动者的组合使网络直播成为可能，通过互联网的使用开展发行和参与，通过多个平台和网站来构建一种媒介体验，以及主播和观众之间千丝万缕的联系。在更深入地探讨本书所聚焦的全能型直播和电竞型直播的案例之前，值得针对网络直播的观众——网络化受众多说几句。

媒体学者爱丽丝·马维克（Alice Marwick, 2013, 213）在她关于名人和社交媒体的论著中也使用了这个术语，用来强调观众们相互联系的特性，尤其是围绕"生活直播"的实践行为。正如我们所见，网络直播其实延续了电视、互联网、UGC 和玩游戏的更悠久的历史。虽然它和其他形式的媒体参与——从传统的广播电视到YouTube上预先录制的游戏视频——有一些呼应，但这些在线观众的参与形式和工作形式自有其独特之处。我将在本书余下部分集中探讨一些具体案例时更详细地讨论它们，但在更为宽泛的层面展开讨论也是有必要的，因为这有助于明确观众的定位。

我们为何观看

尽管我的田野调查并未聚焦于观众，但在此领域多年的研究让我更加了解人们为何要观看游戏直播。简单来说，很难以一言蔽之。戴维·莫利（David Morley，1992，139）指出，"'看电视'不能被假定是种单一维度的、在任何时候对任何参与者都有着同等意义或重要性的活动"。游戏直播同样如此。观看游戏直播发生在各种各样的情境下，根据游戏的不同，观众、主播和那些核心观众可以发掘出不同的乐趣。

人们观看游戏直播有六种明确的动机：向往（Aspirational）、教育（Educational）、激励（Inspirational）、娱乐（Entertainment）、社区（Community）和氛围（Ambience）。[22] 在特定的观看过程中，这些动机可能会此消彼长。它们不是一成不变的，同一位观众可能出于不同的原因去接触不同的主播；它们不是由播放内容本身决定的，而是与观众的背景和性格有关。这六点描述了当前观众的概貌，我预计观众的动机将随着媒介的发展变迁而有所改变。

向往。向往模式是以希望成为更好的游戏玩家为中心的取向，尽管它的焦点可能会分散，而且往往是许多观众刚发现游戏视频时的入门动机。一个观看者或许向往能变得更加技巧娴熟、掌握更多的游戏专门知识或秀出精湛技术。他们也可能向往成为一个热门的、受人喜爱的公众人物，就像他们最喜欢的主播那样。虽然"向往"有时会和我接下来要讨论的"教育"或"激励"模式交织在一起，但它常常更偏向于作为一种鼓舞人心的情感以及渴求和希望的具身感受。

教育。"向往"经常会变成教育的动机。贯穿 YouTube 上直播和录播游戏视频的一条主线就是学习的机会。这种模式涉及观众利用直播来研究关于游戏的若干种情况——也许对他们的选购有所帮助，也许是为了学到某些玩游戏的具体技巧。在教育的框架内，主播可以提供一切，从如何操作到基于游戏类型相关知识对某个游戏的细致评论。观众也可以通过看别人玩游戏来获得更精妙的小技巧和小窍门，即使这并不是主播所预期的方向。就像向往模式那样，教育模式也往往是人们开始观看游戏视频尤其是直播视频的入口。

激励。观看视频的另一主要动因与粉丝行为有关。人们可能会发现自己正在查阅喜欢的某个游戏、游戏系列甚至游戏类型的信息，并在观看另一个人玩自己喜爱的游戏时也能乐在其中。这种模式往往会刺激或引发观众的深度参与，因为观众自己的体验与主播的经验产生了联系。这也可能是一种审美体验，即单纯地欣赏正在观看的游戏过程。观众可能会发自内心地有所感受，这也促使其回忆起自己的游戏体验。经常发生的是，观看甚至会激发他们去玩或再次去玩所观看的游戏。对一些人来说，这也激发了一种冲动，就是直播自己钟爱的游戏，从观看者变为生产者。

娱乐。观看网络直播最有力的动机之一，当然是娱乐带来的乐趣。娱乐性常常来自幽默或聪明玩家在屏幕上的表演。它也可以是伴随着主播一起去发现的体验、主播在玩游戏或是体验游戏带来的情绪，而你作为观众跟他们一起"旅行"。在网络直播中，优秀的主播善于让观众拥有身临其境的体验。他们会提出问题，提供建议，不只是在那儿玩游戏，还会为了观众着想而"对着镜头玩"。娱乐框架令人联想到与朋友一起坐在沙发上玩的情景，也令人联想到在电视上观看一位出色的表演者的表演。

社区。交织在诸多其他动机中的，还包括渴求一种社区感受或社交体验。对很多人来说，在网络直播中，他们是观众群体的成员，对游戏的迷恋具现在主播身上，并被转化为一种集体体验。观众可能喜欢通过实时聊天室跟其他观众联系（聊天室就在主播视频窗口的一侧挂着）。在那儿他们可以跟其他观众或主播聊聊游戏、聊聊生活或其他什么。常常听到有长期观看者强调，他们本来主要是为了看某个主播才开始看直播的，但最终却成了主播频道中大社区的一分子。正如我在后文中将要讨论的，主播经常会致力于培养这种社交参与和相互联结的感觉，它可以在观众和频道之间建立起强大的纽带。在更大型的电竞直播频道中，社区动机可以演变成投身一个大型匿名集体的乐趣。就好像我们坐在体育场

里，听着身边人群的欢呼声或者参与到"人浪"中那样，加入一个网络直播频道可以将个人锚定在更为广泛的群体经验中。

氛围。最后一类是长期观众通常感到熟悉的类别，但可能会让那些不熟悉直播的人感到惊讶。我曾多次和那些整天开着直播的人交谈，而他们把直播当作一种令人舒适的背景噪音和运动图像。在这些时刻，玩游戏从专门的工具性行动或娱乐转变为更为平凡但仍引人入胜的日常生活习惯。我认为这就是所谓"环境社会性"（ambient sociality），此时直播内容变成某人空间中的固定物。背景中的游戏动态、主播的图像或声音，甚至是聊天窗口所显示的观众——所有一切的存在，都是为了满足一种渴望，即人们想在深度感官层面上与身边环境之外的其他事物联系在一起。网络直播也可以成为日常生活的一种背景氛围，就像人们多年来对电视或音乐所做的那样。[23]

虽然本书的其余部分关注那些镜头里或镜头后的人，但至少应该对观看网络直播的动因作此简单分析，这也很重要。身为在线观众的乐趣是多样的、重叠的，甚至对同一个观众而言也会有所变化。它们随着时间的推移，与媒介的发展以及观众自己的经验和背景一起演化和蜕变。有些情况，如环境社会性，类似于我们在以往看电视时所经历的；而其他情况，如教育模式，它们说出了游戏中独有的东西。总而言之，它们揭示了观众这一方面和制作方面一样是复杂而微妙的，值得继续关注，对那些要研究这种新型文化参与方式的媒介学者来说尤其如此。

聊天

如前所述，主播和观众的联系可以成为游戏直播的强大吸引力。关于这一点，该形式最为突出的特征之一就是观众参与的在线同步聊天窗口已经成为核心。在 Twitch 上，文本对话发生在屏幕右侧的一个窗口中。[24] 尽管聊天窗口最初是基于 IRC 而建立的，但如今已经演变成一个专用的混合体。当然，它继续整合了聊天机器人（监控对话的小软件，可进行各种形式的管理或信息共享），仍然允许你发出传统的 IRC 命令，如"/me action"。聊天窗口也是一个关键的地方，在这儿主播可以看到有哪些人在自己的频道里来来往往，看到自己的观众在说什么，捕捉问题并常常会通过麦克风来口头回答。

聊天也是你观察大规模人群行为的地方，不论其行为好与坏。研究者德鲁·哈利（Drew Harry）在麻省理工学院的媒体实验室获得了博士学位，后来成为 Twitch 科学团队的领导者。他引人入胜的论著探索了直播人群体验的潜在系统（2012）。他是第一个向我这样解释的人：聊天窗口里充满着快速滚动的文字，它并不是对话，而是充满了兴奋的呼喊、反复出现的表情符号，还有"梗"（meme）——可以被看作体育场里的欢呼喝彩。这种被科林·福特（Colin Ford）及其同事（2017，859）称为"众声"（crowdspeak）的传播形式，虽然表面上看起来是"混乱的、无意义的或含义模糊的"，实际上却具备"'连贯性的实践'，使得大规模的聊天对参与者们来说清晰、有意义、有吸引力"。尽管为更好地促进网络直播空间的交流还有很多工作要做，但许多观众已经迫不及待地参与到了直播的聊天中。[25]

自从我第一次采访 Twitch 的开发者、高管以及主播们以来，我一直被反复告知，聊天对 Twitch 来说是多么重要。该平台的年度统计数据一贯包含了流经该系统的聊天信息的数量。例如在 2016 年，有 142 亿条聊天信息被发送（Frietas，2016）。YouTube 的内容创作者和他们的观众会使用视频页面上的评论栏开展异步交流，但在 Twitch 聊天中发生的事情是完全不同的。后者是一个实时动态交流的空间，不仅有主播和观众之间的交流，还有观众彼此之间的交流。聊天中也包含了与游戏或者 Twitch 无关的内容，这些内容让其他专门的亚文化也得以交织进来。在线直播的这一组成部分契合了社交媒体营销者经常挂在嘴边的一个词："参与"（engagement）。[26] 它是观看者、粉丝和受众一直以来与媒介客体互动更为长期的轨迹的一部分。与消极观众（passive viewer）的说法相反，许多研究表明，多年来受众以具有创造性的、积极的方式接受内容。网络直播中的聊天延续了这一传统，并像用户的常见行为那样反复重演。

虽然对话和象征性交流（以表情符号和玩梗的形式）构成了 Twitch 中聊天的主要部分，但聊天也被用来玩游戏。"用 Twitch 玩宝可梦"（Twitch Plays Pokémon，下文简称"TPP"）的行为是开先河者。它利用网站的聊天功能，让用户通过聊天输入游戏指令，从而进行集体游戏（见图 2.3）。如你想象的那样，有成千上万的人同时输入不同动作，这导致了通常很滑稽、有时令人沮丧的重复，比方说无休止地想要使用一个无法使用的物品，或意外地把宝可梦的怪兽"放归"野外。观看者也就是玩家展开了热烈的、有时甚至是可笑的争论——关于是否要使用投票系统来统计输入信息,从而尝试以合作方式作出有目的的游戏选择(在 TPP 社区被称为"民主制"),还是屈服于这种成千上万的人同时尝试玩一个游戏时出现的偶发性混乱(被称为"无政府主义")。玩家们采取不同的立场,带着幽默感或者经常是相当强烈的目的性;你选择的路径变成了一种好玩的哲学宣言,它本身通过一个元命令(metacommand)系统来展开争斗。聊天窗口的演变是为了适应大量的命令,同时也保留了讨论(通过命令 / 文本的切换来帮助人们做到这一切)。

图 2.3　TPP 截屏,2014 年

TPP 还产出了一整套由粉丝参与的体系,包括故事和复杂的神话、T 恤以及各种梗,最后甚至破圈传入了更广泛的流行文化之中（见图 2.4）。

图 2.4 "第一次约会"。xkcd 漫画，作者兰德尔·芒罗（Randall Munroe）

事实上，我的一些朋友和同事首次和我聊起直播，就是因为在主流新闻媒体上听说了 TPP。如今，利用聊天来玩游戏的想法，以及利用观众的参与本身就成为一种类型，也已经被用于 Twitch 平台上的各种游戏。

受众工作

TPP 促使我们去反思受众的本质，其方式也具有生产性。"观看"（watching）这个概念本身就跟这样的形象紧密相联：一个被动的、个体化的甚至是孤立的旁观者。然而，在我们观看直播时集体输入游戏指令这一行为前，当代媒介研究就一直在质疑这种看法。媒介学者苏特·加利（Sut Jhally）和比尔·利万特（Bill Livant）（1986, 125）将受众置于媒体经济中考察，认为理解了"作为工作的观看"就可以解释受众参与的具体"价值创造过程"，并帮助我们更广泛地思考观看问题。尽管他们的论述主要集中在对受众的批判性、唯物主义式的概念化上，但也确实谈到了受众在媒体产业中始终与价值生产密不可分的低层次情感方式。数十年来，当代媒介理论一直以一种观看模式为基础，即人们始终对内容有所参与，对其观看的内容进行解码，并在其特定语境中进行理解（Hall，1980）。这样的参与深深根植于个人和社会情境之中，对它的理解破除了"观众只是特定媒体信息孤立而被动的接收者"的说法。无论是通过物质条件和家庭状况，还是经由身份认同和文化，我们总是在反映着自己特殊情境的生活中与媒体"**协同工作**"。

正如我此前所讨论的，要理解当代媒体和互联网生活，参与式文化的理论是至关重要的。其重点之一就是强调"曾被忽视的媒体观看者的工作"（Jenkins，2006b，135）。尽管此领域的若干案例集中在受众对其所使用媒介的具体转化和干预上（从重新混合和重新发布内容到促进自下而上的资助行动），但这种路径仍然阐明了受众的基本状态就是活跃的。参与式文化的理论以文化研究更悠久的历史为根基，而这种历史视角有助于我们理解人们对文化的积极参与，即便是在商业化情境之中。

这样的模式让我们对观看的理解更为丰富，并反映在观看直播的动机、情境和用途的多元性上。从学习如何成为更好的游戏选手到与同频道的人们交谈，网络直播的观众经常参与其中，且常常是社交性参与。直播社区也会经常拓展与其他平台或创意活动的互动范围，比如在游戏中组建群组或创作粉丝艺术。尽管有些观众可能会把直播当成一种背景，当成氛围感的来源，但这也可以说成是一种有意识的参与形式。即使是潜伏其中、安静地获取灵感或者仅仅点击一个按钮去关注自己喜欢的主播,都是受众积极地浏览、体验和处理内容的不同方式。

这些实践中蕴含着更广泛的媒体发展趋势,即受众不仅是在消费内容,而且通过其参与成为生产循环的一部分。除了因他们在场而被纳入产制环节的这种方式(在后续章节中我会进一步探讨这一点),他们自己的游戏过程也和观看体验联系在一起。观看他人玩游戏可以激发他们玩游戏或以特定方式玩游戏(例如采用职业玩家的技术和策略)的渴望。它可以是种情感体验,让你深陷其中,激发玩的热情。它可以是本能的和具身化的,你会发现自己身体前倾、聚精会神。

在以这些方式理解观看的过程中,我们需要关注在更广泛的产业转型中劳动中的受众是如何被建构和利用的。这样的转向非常重要,它使我们避免过度乐观或夸大受众的活跃性。媒体学者乔纳森·斯特恩(Jonathan Sterne,2012)对"互动性"(interactivity)和注意力如何被转化为"市场价值"提出了明智的警告,他指出:"当人们的参与成为别人的生意——此处我指的是市场份额和赚钱意义上的生意——本该随参与而来的社会利益就会受到损害。"互联网研究者凯莉·贾勒特(Kylie Jarrett,2008b)同样提醒我们批判性地反思互动性与新自由主义主体的概念经由一些系统而结合起来的方式,而正是这些系统推动着我们永远在生产,永远在消费。

当然,游戏直播建立在一系列劳动的商品化的基础之上,其受众工作恰好与传媒产业重新调整其生产和经济模式以适应互联网的做法相吻合。借助受众参与,实现变现的目的,这刻在了 Facebook、Twitter 以及 Twitch 的遗传基因里。传统媒体长期以来追寻着关于互动观众——可以被"捕获"并出售给广告商的颇具价值的观众——的梦想，而全新统计数据以及参与式粉丝在线社区的增长，着实迷住了那些以出售受众为业的公司。[27] 事实上，围绕 Twitch 的修辞框架的重点之一，就聚焦在其受众参与的广度和可衡量性上——这对广告商来说特别诱人。

游戏研究学者尼克·泰勒对电竞和"当观众"过程的研究，将这样的对话直接带入本书的主题。他研究了电竞观众的发展是如何从一种玩家和观众间的界限相当模糊的状态，发展成类似传统的广电领域内选手与观众间界限分明的情况。借鉴杰克·布拉蒂奇（Jack Bratich，2008）和肖恩·辛帕奇（Shawn Shimpach，2005）的工作，他认为要在这样的框架——该框架承认"我们对当代媒介形式的参与程度是受限制的"（Taylor，2016，304）——内理解电竞和网络直播的观众。他举了个例子：电竞观众在赛事中的定位被当作增强媒体产制或强化比赛的情感方面的东西（例如用来"炒作"）。这有助于我们思考这些新兴观众是如何以相对受限的方式被编织到内容产制过程之中的。[28]

那么，如何穿好这根针呢？我们应该如何理解直播受众在新媒体发展的明显商业化领域中的积极工作？我们不能回避关于受众商品化及其从事的劳动商品化的争论，也不能把这样的投入视为简单的剥削或无价值的参与。我们需要理解受众通常是如何去认识在新兴媒介形态结构中的参与者，甚至那些被售卖的参与者的。直播受众并非上当受骗的人，尽管他们未必总能充分考虑到他们的参与在多大程度上是一种市场里的商品或长期成本。

在大型电竞转播赛事中，绝对会有这样一些时刻——我们或许会对赛事出于广播和商业目的而推动受众生产的那些方式加以批判。将摄像机转向观众，呈现他们穿着战队的队服，戴着比赛的帽子，扮演着人群该有的样子，挥动助威棒和白色海报板作为标志——所有这些都让观众创造出视觉上引人注目的、轰轰作响的、不断爆发的欢呼声——都是摄像机要捕捉的主要素材。但与此同时，我们必须在这种批判观点与这一空间中真正的激情、迷狂和表达的本真性之间找到平衡。电竞观众通常都是有意识地、有意义地以粉丝身份参与其中，乐于支持这一切，包括支持涉足其中的商业机构。他们通常会承认这种张力，并对那些粗暴的"抢钱"行为十分敏感。

在全能型直播中，观众往往大力支持某个主播，并与其建立深度联系。我们需要更加谨慎地理解上述的平衡。尽管主播和观众都在以某种方式"工作"（我将在后文详述），并为平台的财务健康作出贡献——甚至包括成为充斥在商业PPT文件和新闻稿里的统计数据，但他们通常也是知情的、主动的，且仍在力争获得有意义的创造和联系。即使这个平台利用了网络直播中的情感驱动力，我们也不能简单称其为剥削。

媒体本质上是由观众、生产者和文本共同构成的。非常重要的是，要把媒体看作是关系性的。詹金斯曾呼吁"在文化产业中，不要认为媒体消费者可以全然自主，也不应认为他们全无抵抗力"。正如他所坚持的，"如果认为强大的企业集团在进入这个新兴媒体市场时不会保护自己的利益，那就太天真了；但与此同时，受众在投身新的知识文化时，也获得了更大的力量和自主性。互动式受众超越了一个营销概念,但又没有达到'符号学民主'的程度"。(Jenkins,2006b,136)他鼓励去记录这些循环,这也启发了本书此处的工作。在下文中,我将更为直接地讨论有关劳动、不稳定和情感经济的议题,并批判性地反思参与行为如何被规制。但我的分析建立在一个将观众参与和共同创造当作故事中心的模型之上,在我采用的框架中,像 Twitch 这样的商业平台在更广泛的产制循环中占据了复杂的、常常是矛盾的位置,且平台和通常知情的、具有意义的用户参与是站在同一边的。

建造平台

尽管有别于当初在西雅图举行的展会,但 PAX East 游戏展仍然算得上是一场周末盛事。成千上万的人来到波士顿会议中心,欢庆、讨论、玩各种实体游戏或数字游戏,还可以参加明星的粉丝见面会,玩到游戏开发商大张旗鼓发布的游戏演示版本,还有激动人心的 Cosplay。因为我的住处跟马萨诸塞州剑桥市仅有一河之隔,去那儿着实方便,所以 2013 年我第一次参加了 PAX 展,并借机参观了 Twitch 的展位。

顺着自动扶梯而下,进入展会大厅,真是种具有冲击性的体验。巨大的音浪、灯光、展台和人群充斥着整个空间。作为内行人,我在鸟瞰全场的过程中迅速找到了右手边的 Twitch 展位,那里的灯光正是无处不在的"Twitch 紫"色调。那一年,Twitch 展位别具特色地设置了一个直播区,摆放了一些沙发,供各路名人接受采访和玩游戏之用;还有一个不大的演示区,主要是在演示

《神之浩劫》(Smite)这款当时正在举办赛事的多人游戏；另有些供人站立的地方，以及若干用来观看正在进行的直播的大显示屏。尽管 Twith 展位还不是展会上最大的，但也已经占据了很大一片地方。你可以感受到该公司是如何想方设法地在一个专为游戏开发者和粉丝服务的活动中好好展示自己的。

当我 2014 年再次参加这个展会时，这儿明显有了长足的进步。你既可以在展位上观看来自世界各地的直播，也可以和其他人一起四处闲逛、彼此交流。展台周围悬挂着大屏幕，无论是现场的表演者还是正在网上播放的作品，都吸引着人群的目光（见图 2.5a）。这可不是鸡毛蒜皮的小细节。Twitch 已经与主办 PAX 游戏展的活动服务公司励德（ReedPOP）达成协议，成了该活动的流媒体独家合作伙伴。这意味着 Twitch 将不只是像在上一届展会那样，每天提供一些特色内容（比如让主播和开发者们在 Twitch 上做直播），而是成了全面报道 PAX East 游戏展的站点，如果你没法亲临现场又想了解这个活动的话，就可以去 Twitch 上一探究竟。Twitch 的展位也成了卡普空格斗游戏职业巡回赛和 TeSPA《炉石传说》高校公开赛的举办场所（见图 2.5b）。

比赛确实吸引了我的眼球，但我在那年注意到的最重要的事情是，该展位成了人们聚集在一起、结识该平台上其他使用者的中心。每个人都可以在姓名牌上标明自己的 Twitch 用户名。一位受欢迎的网络主播曾这样描述他在 PAX 展会上的经历：

> 对我来说，这更像是一个社交场合，此时此刻我可以见到一些名人、老朋友或是其他网络主播，还能和我的观众们见面。我

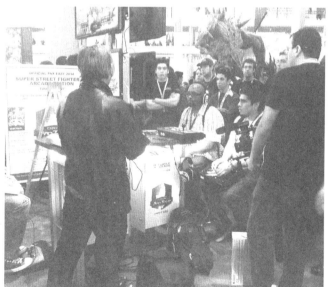

上图为图 2.5a,下图为图 2.5b。
观众在 Twitch 展位闲逛并观看格斗游戏比赛。PAX East,2014 年

会和大家一起闲逛、互相熟悉。有些疯狂又偶然的会面是我们无法预先安排的。只要在展会周边活动，我就能碰到一些人，这些人又会为我扩展其他人脉关系，打开机会之门。只要你待在这里，成为社区的一部分。当我谈到社区时，指的是一个更广义上的社区，也就是 Twitch 社区。

对许多网络主播而言，来到展位成为游戏展上工作和娱乐的重要部分。主播们与 Twitch 员工见面，与其他主播见面——这往往是他们头一次线下真人见面。同样重要的是，粉丝们也会涌向这里，来看一眼他们最爱的知名人物。其中有些主播已经成为网络红人，哪怕走出展会大厅后路人可能不认识他们，但在这里，当人们走近他们开始自我介绍、说自己有多喜欢他们的直播节目并争相合影时，主播们第一次感受到了自己的影响力。还有一些人会因为 Twitch 邀请其上台帮忙主持赞助的游戏节目而获得额外的知名度提升。

那个周末，当在那个展位前徘徊时，我看到了一种粉丝文化的萌芽。它的形成并非围绕着某款游戏，而是围绕着**主播**。"文化中介"（cultural intermediaries）指的是那些促进符号化商品和服务消费的专业人士。虽然有时可以用这个概念来理解游戏直播，但它并没有完全抓住事情的本质。[29] 媒体学者肖恩·尼克松（Sean Nixon）和保罗·杜盖伊（Paul du Gay）（2002，498）认为，这个概念经常隐含着对中介者的贬低或是过于简化的保守主义假设（即他们仅仅是在推销特定的文化物品），这或许让我们忽视了生产和消费之间更为复杂的互动、创造性行动以及"文化和经济实践之间相互依存和相互影响的关系"。这些网络主播不仅是把游戏带给观众，还成了颇具价值的创意生产者。他们不仅仅是在推广一些游戏（尽管这是网络广播中一种常见的隐含内容），还在做更多的事情。游戏研究者奥斯汀·沃克（Austin Walker，2014，438）将主播这种更广义层面上的工作描述为"新社区的成长围绕着这些网络主播，正是他们有时提供了一些与消费导向的'玩家文化'所不同的东西，努力引发社会和政治关注，凸显那些独立的、常被忽略的开发者、组织和群体的工作"。在PAX East游戏展上可以看到他们置身于广义的游戏文化之中，彼此互动，与其粉丝互动。显然，他们就是正在改变游戏玩法的"天才达人"。他们还为建立一个蓬勃发展的行业助力。这个行业已经并仍将在更为庞大的游戏和媒体生态系统之中开拓自己的疆域。

随着时间的推移，这一主题被认真地融入展位的设计之中。人们搭建了一个专门区域，用于主播的粉丝见面和签名活动，还制作了专属的可交易卡片和各种其他礼品供主播们发放。（参见图2.6a、图2.6b和图2.6c）

展位中还有一部分用作一个大型的内部VIP区域和见面区。Twitch员工、签约主播和各路访客可以在那里交流。到2016年，Twitch在PAX East游戏展上的展位是全场最大的展位，已成为一个巨大的活动中心。它在该展会上的出现和成长，也反映出自身的总体发展状况。在短短几年内，Twitch已经从一个小网站，发展成游戏文化中的一个主要节点。同时，它也成为一个塑造游戏品位和玩法的地方——游戏玩家和他们的粉丝，在这里与他们

上方左侧为图 2.6a，上方右侧为图 2.6b，下图为图 2.6c。
Twitch 展位的会面区、主播新人卡和 VIP 区。PAX East，2015 年

玩的游戏一同崛起。

然而，我们也不能忽视这种快速增长带来的真正挑战，即直播平台正面临着巨大的技术、运营和经济问题。打造全球性的基础设施，规划如何实现盈利，管理所有参与者和创作者，还要维系一个千百万名用户同时在线的直播平台，这一切绝非易事。这也是故事的关键所在，不仅适用于直播，还适用于更宽泛的各类UGC平台。人们很容易去关注充满创意的个体——或许你还记得2006年《时代》杂志把"你"（You）评选为年度人物，以表彰"我们"（we）在网上创作的所有内容，但也很容易忽略技术发展、组织结构或金融体系对在线生活来说有多么重要。

在接下来的章节中，我将着重探讨Twitch作为一个组织和平台，同时兼为一个行动者，如何以节点这一角色服务于文化共创的宏大进程。游戏直播必须通过技术、网络、经济模式和治理流程的复杂组合才能实现。所有这些方面，对于后文中讲述的与个人和组织实践相关联的更广泛的故事都很重要。我将在本书其余部分中谈到这些内容。而在本章的剩余部分中，我将简要介绍该公司的历史，追溯它怎样从一个专注于直播的小众网站发展为游戏产业乃至媒体产业最重要的角色之一。

起源

Twitch的根源大致可以追溯到我之前描述过的"摄像头文化"。它的源头可以上溯到Justin.tv，一个想让人们能直播任何事、每件事的网站。该平台于2007年3月19日由简彦豪（Justin Kan）、埃米特·谢尔（Emmett Shear）、迈克尔·塞贝尔

（Michael Seibel）和凯尔·沃格特（Kyle Vogt）这四位室友共同创立，旨在进行"生活直播"，即为人们提供一个向他人输出自己的实时视频的网站。[30] 正如谢尔在《快公司》(Fast Company) 上发表的文章中所描述的那样："我们将开启一种基于流媒体的全新真人秀，让人们去全天候、无休止地直播其生活，这就是我们的生意。我们将成为真人秀的巨头。"（引自 Rice，2012）他们得到了 YC（Y Combinator）公司的保罗·格雷厄姆（Pau Graham）的 5 万美元天使投资，不到一年后又从奥尔索普路易合作伙伴（Alsop-Louie Partners）公司获得了 200 万美元投资。这个平台让人们有机会直播任何想要直播的内容。[31] 简彦豪自己就随身佩戴摄像设备，直播从编程到睡觉的所有内容，并"宣布他的新使命是'让现场直播变得民主化'"（Rice，2012）。虽然他最终发现，无休止地直播自己的生活是不靠谱的，但该网站已经吸引了其他想要提供内容的人。

简彦豪的野心非常符合当时的文化潮流。Facebook 的问世是在 2004 年，接下来 YouTube、Twitter 相继在 2005 年与 2006 年出现，而汤博乐（Tumblr）和 iPhone 则在 2007 年面世。毫无疑问，那是个紧锣密鼓的时代：日常生活与网络文化交织，人们正在为彼此生产内容，从每日生活的常规更新到那些特别制作的视频。与从前的摄像头文化相比，这已不再是边缘化的行为和现象。许多互联网平台正试着向人们提供方便，让他们能以任何方式分享想要分享的任何东西。

尽管网上能看到越来越多的日常生活，但 Justin.tv 似乎没有像人们希望的那样充分地支持内容生产者和观众。就像很多类似平台一样，成本应该通过广告收入摊销。但这样的模式在某种程度上需要广告主放弃控制权，听任自己的品牌跟无法预测的内容绑定在一起。正如记者安德鲁·赖斯（Andrew Rice，2012）所指出的："即使该网站正在蓬勃发展，广告主仍然对用户创造的直播视频的不可预测性持谨慎态度。公司的潜在投资者和持币待购者也是同样的态度。"允许用户为一个网站创建所有内容，这当中潜在的变化无常是一个重大挑战，因此，平台不得不去梳理和管理它。此外，简彦豪自己的矛盾心态也是个问题，他后来已厌倦了不间断地直播自己的生活，而且发现自己在该平台上"很难找到值得一看的内容"（Rice，2012）。

关于 Twitch 如何将重心转向游戏并且推动自身崛起这一故事，有略微不同的另一个版本。2013 年，我有幸采访了 Twitch 的首席执行官谢尔。当谈到 Justin.tv 时，他生动地讲述了该网站上的游戏频道是如何成为真正吸引他注意力的频道的。谢尔在访谈中常常谈起自己玩游戏的起源。他在我们的谈话中提出的一个观点与我自己的想法产生了深深的共鸣：有一种重要的历史沿革影响着网络直播。他观察到：

我认为（它）是这么一回事。童年里有四分之三的时间，我是作为一名观众在观看视频游戏的。事实上，几乎所有与我同龄的男孩和大多数女孩都有这种体验。因为你仔细想想，我们有一台游戏主机，还有在玩游戏的人，只有他们（的游戏角色）死了，才轮到下一个人来玩游戏。因此在通常情况下，我们大概会有三四个人坐在那儿，而只在四分之一的时间里才真的轮到你玩游戏……所以从这个角度来说，Twitch 并不是那么新鲜的东西。

正如他所解释的，我们在网络直播中所见的，只是这些联系形式的"重演"。一个待在家里独自打游戏的玩家形象——并非网络直播——才是"新鲜的古怪情况"（Shear，2013）。网络直播是沙发空间的延伸，许多人都很熟悉这种体验。

这些年来，当我访问 Twitch 公司并与其员工交谈的时候，经常听他们说起身为一名游戏玩家与看到平台力量之间的联系。自认为是游戏玩家并回忆起从前观看游戏的一些时刻，这样的动机始终激励着该网站的那些前期建设者。这在以游戏为重点的公司里并不罕见——成为一名活跃的游戏玩家，甚至玩的就是你雇主所开发的某款游戏，这是个人职业身份的常见部分。[32] 这个领域的许多发展进步都直接来自将自己想象为用户，来自将自己的经验、乐趣、欲望和价值观投射于技术之上。Twitch 的早期创新与一批自认为是游戏玩家的高管和开发人员密切相关。

然而，Twitch 的发展故事中还有第二条重要线索，即媒体盗版的强大作用。互联网自诞生之日起，就在为免费甚至非法使用媒体提供便利。早年间，音乐发行公司和诸如奈普斯特（Napster）等软件发生的冲突帮助确立了传统媒体公司几十年来的基本操作：监管、执行以及在可能的情况下通过数字版权管理进行技术干预。[33] 随着点对点（P2P）传播网络和宽带的发展，共享影视节目等越来越大的文件的能力也增强了。因此，理所当然地，网络直播也给媒体内容传播（也包括盗版）开辟了一条新路。

Justin.tv 与其他一些网站，如 Ustream，成为人们转播各种现场活动特别是体育比赛的平台。从美国国家橄榄球联盟（National Football League，下文简称"NFL"）和 MLB 到终极格斗冠军赛（Ultimabe Fighting Championship，下文简称"UFC"）的比赛，都可以找到网上的实时转播。独家转播协议（通常是通过付费有线电视渠道观看）、转播限制和严格的许可证让体育迷们积极地寻找盗版渠道来观看比赛——通常是那些他们本来看不到的比赛。在一篇较早分析体育在线转播的文章中，布伦斯（Bruns，2009，2）描述了 Justin.tv 的用户如何通过"遵循一种'礼物经济'的逻辑来解决媒体资源不足的问题：他们转播自己在本地电视频道上容易观看到的体育比赛，另一方面又通过观看来自世界其他地方的用户转播的体育比赛而获得好处"。全球化的网络媒体和地方法规之间的张力在这些平台上展露无遗。传播学者本杰明·伯勒斯（Benjamin Burroughs）和亚当·鲁格（Adam Rugg）指出，尽管电视通常在全球范围内传播，但播出权和法规往往还是由各国自决的，粉丝们经常利用各种技术（从网络直播到虚拟私人网络）来绕过地理围栏（按所在地理位置来调节内容访问的虚拟边界）。两位学者让我们将这种做法视为对"大众消费和电视文化'恰当'策略的一种战术性挑战"（Burroughs and Rugg，2014，370）[34]。

　　不出所料，这种做法引起了媒体公司和立法者的关注和介入。英超联赛曾威胁要起诉 Justin.tv，还有家拳击公司此前曾起诉 Ustream（Roettgers，2009）。2009 年，众议院司法部门举行了名为"互联网上的体育直播盗版"的听证会来调查有关情况。

MLB、UFC、娱乐体育节目电视网（下文简称"ESPN"）、宾夕法尼亚大学法学院和 Justin.tv 等机构的代表被传唤作证。Justin.tv 当时的首席执行官塞贝尔在委员会面前作证，讲述了该平台在新兴网络世界中的地位及其在内容方面的立场。他指出：

> Justin.tv 首先是一家技术公司。我们提供了一个平台，使人们能够在线制作和分享直播视频。我们的平台相当于现代版的城市广场，但 Justin.tv 的用户可以向全球广播他的消息，而不仅仅是站在临时演讲台上吸引寥寥几个路人来听。我们的愿景是使视频直播成为互联网日常体验的一部分，就像飞克（Flickr）、赫芬顿邮报和 YouTube 将在线图片、新闻和视频剪辑带入主流一样。在不久的将来，你的手机、游戏机和摄像机都将能够使用 Justin.tv 在互联网上直播。此外，用户还将能够在 Justin.tv 上通过创建按次付费（Pay-Per-View，下文简称"PPV"）和订阅的直播视频来创业。在传统媒体整合的时代，Justin.tv 正在为直播视频内容的传播和变现提供一个重要的替代平台。（Seibel, 2009）

他继续辩称该平台是"内容不可知的"（content agnostic）："正如许多旨在促进公共利益而创造的技术一样，Justin.tv 的技术有时也可能被个人用于侵犯第三方的权利。这种滥用行为并不意味着基础技术应该对不良行为负责。"（Seibel, 2009）他随后联系到《数字千年版权法案》（DMCA）的"安全港"（Safe Harbor）条款，该条款旨在保护服务提供商免于因其用户可能传播的内容而承担法律责任。然后他指出，网站上有海量内容，因此平台不可能监控所有用户的广播,但它会迅速回应权利持有者的要求。他强调,该网站在其服务条款中明确了其政策,利用封禁措施(有时包括互联网协议[IP]封禁),与媒体网络合作,并正在实施"指纹"技术来自动检测并主动删除侵权材料。

然而这一立场并不足以保护其免受诉讼。2011 年,UFC 所属的祖法(Zuffa)公司不仅盯上了网络视频主播,还把矛头指向了 Justin.tv。UFC(2011)在其诉讼公告中说,发起诉讼是因为"Justin.tv 网站的会员和用户一再且持续地没做到实质性地解决猖獗和非法上传 UFC 赛事 PPV 直播视频的问题"。正如一篇文章报道的那样,很多赛事存在着巨额资金风险,"估计有 3.5 亿美元的 PPV 收入"可能会打水漂(MMAJunkie Staff,2011)。UFC(2011)声称,该平台不仅对盗版行为"视而不见",而且"实际上诱导其用户实施版权侵权行为"。这是一个相当严重的指控。

这个案件有点复杂。UFC 转而通过商标权主张和"盗播有线电视"的策略来应对这个问题(Thomas,2012)。[35] Justin.tv 对此进行了反击,主要是利用《数字千年版权法案》的安全港条款,该条款旨在保护那些试图作为中立传播渠道、同时在接到通知后仍对内容侵权作出回应的平台所有者。2012 年,法院驳回了部分指控,最重要的是指出第三方网站不对用户上传的内容负责;如果对《通信法》(Communication Act)作出其他解释,许多其他科技公司(包括谷歌、苹果、多宝箱[Dropbox]等)都将被卷入责任之中。虽然该案的其他部分仍继续进行,但到 2012 年 4 月,Justin.tv 和 UFC 就其诉讼达成了和解,具体条款并未被披露

（Davis，2012）。

对平台运营商来说，处理好这类事情绝非小问题。部分诀窍在于如何去平衡对权利主张的响应执行、过度监管和广泛的内容播出之间的关系。处理不好的话，最终可能会破坏它们通常利用的平台中立性主张（更不用说会减少用户创造的内容）。一位分析者谈到了这种微妙的平衡，说："强化版权内容管理的问题正是《数字千年版权法案》的另一面。如果你积极检查新上传的内容，就不再是盲目的互联网服务提供商（Internet Service Provider，下文简称"ISP"），并可能被追究侵犯版权的责任。让受版权保护的内容上传并通过审查，现在变成了你的责任，而不是上传者的责任。"（Gannes，2009）正如媒体和技术研究者塔尔顿·吉莱斯皮（Gillespie，2018，35）所说："到底是让中介机构不要插手还是鼓励他们积极干预，这两种相互竞争的推动力继续塑造着我们如何去思考所有互联网中介机构的角色和责任，也已延伸到我们如何监管社交媒体平台这一问题。"那些 UGC 网站必须仔细谨慎地求得平衡，既要对那些侵权声明迅速作出响应，同时又要避免承担审查所有内容的责任，避免担负全责。

虽然在与 Twitch 高管的讨论中我从来没有听说过从这个角度出发的公司的起源故事，但《快公司》杂志对简彦豪进行的专题报道认为，"盗版似乎并非 Justin.tv 发展中的偶然事件"，"经过四年的曲折，Justin.tv 的人知道了几件事：他们的业务停滞不前，而人们喜欢观看现场比赛的网络直播。如果他们能找到一项（在版权上）不属于任何人的运动、一项真正感激他们关注的运动，那将会怎样呢？"（引自 Rice，2012）虽然简彦豪和格雷厄姆最初对"以游戏为重点"持怀疑态度,但谢尔强调游戏直播相对于更开放的社交摄像头是更有价值的:"这对广告商是很友好的……当你开了网络摄像头时,什么事情都有可能会发生。但游戏就更容易控制了。"(Rice,2012)在盗版问题之外,游戏的可控性也许有更多的好处,包括法律安全性的优势。

虽然在平台的想象中游戏受到限制,但网络主播们却持续进行创新,其方式远远超出了简单地播放玩游戏过程的范畴。在Twitch上,我们看到的是游戏和用户创造性参与的复杂组合。而且,并非在所有情况下游戏都会回避关于所有权的问题。游戏的数字竞技场上有大量潜在争端,有时甚至会升级为对所有权的争夺(我将在本书中更详细地讨论这个问题)。我们还可以看到,游戏中UGC也充斥着种族主义、性别歧视和恐同等问题。这些都是很多广告商(甚至是游戏开发商自身)不希望伴随自己品牌出现的东西。Twitch显然抓住了以往的网络摄像头网站未曾拥有的观众,但是它也无法避免围绕平台、用户创意行为和管制而出现的紧张关系。

工程和策划

早年发生在Justin.tv的盗版故事告诉我们,平台通常必须处理好UGC与预期之间的复杂关系。[36] 对像Twitch这样将兴衰成败系于用户群的积极贡献的网站而言,至关重要的是创建一套支持用户作出贡献的基础设施并对其进行监管。当我首次访问Twitch时,我与不同员工进行了交谈,并对工程师在组织中发挥的核心作用感到震惊。创建一个平台,使其能在全球范围、在各种设备上维持海量视频数据流的传输，这是一项巨大的工程。做好这项工程，让网络视频直播具备传播性和可供性，对该平台的成功至关重要。也正是在工程工作中，我们看到一个平台如何想象其用户和自身。它指向了一个网站所重视的交互模式。

Justin.tv 在这方面付出大量努力，成功地打造了一款软件，"将传输一小时视频的成本降低到半美分，便宜到足以向广大观众提供不间断的视频服务，同时还能开展广告业务来进行支持"（Rice，2012）。[37] 这种专注于工程的特点同样迁移到了 Twitch。我与该平台的技术人员交谈过并很清楚这一点。视频系统和服务器、认证系统、网络和负载均衡以及许多其他组件，最终让整个网站得以实现。从历史发展来看，工程团队曾经跨越了运营、视频和网站团队，并随着手机和其他非 PC 观看途径的出现，最终被纳入平台团队。虽然该系统也从其他技术领域汲取了重要组件（例如视频转码），但正如一位工程师所说："归根到底这是我们的视频系统，它的作用与其他任何系统都不同。"不同类型的工程项目都表现出了这样的特殊性。

在我最初访问 Twitch 的时候，对软件开发工具包（Software Development Kit，下文简称"SDK"）的渴望被视为高度优先事项，尤其侧重于允许游戏开发者将 Twitch 广播功能整合到游戏中去。SDK 本质上是一组工具，允许与某个平台协同工作来开发应用程序。考虑到网络直播的最大障碍之一是用户必须在其特定的机器上使用所有的软件和硬件，因此也就不奇怪该公司在早年间想了很多办法来让这一过程变得更容易。这曾经被设想为帮助游戏开发者将网络连线和直播的功能整合进游戏中。目前尚不清楚有多少游戏开发者积极采用了这一功能。最终 Twitch 宣布，由于第三方直播软件的总体改进，他们将这个技术重点留给了他人来解决。他们在 2014 年缩减了 SDK 支持。虽然游戏主机有内置的网络直播功能，但 PC 用户仍然必须使用非 Twitch 的软件（通常要订阅付费）来进行直播。

相比之下，该公司在过去几年里特别积极地开发其应用程序编程接口（Application Programming Interface，下文简称"API"）。Twitch API 只是该平台的一个组成部分，它通过网站上专为开发者建立的部分促进第三方开发者创建各种附加功能。Twitch 旨在鼓励第三方开发者在其基本结构之上进行创新和扩展，从聊天工具、图形叠加到交互模式。[38] 从 2016 年前后开始，或许最大的推动力之一就是挖掘游戏和第三方开发者的创造力，支持其创作或将其创作整合到正式平台中。打赏系统、动态图形叠加，以及利用互动开展真实的游戏玩法，这些功能长期以来都是由用户和第三方发起的，而现在得到了公司的正式支持。这些发展常常被宣传为推动了参与、留存、观众增长和社区乃至销售。

这种向更为广泛的功能和工具集合的转变，也是为了吸引游戏开发者。该平台不再仅仅将他们引导到某个 SDK，而是寻求以其他方式让他们深度参与进来。2015 年，长期从事游戏行业的凯西·阿斯特罗莫夫（Kathy Astromoff）被聘为负责"开发人员支持"的副总裁，她说："在社交视频时代，重塑游戏开发者与社区的互动方式将打破我们行业的许多壁垒。"（转引自 Weber，2015）。从支持"直播优先"的游戏（有意识地考虑到网络直播而制作的游戏），到开发者与 Twitch 的整合（例如通过游戏盲盒或其他特殊物品的赠予），又或在游戏开发者大会（Game Developers Conference，GDC）等活动中举行外联会议，Twitch 一直在大力推动此事，教育并引导游戏开发者进入该平台。在被亚马逊公司收购之后，Twitch 也越来越多地与该公司提供的基础设施和工具联结起来。

这种从专注于 SDK 开发到将 Twitch 视为支持各种技术创新和尝试的可扩展平台（extendable platform）的转变，我认为是呼应了在产制方面看到的基本逻辑：该网站只有在用户和第三方的创造性活动中才能真正活跃起来，并且只有得到游戏开发者的支持才能生存。Twitch 已经做了一个明智的举动，那就是将这种富于生产力的技术活动正式化，现在也将其整合到平台的品牌和活动之中。正如阿斯特罗莫夫在 2017 年 10 月 23 日宣布另一个开发者工具（Extensions）后所发推文中所说："当我们说 Twitch Extensions 是'为视频直播而生的实时应用程序'时，#gamedevs[①] 应该把它理解为'@Twitch[②] 正在建构一个应用程序商店'。"就像 Twitch 能够从用户的创意直播作品中变现那样，找到某些方法来联合并善用第三方的技术创新以及让游戏开发者将 Twitch 视为其产品的核心部分，都已经成为 Twitch 整体框架的一部分。

这些发展表明，该公司的工程部门长期以来是以怎样的方式

---

① 译者注：这是 Twitter 中的标签，指的是游戏开发者。
② 译者注：在 Twitter 中用 @ 符号连接一个账号，方便其他人直接访问该 Twitter 账号。

来处理不得不适应的平台的动态特性的。正如一位工程师所说："扩大规模是很难的。即使你知道想要有多大的规模，那也需要找到制约发展的瓶颈问题。有时它们是显而易见的，但要先搞清楚瓶颈是什么。"Twitch 不仅需要建立一个强健的视频传输系统，还需要一个能在不可预测的情况中保持增长的系统。尽管公司不断加强与第三方之间的共享和沟通，但在用户不断尝试各种可能性的平台上，这仍然是一项持续挑战。在 2016 年的 Twitch 年度大会（TwitchCon）上，Twitch 的高级软件工程师约翰·里佐（John Rizzo）介绍了 TPP 中该公司系统的事后剖析情况。他的讲述很轻松愉快，但也对平台几乎跟不上在平台上发生的事件进行了反思。此类尝试正在以人们不曾预料的方式发生，而工程师们并不是简单地制止它，而是夜以继日地工作，来保障网站正常运行，即便整个系统有时会出现"掉链子"的情况。

TPP 是一个关于用户实践推动工程设计的极端案例。但人们尤其认为游戏玩家给网络服务带来了高标准的期待值。一位工程师在谈到视频分辨率时说："从 Justin.tv 转变为 Twitch 的过程中，有件事情超级有趣，那就是游戏玩家更加关心品质。他们对'我想要更高码率[①]的视频流'提出了更多要求。"但是他继续说，他觉得这也是一种紧张关系：

是这样的，这也许不完全是公司的立场，但我试图让它成为公司的立场，就像我们对转码所做的事情：我们给他们具体的数

[①] 译者注：又作比特率，指单位时间内视频或音频的数据量。

字。比方说这是 360p 的，这是 720p 的，等等。然后人们就说："好吧，我想要的是 1080p 的。"①……我真的很担心，因为我觉得存在一种"数字至上"的趋势，在游戏玩家社区里尤其如此，就好比"我有最快的硬盘"或"最强大的显卡"，"所以我能够做到这个"。我觉得我们已经激励了一些合作伙伴去挑战他们的系统所能做到的极限，以至于他们实际上正在试图销售这样的产品，比如"我们（的视频）有 1080p，每秒 60 帧"。而这终将让他们的观众付出更多。因为如果利润空间不大，他们就会更加竭尽全力去突破极限。

该工程师尝试应对这种紧张关系的方法之一，是尽可能地降低技术风险。如他所说："到最后，你还是要创造内容，我们能做的最好的事情就是教育我们的主播，为他们提供各种工具，让他们作出最佳决策。这就好比我们想阻止他们对自己的脚开上一枪。"但他也觉得实际能做的事情有限，坚称自己永远不可能使"软包房"②足够软，"我的办法是尽可能多地向他们提供反馈，并加以教育和引导，帮助他们作出明智的抉择"。

这次对话尤为有趣，因为他是工程师团队的成员，而不是其他的诸如社区支持人员。理解工程的关键要点是，虽然它是种技术追求，但也总是涉及想象中的（有时也是真实的）用户和利益

---

① 译者注：360p、720p、1080p 指的是不同的视频显示格式，分辨率一般分别对应着 640×360、1280×720、1920×1080 像素。
② 译者注：padded room，四面墙都用弹性材质包裹的特殊房间。

相关者，以及随之而来的关于其欲望和需求的设想。工程师经常会考虑到"用户"，工程团队的领导尤其如此，即使并不是以我们研究者这样的思路。对 Twitch 之类的网站来说更是如此，因为有那么多员工不断地使用它，甚至在上面开展网络直播。但是当公司另有其他部门专注于销售或用户关系时，这可能会是个关于组织架构的棘手问题。这些部门的团队直接与网络主播和其他公司打交道，试图促成交易并销售产品或为现存用户提供支持。因此，虽然工程团队可能对技术愿景、能力和局限有自己的设想，但往往出于销售的目的，有着一浪高过一浪的巨大动机去推动平台增加用户数量、完成利润可观的交易或推动网络直播的流行热潮。

多年来，我一直在访问 Twitch 并与不同员工交谈。在销售、内容制作、社区管理和数据科学/分析迅猛发展之际，工程技术基础与日俱增地与之并驾齐驱，我为此感到震惊。为网络直播设置并管理基础设施和技术流程的部门，其工作旨在同时促进用户创造的和自制的内容、向企业客户推销平台、深化数据和分析的使用，并广泛地推动 Twitch 成为互联网和游戏文化中充满活力的组成部分。

这种体系化发展中最具挑战性的地方可能来自这些分支机构之间的内部拉扯，因此找到让各种流程变得协调和平滑的方法非常关键。这并非 Twitch 独有的问题。从 YouTube 到 Facebook 再到 Twitter，许多网站都需要平衡类似的多支团队。这些平台从启动之初就提供了一个让用户向他人传播创意作品的基本体系，通常它们会不断发展壮大、日趋正规，有组织地去培育和策划内容的生产。它们创建了更庞大的、通常是专门化的销售团队,还建立了专注于挖掘网站上的数据以获得可以向系统反馈额外"洞察"的部门。对 Twitch 来说,这意味着发展和维护合作伙伴与联盟计划,在其首页上分配令人垂涎的"头版头条"位置来强推一些直播频道,而各销售团队分别专注于某些专门化的产品。2015 年该公司推出了一个聚焦于研究的"科学"团队。它也越来越多地参与到为网络平台自行产制和策划内容的业务中——从电子竞技到美国公共电视台(PBS)节目的重播如鲍勃·鲁斯(Bob Ross)的《欢乐画室》,以及凸显那些新近崛起的网络主播们的节目。

这一点很重要,因为它显示出 Twitch 和许多社交媒体公司一样,不仅提供基本的技术服务(充当中立平台),也在从事内容产制的业务。这有时涉及促进和策划推广 UGC,有时还包括管理原创自制作品或与外部公司合作。它还可以提供基础设施——以人力资源和技术系统的形式——对内容进行审查。正如吉莱斯皮(Gillespie,2018,46)在分析社交媒体网站时所指出的,它们并非可以用简单化的二分法来概括:"显然,这既不是渠道也不是内容,不仅是广播网络或媒体,而是一种信息法或公共辩论都未曾预见的混合体。"正如我希望在本书中展示的那样,Twitch 经常被视为跨越了平台和媒体公司之间的界限。理解其工作不仅需要探索技术的基础设施及选择,还需要探索网站上的内容及其治理。从根本上来说,它是一个基于社会技术的组织和人造物。

成长

在我研究游戏直播特别是研究 Twitch 的过程中,我经常对向我提供信息的人们开玩笑说:"拜托,不要再有新的发展了!我需要写完这本书!"这种感觉并不陌生。当我在 21 世纪初期开展电子竞技研究的时候,同样强烈地产生了类似感受,并最终作出了相当武断的决定——终结那个任务,把书给写出来。Twitch 的情况也大致如此。当我 2013 年开始访问这家公司时,其员工还不到两百人,做的产品在游戏领域甚至更广泛的媒体领域都还处于边缘地位。2014 年,Twitch 在美国互联网流量的峰值一度排名第四,仅次于网飞、谷歌和苹果(Fitzgerald and Wakabayashi,2014)。同年,亚马逊以 9.7 亿美元收购了 Twitch。撰写本书时,该公司已经拥有一千多名员工,办公空间也已经扩大了数倍。

在 Twitch 的培育下,它所承载的内容范围一直在发展壮大,现在已经远远超出了游戏相关的范畴。它提供专门的音乐分类,方便人们播放其原创音乐,还有一些高知名度的电子音乐节目和 DJ,如超世代音乐节和史蒂夫·青木的直播。虽然社区中的一些人并不喜欢非游戏的内容进入该平台,但公司还是持续扩大所允许内容的范围。平台一再表现出对注重表演和产制的网络直播的兴趣,因此"创意"子目录现在展示的直播内容从 Cosplay 到绘画应有尽有。它还引入了"烹饪"和"吃播"的分类,这些类型的直播似乎继承了早年间网络摄像头文化的精神动力,并将其打磨成更注重和讲究过程的活动,游戏也是这种活动最显眼的案例。

Twitch 还将其影响力扩展到了电子竞技领域。在被亚马逊公司收购后不久,它就收购了拥有多支电竞战队的亚历克斯·加菲尔德(Alex Garfield)创建的电竞公司"好游戏代理"(Good

Game Agency），收购金额未曾披露。该公司的知名战队有"邪恶天才"（Evil Geniuses）和"联盟"（Alliance）（都属于加菲尔德所有）。虽然 Twitch 在几年内就关闭了"好游戏代理"，但这清楚地释放出它对电竞感兴趣的信号。它与从前的竞争对手（如 NGE，即从前的 Hitbox）合作，并试图通过《火箭联盟》（Rocket League）锦标赛系列建立起自己的电竞赛事。尽管面临着来自已经成熟的电竞制作团队以及其他平台（如 YouTube 和 Facebook）的竞争，这些团队和平台仍一直在积极建构自己的电竞传播体系，但是在电竞媒体的快速增长期中，Twitch 仍然发挥着非常重要的作用。

在 Twitch 发展轨迹中最有趣的转折点是 2016 年它开始提供 IRL 这一直播分类，鼓励网络主播们"分享想法、观点和日常生活"。正如许多人指出的，这在某种程度上有点像它的源头 Justin.tv。就在几年前，Twitch 还在大力禁止人们在平台上播出游戏以外的任何东西，而 IRL 的分类终于让网络主播生活中的所有其他部分都具有了播出的合法性，成为内容的素材。与明确支持移动平台直播的背景相呼应，IRL 的分类决定了互动性才是核心，而其播出内容的表达方式是很广泛的。正如平台的"常见问题解答"中所说："也许您喜欢健身，而且可以让它变得颇具互动性。您刚刚读完一本好书，想讨论一下。又或者，您对自己最爱节目的本季最后一集有非常强烈的观点想表达。诸如此类。您可以播出自己外出旅行的 Vlog[*]，比如去游乐园或参加活动（例如

---

[*] 编者注：video blog 的缩写，意为视频博客或视频日志。

Twitch 年度大会！）甚至去探访杂货店。"（Twitch，2017a）通过为其网络主播提供日常化的、非游戏的生活平台，Twitch 似乎已经与自己的起源达成了还算务实的和解。

　　这种成长并未被主流媒体的观察者和文化评论员忽视。《纽约时报》和《华尔街日报》等新闻媒体都已经报道了 Twitch 上发生的种种，当然有时候是以一种媒体机构意识到有事发生但又不太搞得懂是怎么回事的困惑眼神投来一瞥。2017 年 11 月，《纽约客》杂志发表了一篇专题报道，关注的是一家掌控着一批知名网络主播的艺人管理公司（Clark，2017）。这是个引人入胜的故事，凸显了一个完全围绕着用户创造内容而建构且正在迅猛发展的行业。从许多方面来说，本书后续的内容也是对这种故事更为深入的探究——当然，抛却了光鲜亮丽的浮华之词。在接下来的章节中，我将介绍艺人经纪人尚未登场之时的游戏网络直播，以及平台推出后的几年间，雄心勃勃的游戏玩家和电竞机构如何尝试通过玩游戏来改变整个媒体行业的格局。

第三章

家庭工作室:从私人游戏向公共娱乐的转型

二月的一个深夜,大约凌晨两点,我驱车行驶在佛罗里达的一条州际公路上,打算去一位明星主播家中,看看他是怎样做直播的。之前我们通过 Skype 聊过几句,我也看过几次他的直播,但我仍然很有兴趣从他的显示屏这边偷窥一番。尽管我向来是个夜猫子,但我也已经有些困了。真的没法想象,在这个时候还会有数千名观众聚集在一起看直播。但这就是他一贯的直播时段,故意选择这个时段是因为正好可以从其他他已经圆满完成直播的主播那里吸引一批来自北美的观众,而此刻身在澳大利亚的观众刚开始进入夜晚。幸运的是,我的任务很轻松:坐到一旁看热闹就好。当驶入他家门口的车道时,我有些惊讶,那一幕甚至令人难忘。我并未期待看到多好的房子,尤其是考虑到有大批网络主播的经济状况堪忧。然而,我却看到了在全国各个城市郊区都能见到的典型中产之家:两层楼,房前一块小草坪,周边围绕的房屋看起来也都差不多。深夜的街道万籁俱寂,这所房子也没什么灯光。当我按响门铃时,还有点儿担心会不会走错了地方,或是惊醒了其他人。

但来开门的就是他。他刚从小睡中醒来。而他的家人,包括妻子、孩子和兄弟都还在睡梦中,房子里一片寂静。连着客厅的开放式厨房布置得就像典型的年轻家庭那样，各种婴儿用品、电视和 DVD 相关设备、邮件及其他杂物铺满了台面。他给我做了杯咖啡，但似乎还没完全从梦中清醒，误将苹果酒胶囊放进了咖啡机。我不想给他添麻烦（当你深入某人的工作地点或家中开展田野调查时，这其实也在所难免），所以立刻同意他带着我简单地参观他家一楼。也许是感觉到我正在努力进入工作状态，他开始谈起自己一家能住在这所房子里实在是太棒了，他又是多么幸运地拥有现在这么多的观众，以及他从未想过自己的生活可以这样过。之前他和家人曾与亲戚住在一起，那时我就跟他交谈过，我体会到了他此刻的情感，他真切的感恩之心。

我们上楼，到了他专用于直播的房间。他飞快地发了一条推文，提醒关注者们他即将上线直播。他用的设备并不花哨，一张普普通通的黑色办公桌、几台显示器、几把椅子、一盏台灯以及各式各样的盒子和装备。他坐下来准备开始，电脑和显示器已经打开。他首先查看了 Twitch 首页，看看访问量和观众的数据，迅速浏览正在直播的游戏和主播们，预估一下他们何时下线停播。他还没开始直播，就已经有七百人在他的频道里闲聊等着。他决定发起一个快速的观众调查，让他们选择一会儿该玩什么游戏。他通过第三方网站迅速创建了一个调查问卷，在聊天频道里贴了好几次。大约二十个投票让他决定了玩某个游戏。他在 Twitter 上发送了"马上上线啦"的消息。大约在凌晨三点半，他开始直播，此时他的家人仍然在睡梦中。直到此刻之前，我们一直都在相当小声地说话；然而随着节目开始，氛围渐渐转换，我发现他的娱乐人格已上线。

在接下来差不多五个小时里,我看着他玩了好几个不同的游戏,取悦了四千名观众。尤为引人注目的是,我看到了大量直播幕后工作。在采访主播的时候,我早已被反复告知,他们要在直播时一人包办各种各样的任务,但亲眼看到这一幕还是很令人震撼的。一块显示屏上是他在玩的游戏,而第二台显示器上是一个大大的聊天窗口、他所用的直播软件(包括一个图形化系统,直播中观众消息会不断自动弹出),还有一个显示着观众的订阅、打赏和关注等详细情况的窗口。游戏频道的聊天窗口其实是节目内容制作的核心,因此他始终持续关注着对话,不断发出问候、感谢和回应。观众好几次提醒他有几笔打赏没来得及致谢,他每次都道歉了,并承诺会赶上进度。在挥洒不停的幽默以及偶尔出现的成人笑话里,他对观众的衷心感谢贯穿始终。有一次,或许是有人从背景中发现了我,他把我拉进直播镜头跟大家问好。我飞快地问好,之后赶紧把椅子挪到一边。我可绝对不是那种适合待在镜头前的人!

后来,他的兄弟突然探出头来,在房间里找东西。这个家庭正在逐渐醒来。他开始准备给这次直播画上句号。我留意到,他全程都没有播放广告,仅仅在临近结束时展示了几则。他看了一眼目前谁还在做直播,挑选了几个推荐给他的观众,建议他们此后切换过去继续看,发起一场友好的"团战"。当直播结束,他马上向我展示了自己用于监控节目内容制作的所有背景工具。他展示了一个 Skype 窗口,他所有的频道管理员都聚集在这里,协调管理他的聊天频道,当然他并不需要在直播期间直接跟他们沟通。最后他清点了今晚的战果:五十多位新订阅者、八百多位新粉丝,以及五百多美元的打赏收入。

我们下楼去,向他的家人问好。这会儿他们都已经醒了,新的一天开始了。我之前见过他的妻子,我们彼此拥抱,闲聊起来。但我第一次见他的宝宝。孩子看到爸爸时非常高兴,朝他伸出手去。他接过宝宝,不停地跟她说早安。这一天里他剩余的时间,将穿插着照顾婴儿、生活琐事以及主播日常要做的节目准备与后期制作工作。我跟他告别,要离开宁静的郊区,回酒店睡上一觉。但我却不由自主地思考,在遍布世界各地的普通家庭中,是如何涌现出无数个这样每天向数以百万计的观众播出各种内容的、有点古怪的个人工作室的?

本章探讨的是将私人游戏转变为公共娱乐的个人主播。我尤其关注那些有志在此领域创造新的职业身份的人,无论他们是玩各种不同游戏的全能型主播,还是在某个游戏上投入无数个小时并不断分享经验的电子竞技玩家。主播不仅通过游戏直播发展出观赏玩游戏的社会惯习,也在建构一种全新的工作形式。有很多全能型主播仍然保留了本职工作,但他们中另一些人正在走上全职的专业直播之路,通常这需要家人或配偶的支持。电竞选手们通过直播来补充赛事之外的收入,增加获得赞助的机会。尽管两类主播玩的游戏有所不同,类型各异,但他们通常都在家庭工作室(一般使用客厅或卧室)里进行直播,并导向一种将个人游戏制成可观赏内容的劳动。这通常是一条在经济上不太稳定的发展道路,但或许适于自我实现。

Twitch平台支持视频播放与聊天功能同步运行,因此主播们通常会跟观众保持互动——打招呼、回答问题、回复观众反馈,在日积月累的过程中，跟观众彼此深入了解。一位资深主播告诉我，Twitch 能让他对观众说："欢迎来到我的频道。现在你已成为体验的一部分。"这种社交和情感劳动已超出了直播平台的范畴。想拥有一个成功的直播频道常常还需要去经营其他社交媒体平台。在 Facebook、Twitter、YouTube 以及 Steam 这样的游戏平台上管理运营自己的账号和形象，也是吸引并维护自己观众群体的重要手段。主播不仅是内容制作者，同时也是品牌和社区管理者。

除了这种"台前"的劳动，主播通常还必须能一个人玩转幕后的工作室任务。传统的媒体制作涵盖了广泛的劳动分工，涉及一系列熟练技术和创意专业人士——从摄像师、音响师到编剧和制作人。主播经常是一人包办所有这些角色的，在他们创业之初更是如此。在直播期间，他们不仅要生产所有的创意内容，同时还要搞定所有技术活儿，为自己提供创作环境与工具。现场直播，尤其是当你有志于把它变成一种职业时，就成了"以游戏为工作"。

参与的轨迹

通过与主播交谈，我首先了解到的，也许是最重要的事情就是，他们直播自己玩游戏其实不是出于某一个相同的理由。所有人都对游戏抱有深切的激情，但有些特定原因让其中一些人打开摄像头，开始直播。那些驱使他们尝试直播的动机越发强烈，而这些动机可能因人而异、因时而变。最开始可能是把直播看成结束一天劳作之后发生在夜里的一件开心事、一种兴趣爱好,后来却发展成为一种具有专业追求、需要全情投入的创造性努力。我将在本章中更深入地展开讨论,在此先简要描述以作铺垫,看看人们如何开始尝试直播,需要做哪些工作。

社交联系:有些人开始直播,只是希望借此跟一小群朋友分享自己玩游戏的过程。这些主播想寻找与朋友以及陌生人建立社交联系的新方法。这里的核心乐趣就在于,通过直播联系上其他热爱游戏的人。许多专业游戏主播都是以这种方式开始,从中获得快乐,并发现了自己在此方面的天赋。

改变游戏体验:另一些人则表示,游戏直播可以通过一种公开的表演去强化游戏体验。电竞选手会告诉我,游戏直播带来了一种公开的鞭策与责任;全能型主播则表示,将各种各样的游戏大杂烩引介给观众,不亦乐乎。在这两种情况下,直播都是一种让主播改变体验、享受游戏的机制。

创造和表演:一些主播对直播带来的创意和制作环节感到兴奋。他们沉溺于现场直播的生动魅力,非常享受身为演艺人士的感觉。播出玩游戏的过程,成为一种全新的表演方式,就像电影或戏剧那样。还有些人更进一步,寻求更加正式或更加技术化的挑战,例如搭建优良的系统、创建多个图层、通过媒体制作来建立一整套引人入胜的体验。

职业抱负:我采访过的很多主播投身游戏直播是为了向他们对游戏的热爱提供经济支持,尤其是跟其他一些职业的可怕前景相比,游戏直播可爱多了。有人描述了自己在那些

传统工作里的挣扎:"我在一个又一个杳无出路、吞噬灵魂的工作间徘徊辗转,我试图思考自己到底要过怎样的人生。这些工作真的在扼杀我。"对这些人来说,直播提供了一种富有意义、令人满足的工作空间,这和他们在一些传统工作中的经历完全不同。

专业预期:最后,特别是在电竞型主播的案例中,直播不仅是他们赚钱的重要手段,也常常成为对他们的期待。越来越普遍的情况是,电竞战队将游戏直播视为选手必须承担的一项工作,还写进了合同。就像个人主播用直播来巩固自己的品牌和收入那样,电竞战队也已经把直播看成其整体面貌的关键构成。有些战队会诱惑赞助商,承诺每天都将其产品展示在无数观众面前。

虽然动机各不相同,但在学着如何设置视频流、开始自己的直播之初,大多数个人主播都有着普遍相似的实践路径。[1]当然有些人是利用了游戏主机内置的功能(例如 PlayStation 4 提供了一个"分享"按钮,点击就可以开始直播),但据我的研究,大多数人还是从电脑上开始直播事业的。然而这并非小菜一碟,因为这需要你下载第三方软件并进行设置,以便将你电脑上正在进行的内容输出到 Twitch 平台。

完成这一步,需要做些基础的研究工作,包括在网上搜索一番,访问 Twitch 网站的官方帮助页面或向其他主播和观众进行咨询。社交新闻网站红迪网(Reddit)的相关讨论区,对有抱负的主播来说堪称各种宝贵信息的集散地,从怎么设置摄像头到跟观众互动的技巧，无所不有。一位主播描述了自己是如何开始使用直播软件的：

> 人们通常并不是直接下定决心的：我要开始每天做直播或者我要做个什么系列、什么内容的直播。最常见的情况，就像人们对待Photoshop软件或是其他电脑应用程序那样：你下载某个程序，是因为你觉得它有点酷，要么你朋友在用，要么你看到其他人在用。于是你也开始下载来玩一玩，发现自己还挺喜欢的，然后你真的开始频繁使用它，并打算通过它真正地做点什么事情。

如果一个主播发现自己迷上了直播这件事，他将开始在硬件设备上投入更多，添置麦克风或摄像头。我访谈过的一位女士就向我描述了她在此阶段的转变："一开始我非常非常紧张。我不想打开麦克风，不想打开网络摄像头。我只是想让人们看着我玩游戏。"这种初期的犹豫并不罕见，特别是对女性或有色人种等可能会遭遇更多阻碍或骚扰的人来说（下文将详细讨论）。主播们经常向我讲述，当他们在直播中投入更多以后，情况会变得怎样。提高内容制作的复杂程度，这不仅涉及设计或技术上的选择，更涉及社会和心理方面的仔细考量。随着主播将自己的表演和声音逐步发展到专业播出者的级别，他们通常会在设计和技术层面加大投入。

当主播开始打造自己的直播体系时，摄像头和麦克风的升级是常见的切入点。那些更加重视内容制作质量的高端主播，通常会购买调音台以及其他专业的音视频设备来更好地处理视听信号的输入和输出。此类高档设备非常昂贵，以至于主播就像传统的内容制作公司所做的那样，选择在特殊活动时租用相应的装备。例如，一个偶尔会制作特别节目的主播不会去购买四台每台售价八千美元的摄像机以及另一台售价四万美元的 TriCaster 全方位摄像机与多信号源视频制作系统，而是会花每周七千美元的价格租用上述所有设备。至于第二台甚至第三台显示器，乃至用来抠像再合成的绿幕，这些设备倒并不罕见。[2] 那些可用空间足够的幸运儿或许可以为所有设备规划一个专属房间，从而创建自己的家庭工作室。其他人则只是将他们的内容制作区域设在客厅或卧室的一角。

随着主播日益资深，除了硬件设备，他们通常会开始利用各种软件来帮助自己管理频道。他们开始使用多图层叠加的提醒系统，或许还会用第三方网站和软件来管理收到的打赏和给出的赠品福利。随着频道的成长，主播可能越发感觉到需要吸纳其他人才来帮助制作。管理员小组通常从铁杆粉丝中选出，协助管理频道的社区和实时聊天；专精于设计的人才被临时聘用来制作节目的视觉内容以及附属网站。

有些主播试图以直播作为可持续的经济来源，他们倾向于有计划地建立起高品质的内容流，并期待与 Twitch 达成合作或联盟的关系，从而获取其他形式的收入（例如广告收入和订阅收入）。随着他们工作时日渐长，他们可能有更多的创造性举措，例如去其他主播节目里做客座嘉宾、彼此共享观众或是加入某个直播社区来联结到更大型的主播关系网络。如果他们成为为数不多的幸运儿，还将会成为一位专业内容播出者，并从其职业生涯中得到足够的经济收入。

我将在下文中更深入地详述上面这些核心内容。这里我们继续本章开头所说的：每个主播的直播动机是不一样的，他们的直播体验也会"因时而变"。他们承担了一系列工作，从与观众的社交活动到表演和制作。在本书中，我特别关注那些希望以直播为本职工作的人，因为他们能让我们深入了解工作和游戏之间的复杂关系，以及在不断变化的媒体环境中出现的一种具有创造性但并不稳定的劳动形式。

生产制作层面

从上面的简要描述不难发现，游戏直播可以迅速转变为一种严肃的生产制作行为。为了将游戏转化成远超其本来特性的产品，主播在实践中所投入的专注、劳动、资源和创意令人惊叹。那些功成名就的主播的表演和制作引人注目，深深地吸引着观众，让他们一连几个小时乐在其中。就在短短的几年里，我们已经看到，游戏直播从简单地把游戏实况转播出来发展为具备一系列类型范式（genre conventions）的成熟"演出"。当前最顶尖的多元化生产制作运用了一系列技术和实践。这些直播节目的生产制作可分为多个层次。

"设置"设计：游戏本身当然占据了观众屏幕的一部分，但成功的主播通常会使用复杂的"设置"，包括附加的音频、叠加图层、绿幕、若干摄像头、可触发事件（例如有了新粉丝时的图形/音频通知）、聊天机器人、直播频道专用的自定义聊天表情符号、自定义的频道页面（见图3.1）。值得注意的是，许多这类组件不只是主播自己制作的，还可能是第三方图形设计师或程序员的手笔；设计师和程序员们也在努力寻找自己在这一全新媒体领域中的专业定位。任何特定的直播套件设计，通常都汇集了许多人，有时还是来自全球各地的人的劳动。[3]

表演：成功的主播可不是默默地把自己打游戏的过程广播出去。相反，他们会加上一种"大声的思考"——这种方式有点类似可用性测试中，当用户与系统交互时，要大声说出他们的思考过程，让那些通常只"存在于脑海中"的东西公之于众。这通常会伴随着幽默、受挫和悬念。主播说出这些，目的是娱乐观众、抓住人心。他们在与观众的沟通之中，频繁夹杂着肢体语言尤其是手势，有时是为了戏剧化效果，有时是为了强调或吸引注意（见图3.2）。电竞型主播则有别于以上常规，对他们来说，展示自己玩游戏的非凡技艺本身就足以成为一种表演。这类主播通常话不太多，而是通过展现其专业水准来进行表演、赢得观众。这是一种全然不同的类型，提供了另一种表演方式，当然它也会和全能型主播有一些共同点。

评论和评价：主播的评论，有一部分来自他们的即时游戏行为，但游戏分析也是游戏相关工作的重要成分。对于游戏的机制、设计、玩法、手感，以及其他方方面面的反思点评，都能成为直播中很有价值的部分。那些精明的主播不仅

106 | 游戏直播简史

图 3.1 当艾洛姬的频道获得新粉丝订阅时（新粉丝被称为"艾洛姬的北欧海盗"），直播页面会自动弹出横幅，2014 年

第三章　家庭工作室：从私人游戏向公共娱乐的转型 | 107

图 3.2　"未来人"（Futureman）利用绿幕抠图进行直播，背景也属于该频道主题，2015 年

为观众提供富于娱乐性的游戏表演，还充当专业的评价者，向观众传达对游戏的独立分析。

社交性：现场直播作为表演，与观众和社区的参与深深地交织在一起。伴随着游戏和主播的视频，持续的在线聊天是这一切的核心。频道的观众通过文字不仅可以彼此交谈，还可以与主播聊天。成功的主播很善于加入这种在线对话，在玩游戏的同时也始终关注着聊天窗口，跟观众互动。这类互动包括欢迎新人、回答问题或征求反馈。很多时候，观众通过在游戏过程中向主播提供选择来亲身参与到玩游戏中（见图3.3）。这些时刻也是极具娱乐性的，通常可以带来很高的观众参与度，在那些紧张的游戏场景中尤其如此。

内容生产制作在社交和社区方面，通常会延伸到直播平台以外的其他社交媒体网站，如Twitter和Facebook，以及像Steam这样的游戏平台上，主播可以在这些地方为自己的观众建立特定的群组。主播还能通过Twitch平台向其频道订阅者发送私信来更好地交流。

物质和数字的基础设施：尽管在谈论互联网平台时很容易忘记基础设施这回事，但这对理解主播工作的复杂性至关重要。除了Twitch能提供的技术组件（如视频编解码器、存储空间、服务器、传输节点等），从主播个体的角度而言，是一系列物质的和数字的组件使内容生产制作成为可能。其中包括计算机、音视频硬件（包括混音台）、家具、灯光等（见图3.4）。在软件层面，基础设施包括图像处理软件、音视频处理软件、机器人、通知/触发系统以及网络功能相关

第三章 家庭工作室：从私人游戏向公共娱乐的转型 | 109

图 3.3 "苏丝山姆"（SuushiSam）直播频道中，观众对主播的选择发表意见，2012 年

软件。我访谈过的很多人都谈到了如何摸着石头过河，搭建起自己的整套直播系统。当我们把目光投向主播的支持社区（例如 Twitch 在红迪网上的讨论区）时，不难发现他们在那里分析音频视频设置、挑选设备、讨论许多可以提升直播品质的幕后细节。想要制作出更为复杂的直播视频流，技术水平，"特别是那些关于技术的态度、天资、技巧"（Dovey and Kennedy，2006，113）堪称关键，这通常需要自学大量的专业技能，并基于社区进行深入学习。

图 3.4　Twitter 上发布的"真人 vs 游戏"频道的直播间设置，2014 年

经济和商业框架：经济架构对于成功的直播来说也非常重要。Twitch 为精选出的主播们（包括合作伙伴和附属公司）提供了多种直播赚钱的方法，包括频道订阅收入分成、广告和游戏销售收入以及平台内部打赏系统"Bits"的资金

第三章　家庭工作室：从私人游戏向公共娱乐的转型 | 111

分成。除了这些正式机制，许多主播还会应用第三方打赏系统、赞助商协议和亚马逊联盟广告链接等方式。[4]

上述这些不同层面形成了有机的交互，彼此影响。例如，在图 3.5 中，虽然首先提到的是经济架构方面（广告和订阅），但该主播也运用了表达支持、感谢和增加聊天功能等语言来达到社交和情感方面的平衡。[5] 同样，软件基础设施，如机器人、通知系统或"套装"设计（如何善用摄像头或麦克风）等跟直播中的特殊形式互动和社区参与也密切相关。表演的品质与想要创造更好的内容和社区的愿望相联，而内容与社区是以直播谋生的人吸引和维系观众群体的根本。游戏的现场直播包含大量对游玩过程的丰富阐释，因此其中各种各样的表演者（包括人类和非人类）、基础设施、组织机构及其相互关系，使得这所有的游戏、表演和

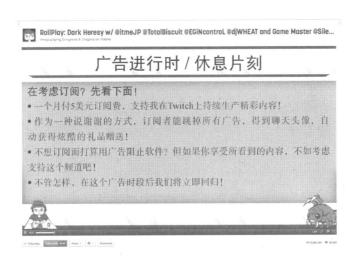

图 3.5　Itmejp 频道的中插广告，2013 年

工作成为可能。

制作成功的直播内容牵涉大量的精心培育工作。[6] 平衡观众与内容的参与形式、部署一系列复杂的材料和基础设备组件、在线上和线下管理各种关系（包括各种经济关系），上述种种都成了游戏直播工作的一部分。只是把 Twitch 这样的网站看成人们玩游戏、看游戏的地方，这种看法当然非常简单轻松，但近距离仔细观察成功的直播内容的具体构成以及成就它们的那些创意、劳动和整个体系需要我们深入思考更多东西。由开发者制作出来的游戏，虽然是相关内容生产制作全过程中至关重要的部分，但也只是其中一个层面而已。通过仔细观察，我们将看到那些通常难以发现的节点：硬件、视频编解码器、网络协议和软件层面上的各种基础设施。我们将会发现，形态各异的互动、表演和社交参与如何流动起来、跨越一切，形塑了这些网络化的直播。仅仅把游戏产品当作经验研究和分析的框架的核心显然是有局限的，因为数字化的游玩是通过聚合而成的，而将它直播出来的工作同样如此。

娱乐与专长

直播的各个组成部分与成功的主播进行表演时所展现的精湛技艺是相互匹配的。游戏直播不仅仅只是玩游戏（当然玩游戏本身很关键），还要将许多玩游戏的时刻转化为一种表演体验。有位每天都做直播的人在访谈时表示：

当我开始直播时,我可不只是在玩视频游戏。这也不像你坐在自家客厅里独自玩游戏而不和任何人说话……不是那样的。我是一名艺人。我正在表演。我努力让一切都有意义,试图让对话一直都很酷。我需要努力确保气氛一直是对的,保证没有人在聊天里搞出乱子。我还要努力让玩游戏的过程趣味盎然,让自己能给大家展示点什么。我始终要确认自己对这一切都保持专注。

对很多全能型主播来说,他们能把玩游戏变成娱乐节目,主要是因为他们综合运用了多种手段,包括"大声思考"的方法、幽默、困惑、表演行为以及与观众的互动等。一切直播的基础都在于让主播把身为一个玩家的内在游戏体验外在化并且放大。他们把自己的行动或思考过程说出来,让观众有机会看到潜藏在脑海之中的东西。确实,新人主播总是被鼓励"你需要一直说一直说",讲述自己所体验到的东西,即便没有观众看时也应该这么做。从本质上来讲,游戏直播这件事就是把本来不被说出口的游戏过程进行一种外化显现。

然而,经验丰富的主播还会把外在化的游戏体验跟各种表演结合起来。实时跟观众沟通是一种技能,不但可以增加用户,还能帮他们不断完善自己的相关设置,使其更方便查看正在进行中的频道聊天并挑选出关键的观众或评论来互动。这种互动或许集中在游戏上,例如向观众寻求建议和策略;或者只是跟粉丝打招呼,一一确认他们的在场。在这种情况下,主播不论是跟观众的互动,还是玩游戏,都格外具有表演性。反应、表达、笑话甚至是戏剧性都可能成为直播成功的关键。娴熟的主播其实是在参与一种"群体工作",其中不仅涉及直播的观众,还涉及不断涌现的游戏体验。[7]因此,他们是极其灵活的表演者,虽然套路满满(例如语言风格、玩梗等),但也会全力调整,以迎合观众。

对全能型直播来说,另一个很有娱乐性的方面来自观众们日积月累所形成的对主播的印象,包括他们的个性、生活、怪癖和风格——在玩过许多不同游戏之后被展现出来。我访谈过的一位主播描述了直播的这个方面有多重要:"他们(那些反复来看的观众)来到这里,就是专门来看你,看你的风格习惯,了解你的生活,喜欢你此刻正在做的事情。那就是他们要消费的东西,是他们的内容、他们的娱乐。你就是娱乐内容,而不是你正在直播的游戏。"这样的工作与沃克所说的"积极的直播姿态"相吻合,在其中"主播得以发展出一种与游戏风格、直播时展现出的个性、搞笑氛围、他们与队友或合作者的关系,乃至评论风格相关联的公共形象"(Walker,2014,439)。[8]特定的主播会给其节目带来独特的品质,这凸显了如下事实:直播绝不仅仅是将游戏广播出来。

当然,这种娱乐的大方向总是不会脱离专门的游戏技能的。观看自己喜爱的主播正在学习如何玩某一款游戏,就可以成为一场引人入胜的节目。总体而言,主播往往都是技巧娴熟、忠诚坚定的铁杆玩家。这些追求把游戏直播变成职业的人对游戏有着完全彻底的兴趣和激情。一切都在意料之中:他们不断打造自己作为职业主播的身份认同,这种对游戏的深刻情感也与日俱增,进一步巩固他们作为游戏玩家的公共身份,有时还会强化自己的相关履历,吸引正在寻找机会开展营销活动的有关企业和游戏开发商。

电竞型主播所推广的则是另一种不同类型的娱乐——这种娱乐无须依赖多么幽默或戏剧化的表演,而是基于其专业游戏技能。尽管电竞型主播也像全能型主播那样运营着专属的直播频道、拥有广泛订阅者、将游戏直播当成一项职业,但是电竞型主播的吸粉能力首先源于观众渴望看到精英游戏玩家是怎么玩游戏的。全能型主播可能不是某个特定游戏作品的专家,甚至还菜得很(当然,事实上玩游戏中的失败也是很有娱乐性的);电竞型主播的情况稍有不同,追求精湛技艺和专业才能就是他们的表演,也正是观众聚集过来的原因。[9]

游戏直播对电子竞技发展最独特的贡献之一,就是它能将粉丝与顶级电竞选手联系在一起。可以想象一下,观看你最喜爱的电子竞技选手的直播,这有点像每天花几个小时观看你最喜欢的棒球运动员训练。虽然平淡,但也能引人注目。观众可以看到专业选手是如何开展游戏训练、不断改进策略,而这些又是如何反映在他们自己玩游戏的过程以及在赛场上跟对手的竞技之中的。对那些观看直播的人来说,这可以成为一种强大的学习工具,点燃自己的竞争愿望,提高自己的游戏水准。

虽然有些电竞型主播很少跟观众互动或进行点评,但也有些人会通过"大声思考"的方法让自己的决策过程呈现出来,跟观众沟通,谈谈自己的局限性。我访谈过一位主播,当然有的是比他水平更高的玩家,但他会用积极互动来弥补这一不足:"我自己有战略决策的背景,我可以去解释决策背后的方法论。因此我不只玩游戏给人看,还选择了这样的直播方式。"

能够以这样的方式去关注和追随你最喜爱的竞技选手，还是一件挺新鲜的事情。比起过去不得不等到锦标赛期间才能看到某位选手，人们现在只要想要看就可以天天体验。有位资深电子竞技选手是这样描绘当下情境的：

你在锦标赛上的连场胜利（或许可以）在这期间占据非常重要的固定位置，但是游戏直播会让人们从非常个人化的角度去感受到你旅程中的每一段。因此，你不是在为某些偶像欢呼，而是在为一位朋友欢呼、为一个你非常熟悉的人欢呼。有时我会在Twitter上写点什么，人们则表示自己能设身处地来理解我。他们关注我的直播，我的经历也会成为他们人生中的重要部分。此后如果我在锦标赛中获得胜利，他们看着我成功，就像看到了一位真正的好友成功。我其实并不需要真的认识他们，他们还是会觉得我就像一位非常亲密的朋友。这会让他们感到非常高兴和满足。

这种常规化的关系在商业领域也已被证明颇具价值，对那些在锦标赛中脱颖而出的电竞选手来说是如此，对赞助商们来说也是如此——他们非常高兴看到职业选手不仅是在锦标赛期间，而是每天都能让自己的品牌得到展示。关于电子竞技的现场直播，正如一位顶级选手说过的："几乎每个选手都会把它当成与社区互动的手段，并且也都更好地宣传了品牌。"另一位选手则认为，直播已成为更漫长的职业生涯中的重要组成部分，而真正能打比赛的生涯其实是很有限的："如果在八九年间你只是去努力争胜的话，可能你在这行就不会有足够的深度，也没法干得太久。真正努力拼搏后登上顶峰的只是极少数人。所以到最后，你需要用点什么东西把一切融为一体。或许是你上传的视频内容，可能是你参与的项目，又或者是游戏直播。"还有一个例子，虽然可能不算常见：一位锦标赛的组织者告诉我，有选手决定退出一场可以让他赚到几百美元的表演赛，原因是他可以去直播这场比赛从而靠广告赚到更多的钱。

当然，非常重要的是，观看电子竞技直播并不是完全可以将他们的实际操作一览无余。许多职业选手都会在直播中避免使用自己的新策略，隐藏一些非常重要的操作细节，用一些匿名的、非直播的小号去反复练习。有位职业选手描述了自己在这方面是怎么处理的："当我用自己的主账号玩游戏时，我的竞争对手也知道这就是我，而且我们都正在做直播。那么我就不会去秀出自己打算下次如何击败他。"这种游戏"放水"会导致他故意输掉，但长远来看却会让他在正式锦标赛中获得更大的利益。这可能会带来一时的挫败感。他继续描述道：

（输了之后）我去看大家的聊天记录，人们会说些这种话："（你）竟然输给了他！""他真是太棒了！"我真的很恼火，但我又没法表现出来，因为如果我显得很恼火或者去解释到底怎么回事，我的整体策略就白费了。所以在这里，我同时欺骗我的粉丝和我的竞争对手，这是必要的步骤。这的确令人遗憾，但又不得不如此。我已经接受并且尝试去运用它，因为从职业角度来讲，并不需要你做一个老好人，而是需要你擅长欺骗。这是我们职业的一部分。

另外一位选手则解释了自己是如何从一些不太精明的竞争对手的直播中获得好处的:"我看过了太多人们在游戏直播中的开诚布公。我还要说,正是因为这种开诚布公,我才能够胜过另一个主播,因为我从他的直播中了解到很多,包括他会怎么去操作,这确实给我带来了非常显著的优势。"[10] 那些正在拓展到游戏直播领域以此来为自己的比赛生涯增光添彩的职业选手经常对我说起,要在电子竞技的职业身份、练习时间和吸引观众参与这三者之间保持平衡。游戏直播越来越成为他们充分运用专业技能的一种方式,也为他们带来了传统战队与巡回赛之外的另一种盈利模式。

情感和联系

为了了解主播的工作和经历,我不断从直播中和社交媒体上捕捉各种瞬间。在这些瞬间里,他们有时表达了快乐或兴奋,有时表达了挣扎、挫败甚至疲惫。有时候,这些情绪深深根植于游戏、屏幕、"表演的前台"的身体感受之中。这些表达并不只是通过语言说出来,还会以各种方式表达出来。当一位当红主播把下面这张图片(见图 3.6)发在 Twitter 上,并用文字说明这就是他如何准备开始表演时,我感到非常震惊。

图 3.6 克里斯蒂安·尼高德（Kristian Nygård）的"着装"，www.optipess.com，2012 年 9 月 28 日

当然这张图本身就蕴含着力量，但是我更关注的还是他的粉丝的回复。人们以幽默、关切和鼓励来回应他，并分享了他们由此联想到的其他图片。这样的分享时刻、它所形成的关系循环、它所带来的表达深度和广度，都让我驻足深思情感和个人表达在直播中扮演的角色以及那些通常难以言表的体验的范围——它们能在主播和观众之间产生意想不到的联系。

无论是从分享自身体验的角度，还是从开放身心、倾听观众声音的角度，主播这种情感上的脆弱都或许是关于游戏直播的公开报道中最缺乏探讨的方面。定期地进行每日直播，这是直播本身需要的一种节奏，尤其是那些职业主播和有志于成为职业主播的人更会如此努力。直播工作通常会一连好几个小时，这意味着主播每周都要拿出大量整块时间来上镜（还包括他们必须在社交媒体上扮演应有的角色），不得不在镜头前处理情绪。著名主播亚当·科贝尔（Adam Koebel, 2016）在 Twitch 年度大会的一次分组发言中就谈到了这种情绪劳动（emotional work）的复杂性：

有些人会碰到这样的情况,就是他们的情绪也会变成一种商品。人们在直播过程中变得心烦意乱,而这也会成为他们直播的一部分。如果你突然发现有什么东西在自己身上发生,就应该小心处理它,对不对?给自己找个地儿,在那里真实地面对自己的情感,但这个地儿不是非得在直播里边吧,就算你想向你的观众敞开心扉、倾吐情感。因为我们所有人都必须得有点东西为自己保留,哪怕我们正在将自我大规模地分享出去。

科贝尔的评论深刻地凸显了主播必须面对的微妙平衡。他们的工作具有很强的表演性,还要花费大量的时间出镜。同时,直播工作也与真实性、关联性和即时性的传统密切相关,并借此激发观众强烈的情感和体验。

由于主播与他们的社区和粉丝互动的方式跨越各种各样的媒体,因此有时候能看到他们坦率地谈论自己个人的挣扎,这并不罕见,就像我在本节开头所描述的那样。多年来,我听到过许多主播坦白谈起过诸如抑郁症、个人和家庭困境或者精疲力竭等问题,我常常为之震惊。这些坦诚告知有时出现在直播之中,但也常常出现在其他社交媒体渠道中。频道的订阅者可以直接收到主播的私信,这种模式有时会被用来表达更私密、更敏感的话题——这可以被看成一种中间层级的传播空间,只提供给那些已经和主播有了更深入联系的人。虽然经常有这么一种感觉,就是"节目必须继续下去"(正如一位主播所说的,"总有些日子我极其不想直播,但我必须戴上微笑的假面坚持下去"),但是,真实性以及应当呈现出自我的不同版本,这些概念当前已经主导了各种游戏类型的直播。主播通常都会既分享自己的人生巅峰，也分享他们的至暗时刻。

情感表达是我们经常会在网络直播中看到的一部分，而致力于情感理论（affect theory）研究，可以为思考冲突与运动、身体、相互关系、"张力的通道"，以及对日常与世俗生活的兴趣开启新的分析空间。[11]尽管情感理论的领域有多个面向，具有争议性，有时还晦涩难懂，但其中一些东西能让我们深入地审视和阐明直播中的见闻。它为我们提供了一种方法，不仅可以了解直播的情感方面，还可以了解更多。我们被要求严肃认真地对待体验、表演和本能，以及主播、观众和技术之间的相互关系和复杂牵连。理解游戏直播，包括了解感觉和情感、具身性（embodiment）、表演、关系的复杂性，还有构成工作的日常流程，以及观众和主播的体验。

表演式游玩

主播通常采取一种娱乐立场，这种娱乐立场与玩家和观众所体验到的一系列情绪、内在状态以及内容流都密切相关。热情、喜悦、焦虑、沮丧甚至愤怒，都能成为共同传达和体验的情感。直播是一种具象化的工作，正如我前文提到的，能够传达在游戏过程中经常出现的难以言表、发自内心的体验。这是一种有表演性质的技能，可以帮助主播成就自己。他们使用极富感染力的面部表情、身体姿势、倒吸一口冷气或大笑来传达自己的体验。很多电竞型主播的表现或许并不像一些全能型主播那样有戏剧性，但也能通过微妙的手势或表情来传达战术考量或放弃。人们普遍认为双手抱头是表示自己输了，在紧张的一局结束时充满激情地跳起来吼叫则表示赢了。一位主播描述了他是如何建议那些新手主播的："我真的很喜欢'表演艺术'这个概念。你是在为观众表演。"正如主播艾洛姬（Ellohime，2015）在麻省理工学院游戏实验室举行的一次小组讨论中所说：

> 人们总是问我："为什么大家要看你玩视频游戏？"答案是因为人们都喜欢我体验的方式，他们喜欢看我体验这些游戏。每个主播都有所不同……我们一同相伴走过，但会有不同的体验，我认为这就是直播作为一种娱乐的迷人之处。你在许多其他形式的娱乐里可得不到这些。

像这样专注于传达体验是非常迷人的，它与表演、表达和具身化紧密相关。主播将游戏过程的每个瞬间传达出来，让内心体验为人所见，让观众可以清晰地感受到主播的情感。

关于直播中的表演元素，最重要的事情之一可能是它与真实性形成了鲜明对比。还是艾洛姬（Ellohime，2015）曾说过的：

> 我觉得我女朋友说得最好。她说这就是你的某一个版本。比如，是另一个更加兴奋、更加有趣的你。但这仍然是你，大家看的就是你。我并没有给自己套上另一重人格；我并不像在摔角表演中那样，跑出来大叫……我今天站在这里，站在你们每个人面前，并不会大喊"嘿，你们大家今天过得好吗？OK，让我们来玩个游戏吧！"之类的话，而这就是我在自己的直播中所表现出

来的强烈感情。这就是她所说的，另一个不同版本的你。它更多的是磨炼那些你认为足以支撑你完成目标任务的技能，也就是一边玩视频游戏一边通过互联网来娱乐这一大群人。

我们日常生活中的大部分事情其实也是表演性的，而现场直播则是出于娱乐目的，选择了特定主题并进行强化。

也许有点出人意料，多年来跟我谈过的不少主播都认为自己是非常害羞或内向的。而他们居然会被直播所吸引，这也常常让他们自己乃至其家人和朋友都感到吃惊。主播麦克丹尼尔（J. P. McDaniel，2015）描述了他的家人得知他从事直播工作后的反应：

从小到大，我一直是个宅在自己房间里默不作声的家伙，他们都不知道我长大能干什么来赚钱养自己。但他们现在的态度呢，就类似说："你怎么可以……你一个月跟我们说不上两次话，然而你却正在做直播。"而且在屏幕上，我永远在说话、非常情绪化。我想我有一部分就是屏幕上那个健谈的家伙吧，但是一旦它消失不见，我自己就还是那种相当不愿表达的人。在不直播的时候，我就是那种很安静的人。

他继续指出："我认为有些事情需要说明，那就是当你紧闭房门、打开摄像头对着自己的时候，其实你并没有真正想过到底有多少人正在看你。你只是在对着摄像头说话。"跟我聊过的另一位电竞型主播也这么说："我一直以来都是个内向的人，一个人玩游戏。但现在有了直播，就开启了另一片天地，我可以跟其他人互动，可以展示我能做到什么。"通过直播和建立社交关系，从而摆脱自己的羞怯，我反复听到这样的故事。[12]

在关于玩家的内心状态和体验的表达中，这些表演变成了一种令人回味的工具，将观众与主播联系在一起。想办法吸引观众，让他们能在你的陪伴下直接体验到游戏的瞬间（例如观看一个恐怖游戏），或是替代性地进行体验（例如唤起自己玩游戏时的记忆），这可以在众多游戏频道相竞争的情况下，有效地维持你的观众群。

观众、社区……以及家族？

虽然现场直播的核心是把玩游戏的过程播出给人看，但是各种多元化的直播之所以成功，与人际关系是分不开的。与观众互动，结合游戏和你自己的体验来感受聊天的氛围，让直播频道变得生气勃勃。也许直播这种劳动中最令人着迷，也有些令人困惑的方面，就是如何把日常的平凡乏味加以放大、调整和转化来吸引观众。当然，"娱乐"通常是个关键因素，但那种"日常感"也可以玩出表演性。例如，一名主播讨论了观众群体的规模和构成是如何影响直播的：

在晚上，我更愿意做些平凡普通的事情，比如在某个游戏里制作东西、跑来跑去、四处探索、练习技巧等。更多普普通通的活动。因为在这儿（观看直播）的人少了，我觉得我必须……必须减少点娱乐性。我没必要向观众展示那些最疯狂的东西了。这时的直播也是很好的社交时刻。我花费更多时间在频道聊天室里闲聊。我们彼此更加亲密了。此时游戏就变成了我们活动的背景。

　　主播会努力创建一种与观众共同在场的感觉，吸引每个人融入这种相互陪伴、亲密无间的氛围。和其他观众身处同一聊天频道里，观看主播的直播，聊天信息流实时显示在视频旁边，这成了一种集体的社交体验。

　　这几年来我访谈过的主播都强调，跟观众的聊天与互动是直播中最为核心的事，几乎比其他任何事都更重要。这种集体参与是至关重要的。理论家萨拉·艾哈迈德（Sara Ahmed，2004，119）谈到过情感经济（affective economies）："情绪真的管用，具有高度张力的情绪可以将个人与社区相联结，将身体空间与社会空间相联结。我们不应该将情绪视为心理上的倾向，而应该考虑它们如何以具体和特定的方式工作，以调解心理和社会之间的关系、个人和集体之间的关系。"成功的主播能认识到这种动力。将路人观众转变为沉浸于该频道亚文化之中的忠实观众，这是建立起繁荣社区的关键目标。对某些人来说，这更像是召集了一大群狂热或"被煽动了情绪"的观众；对另一些人来说，则更像是一个"家族"。语言被用来符号化这些关系，不仅包括主播和个人的关系，还包括社区成员之间的关系。

　　对关系和情感的关注并不仅仅是主播的专属。媒体研究学者南希·贝姆（Nancy Baym）分析了音乐家通过社交媒体与听众和粉丝进行联结的方式。贝姆（Baym，2012，292）认为："在社交媒体上什么都能做,但却不可能再像昔日那样,扮演一位高冷的名流巨星。"她观察到,"当我们要求音乐家在他们的听众面前变得坦率、独一无二还要个性鲜明时,我们其实是在要求他们重建过去几十年来早就以特定方式建构好的关系。我们要求他们做更多的工作,这些工作涉及人际关系、沟通传播、自我呈现、创业精神和技术能力,而这是过去的音乐工作者并不需要做的"。(Baym,2018,11)她访谈过的音乐家经常在网上与粉丝建立起复杂的关系,包括认真的亲密关系和各种社交支持的形式。她将这种参与称为"关系劳动"(relational labor)的一种形式,"随着时间推移,在情感、物质和认知方面持续不断地、有来有往地与人们沟通交流,目的是创建一种足以支撑可持续工作的框架"。贝姆反对把音乐家及其粉丝之间的交往互动看成疏远、强制或空洞的模式,她展示了这些关系是如何与专业劳动交织起来的。她并未把这些创意十足的艺术家与听众之间的社会和经济关系置于真实人际交往的对立面,而是更加细致入微地分析了他们之间的互动。[13]

这跟我们在游戏直播中所看到的完全一致。主播如何与观众互动并建立关系,是直播频道的重要功能,可以通过窗口聊天功能促成。这让订阅者可以与主播和其他观众随时交流。主播经常通过聊天窗口看看有谁正在自己的频道里,跟常客打个招呼,有时问问他们今天过得怎么样,或是说声好久不见。语言表达通常也是关心与注意的一种表现。

为了充分尊重自己的观众,主播要随时辨识出,谁是粉丝,谁给了打赏,谁订阅了。主播还使用 Facebook 或 Twitter 等其他平台来维系跟粉丝之间的更多交流。在那些平台上，他们会发布直播节目信息、生活琐事或是其他社交媒体常见内容，比如流行段子或者搞笑动图之类的。

我经常询问主播有关他们与观众关系的话题，还有他们怎么看待自己的观众，看他们是用什么语言来描述直播观看者（viewers）的。电竞型主播通常倾向于使用"观众"（audience）这个词语，但几乎所有全能型主播都更喜欢用别的词语，例如"社区"（community），也有的会用"家族"（family）。[14] 这种用语的倾向会纳入他们的审美、表演和语言之中，他们用内部术语来称呼自己的观众，以彰显观众是归属于特殊群体的成员。一些成功的主播会花费大量的精力来让常客感觉自己是某位主播的社区成员，感觉在这儿谁都认识自己，还能用特别的说话或表达方式来彰显自己的归属感。

尽管我访谈过的大多数主播（包括电竞型和全能型）都承认，他们与观众的关系中存在某些"粉"（fan）的性质，但他们往往会回避这方面的特性。我常常觉得这让他们有些不适。正如一位主播所说："我倾向于把那些观看我节目的人称为'观看者'。出于某些原因，我总是小心不去使用'粉丝'这个词。我不知道。我想我会尽量避免相关的说法，比如，'我的粉丝，他们就是崇拜我'。"尽管这很容易被看作虚伪的谦逊或不愿吹嘘自己名气的礼貌，但这些情况中仍存在细微的差别。[15]

成为名人，这当然可以变为强大的驱动力。许多主播在特定专业领域也确实非常有名，但大多数人还是深感自己相对主流娱乐业来讲很边缘，并且意识到自己职业的岌岌可危。他们也经常从工作中获得重要的个人满足感和成就感，真心享受这种与观众之间的羁绊关系，而这远胜于让观众成为自己遥远的崇拜者。那种关于"迷"和"粉丝"的话语，似乎会毁掉这一切。它通常并不能完全囊括主播与其观看者之间那种复杂得多、有时甚至令人有些焦虑的关系。

许多人表示，是互惠、熟悉与亲密的姿态，将观看者从观众转变成了诸如社区或家族成员之类的存在。如果想想有多少直播是关于每天发生了什么，通常还是在家中进行的，那么主播会分享自己生活的细节也就不足为奇了。一位主播谈到他是怎么让社区了解自己的离婚事件及其发生原因的："我向他们解释了这件事。之前我们就谈起过。我让他们了解接下来又发生了什么。在直播中我谈了很多个人问题和事务。这会让我们建立起一种友谊，而不仅仅是带来观看者。"他想要跟关注他直播的人们创造出一种关系，而分享就是其中的一部分。主播还经常谈起，观看者也会反过来跟主播分享个人信息，通常是关于自己的挣扎与艰难。

另一位主播认为，分享是自己提供给观看者的一项重要服务，这些观看者中有些人比他要年轻。他告诉我：

我甚至还有一个汤博乐账户，在那儿我有时会发泄自己的感受，比如焦虑。我也想过是不是不该这么做，我是否不应该让他们知道我有这样那样的问题，知道我在跟焦虑之类的事作斗争。但我觉得，如果不让他们知道真相，是一种伤害，因为他们会认为我总是这样的，我总是现在这个人。这不是真的。而如果我让他们知道这些，会让他们感觉跟我更亲密。从统计数据得知，他们中的很多人都还是十几岁的孩子，所以他们中的大多数人，现在就像在地狱里正水深火热呢。我可是经历过这些。所以让他们知道："嘿，你不会一直都十五岁的。"这算是件好事。日子仍然不好过，但至少你知道，你还可以喝点啤酒什么的。在这世上，你多得到一点点尊重，你就会感觉更好一点点。

主播安妮穆尼申（AnneMunition）在 2016 年 Twitch 年度大会的分论坛里谈到过类似的事情。她说从 13 岁起就公开了自己的性取向，当然这从来都不是她愿意多说的事。并不是因为她想要隐瞒，而是因为她"天生就是个冷淡的人，我只是觉得这跟别人根本没关系"。但她讲述了从事直播后自己在这方面的变化：

我不知道，大概是我开始做直播一年左右吧，当我开诚布公之后——有很多人给我发信息，告诉我他们如何面对个人生活、如何挣扎奋斗、应对抑郁症等问题，于是我也发布了自己曾经如何在抑郁中挣扎，又是如何应对的。我曾有一位朋友自杀了，另有一个堂兄自杀未果……关于我是如何面对人生中痛彻心扉的这一段时间，又是如何熬过来的，我还算是愿意向人们说起的，因为我希望这能帮助到一些人。很多人对此给予了非常正面的回应，他们说："就算它没能解决我生活中的问题，至少我知道，还有一些人跟我一样，面对过同样的事情，并且已经坚持挺过来了。"每逢此刻我就像是，好吧，我不在乎别人是否知道我是同性恋，如果我能通过这个帮助到其他人，我就愿意说出来，因为这对他们很重要,而对我并不是很重要。我有这个机会向人们敞开心扉,让他们看到一个经历过这一切,并且已经成功抵达彼岸的(但愿也成了一个更好的)人。(引自 Koebel,2016)

有很多全能型主播都有过类似经验,这表明了他们与观众之间的关系是如何建立的,以及他们又是如何看待与观众的关系的。大多数观看者并不是来学习如何把某种游戏玩得更好,而是来向主播本人学习的。即使在某种具有表演性的语境下,主播的真实性或想象中的真实性,也能成为凝聚支持者社区的强大情感之锚,并建立起观众的关联性和忠诚度。

对电竞型主播而言,情况略有不同。并不是说电竞型主播的个性不重要——实际上,除了选手的技术,粉丝通常还能辨识出选手更多的闪光点——而是说,这类主播会更加聚焦于游戏。电竞型主播虽然关注社区的价值,有时也会分享生活的各个方面,但大概不会把他们自己放在直播的中心位置。这就像一位广受欢迎的职业电竞选手描述的那样:

两天前我体会到了这种特别的感觉。我下了直播,还有一群人在那儿感谢我开直播,我也谢谢他们来看我直播。但之后我发现很多人都在向聊天频道的主持人致谢,感谢他们让这个聊天频道成为一个非常令人愉快、可以进行良好互动的地方。有时我还发现他们彼此交换联系方式,约着一起去玩游戏。然后我意识到,这是一个小小的社区。每个主播都有一个迷你社区,社区成员来观看直播,彼此之间相互欣赏,因为他们都是被同一个人吸引过来的。

电子竞技观众的社区通常兼具几方面特点：他们专注于玩某个特定游戏，对发生在游戏中的竞争充满热情，并且要寻找一位技巧令他们钦佩的电竞主播。而在全能型主播的频道里，主播的个性则是最核心的直播内容，主播自己就是将观众紧紧维系在这里的精神支柱。这并不是说全能型主播的观众群体成员就不会像上述引文中提到的那样彼此之间形成纽带，而是说这里的核心机制首先是以主播为中心的。

然而，全能型主播有时也渴望拥有支持他们的社区，这样即使他们不在场，仍然可以让成员彼此进行有意义的联系，或者开始创造不依赖主播本人的文化。对一些主播而言，积极参与社交性质的活动有助于给自己的观众群体树立典范，他们期待在社区成员中也看到类似行为。一位主播把这种互动看作打造自己的直播并使其与众不同的关键：

我的想法是，每次进我聊天频道的人都可以彼此认识，并且（让它）成为一个社区。所以我会和很多人互动。我经常在聊天频道里与不同的人交谈，甚至会因此而输掉游戏。我的意思是，我并不会一直只是专注在玩游戏上，因为我非常注重与聊天频道里的人们交谈。如果那儿的人都互相认识，我觉得那就是给我的直播增添了其他直播没有的情感支柱。

无论从情感上还是从职业上，主播由此得到的回报都可能很丰厚。麦克丹尼尔（McDaniel，2015）在自己的直播中发现了这种凝聚力，并分享了这一体验：

这是件奇怪的事情，你并没有做过提醒、打过招呼，但社区开始自发地制作关于你的直播的东西。相关的维基百科条目开始出现，与我们节目中表现的特点相应的疯狂粉丝创意艺术也开始出现。他们做这些东西真的非常有才，而并没有什么在鼓励他们这样做。我觉得作为主播，这种情况真的是你梦寐以求的，你会说："哇，你什么时候做了这个？"情况就是这样，你的社区成员开始为你创造各种东西，而并不需要你自己鼓励和推动他们这样做。

在这种创造性的粉丝参与中，全能型主播继续占据着一种核心的象征角色，而如何将他们的观看者带入社区是关键所在。主播为常客使用特殊的术语、讲圈内人才懂的笑话、用频道专属的表情符号，甚至根据特定的观众参与行为定制图像（例如，当有人打赏时弹出通知），以此来培养他们与观众群体之间的联结感。这些联结可以变得非常强大，足以建立起频道订阅者和主播之间的情感纽带。我访谈过的主播曾说起与观看者成为朋友、将他们视为"准家人"，甚至邀请他们来参加婚礼等私人活动。他们还谈到，他们的社区成员向他们表达这种联结对直播频道来讲是多么有意义。有个主播对我说："你应该看看我收到的一些电子邮件，按道理人们只会在那儿写写关于我的直播的内容……可是人们却在邮件里说我改变了他们的整个人生，例如他们本来有自杀倾向，但后来发现了我的直播。再说回关于社区的事吧，是的，它非常强大。"

这种情感变化在实践操作层面也很有意义。拥有大量观众会带来一系列问题，在线聊天也可能会给主播带来挑战。一方面，在观众变多之后，在直播解说中想始终跟上观众的聊天还要加以回应会越来越困难；但更重要的另一方面是，主播想要培养自己期待的某种格调和氛围也会变得更复杂。许多主播试图找到一种平衡，既能让人们自由发言，又希望确保聊天频道能成为对新人友好的空间。实际上，这意味着大多数主播最终都要面临如何管理社区的挑战。一位主播描述了自己的观众以及自己想要创造的社区氛围："我喜欢称呼他们为一大帮子朋友。在这里边，既有奇特的人，也有怪异的人，还有开开心心的人。我想说的是，'在这儿我们都是朋友，所以让我们都友好一点吧'。"

虽然新晋主播通常自己就能管理直播频道，可以在玩游戏和跟观众互动之间随时切换，还能删除评论或暂时屏蔽掉那些行为令人不愉快的观众，但随着聊天群体的扩大，主播通常也会开始寻找"社区优秀成员"来帮助自己。这些人被授予聊天频道的特殊管理审核权限，能够删除评论、屏蔽其他用户，在最理想的状况下甚至有助于建立聊天频道的整体氛围。随着某个游戏频道的成长，其管理团队经常需要使用第三方工具来开展团队内部的沟通和协作。许多管理团队都使用 Skype、Slack 或 Discord 等 App 来促进幕后讨论，管理直播频道。

我遇到的几乎所有频道管理员都是志愿者，哪怕是在职业锦标赛层面也是如此。这个身份具有双重功能：它可以让人们感觉自己很特别,并让他们感觉能与自己喜欢的主播有更加深入和独特的联系。管理员要做的工作(我将在后续章节中进一步讨论)涉及细腻而熟练地参与社区互动、调节直播频道的氛围和聊天节奏,以及把握大规模社交环境的分寸感。虽然通常并没有报酬,但他们的确从事了大量很有价值的劳动,帮主播把现场直播变为颇具成效的社交和沟通空间。

这里存在着一种情感劳动,它包含了粉丝、管理员和主播,每个人都向他人提供支持,也从他人那儿获得支持。主播常常谈到,在一次出色的直播中,观众互动、游戏进程和他们自身的经验会凝聚到一起,给他们带来能量,带来口碑。管理员通过管理观众的参与和聊天来表达自己对主播的责任与热爱,而观众则通过观看行为以及社交媒体频道里的互动提供了整个体系赖以存在的基础。

情感经济

当然,这种将观众变为朋友——或者保守一点说,发掘他们对直播频道的积极情感——的变化趋势是这种直播系统经济层面的组成要素。请求观众订阅时的话语是:"你想表达你的感激之情吗?"有人打赏时主播也会表示感谢。这都凸显了内容制作者和观众之间的情感联系是平台上经济体系的重要组成部分。主播经常热情洋溢地感谢他们的订阅者和打赏者的慷慨,并表示自己是多么幸运,能够在养活自己和家人的同时也从事着所热爱的工作。频道管理员则通常把自己的志愿劳动看作是在帮助主播走向成功,包括助其持续赚钱。

不过在经济方面，职业主播常常存在矛盾心态。有些人说不想感觉自己像个"乞丐"。有些人发现这与自己的气质不相符："我是一个不太会强求（打赏）的人，实际上，只要说出'请给我打赏'就会感到害羞。"还有人喜欢淡化直播中跟赚钱相关的部分，或者委托给系统处理：当有了新的打赏或订阅时，系统会通知主播并自动作出回应。

直播在许多玩家想象中是一份自己会喜欢的工作，因此去讨论直播中的赚钱或者劳动可能会招来侮辱责骂。正如一位主播指出的："再没有比我说'做直播太难了'更快的激怒观众的方式了。没有比这更快的惹毛他们的方式了。我猜，他们眼中的直播就是，一个家伙坐在那里玩了一会儿视频游戏，然后就财源滚滚，开心地在床上打滚儿。"（McDaniel，2015）但是对职业主播而言，直播工作中的各种挑战始终存在，要将偶尔路过的观众转化为固定的订阅者或打赏者、与潜在的赞助商建立关系，等等。情感经济可真复杂。

"打赏列车"（donation trains，也叫"打赏战争"［donation wars］）指的是直播中的某些时刻，向同一个主播持续打赏的集体能量占据上风，打赏接连不断。这种现象的存在很大程度上是由于打赏行为被纳入广播信息流中。当主播建立了一个打赏系统，一旦某个观众打赏，就会在直播视频流里触发一个自动事件。打赏者的名字、打赏的金额及其留言会在屏幕上弹出，让所有人看到。当观众一个接一个地打赏时，"打赏列车"的现象就发生了，而且打赏金额通常会越来越大，打赏通知也会不断地弹出。这也成为一种特殊的事件，让主播被淹没在惊奇和感激的情感之中。观众经常想参与到行动中来，享受成为类似群体事件中的一分子，并从主播那里得到直接的认可和赞美。正如一个人（他既是主播也是观众）在红迪网论坛的 Twitch 版面上描述的：

> 那些打赏战争真的是一种很难解释的事情。我就参加过一次，那是我最喜欢的主播之一"培根甜甜圈"。有人打赏了大概 500 美元，所以我就用比特币支付了 1000 美元，然后同一个人又加了差不多 500 美元，超过了我的打赏。你从中得到了不一样的快感。你会得到某种从打赏中得不到的满足感。这很难解释，但我想说它有点类似于赌博，除了我**明确知道**我在支持一个自己喜欢的主播。本质上，这是多巴胺在起作用。让我告诉你吧，你头颅里那块肉有多爱给自己来点多巴胺，此刻逻辑和理性已经被远远丢在一边了。(Distortednet，2014)

当你看到"打赏列车"的时候，你肯定能感受到众人的能量是如何发挥作用的，主播和观众都因为不断表达的感激之情、伴随着越来越多的金钱打赏而变得激动不已。通知会不断出现在屏幕上弹出，还伴随着特殊音效，这都会增强这种体验。有时在直播进程中，屏幕上还会持续显示打赏的最大金额和打赏者的名字。整个直播体系的经济基础被增强放大，并与基于粉丝的注意力经济交织在一起。

然而，这样的兴奋有时会让主播感到不安。在上述红迪网论坛帖子的同主题回复中，人们注意到，这位主播已经关闭了自己的打赏页面，尽管他的观众在要求把该页面放回去。有些主播认为，从观众非理性的、即时冲动消费的决定中获利太多是不道德的。他们还经常处理"退款"，某些打赏者联系自己的信用卡公司提出撤销支付，然后钱就从主播那里被收回了。"打赏列车"被视为一种脆弱的支持形式，在这个常常让主播感受到财务不稳定性的体系中，"打赏列车"的波动性有时被认为是价值不高的。虽然直播利用了人们对主播的关心和热情来获取经济利益，但总有些时候，观众和主播都可能感到这种情感动力失控了。

藏私

经过与主播多年来的交谈，我逐渐理解了直播的复杂性。我也试图去了解以下这些问题：直播是如何影响主播自己的游戏体验的？直播是如何反作用于其内容制作者的？直播如何塑造或影响了他们的游玩过程，甚至以他们预料之外的方式？在情感或体验方面，主播从直播中得到了什么，又必须处理什么问题？根据播出内容的类型（全能型或电竞型），以及主播自己的气质和所属社区，这些问题有着不尽相同的答案。

当我与全能型主播谈论他们所直播的游戏时，我遇到的最有趣的事情之一，或许是当我问起是否有一些游戏是他们想"保留"给自己而不愿在直播里玩的时候。我一次又一次地听到主播们回答"是的！"，他们也深深地肯定了这是分享游戏的一个重要原则。原因是多方面的。有时是因为他们觉得某个游戏本身的娱乐性不是太强，或是自己不知道如何玩它才能让观众感到有趣。我不断震惊于那些成功的主播所思考的东西是如此复杂，他们要考虑一个游戏是否适合作为自己和观众都能在娱乐框架内采纳和使用的产品。游戏产品本身仅仅是一次成功直播的要素之一，而它能否被转化为一个在公开场合富于表演性的艺术品才是至关重要的。

还有些时候，主播表示特别想要将某些自己特别喜欢和投入的游戏保留下来不做直播，或者想要用一种更加单独或私人的方式来体验它。他们希望留给自己一个空间来玩这些游戏，在这里他们可以将那些必须要取悦于人的期待丢到一边。这也和他们想要细细品味、好好享受那种体验有关。一位主播谈到某个游戏是自己刻意不进行直播的："我不想直播它。那是我自己专享的，是我的个人体验。"主播还说，因为开玩笑是他们取悦观众的主要方式之一，而这样去直播这些特别的游戏会破坏他们想要的那种游戏体验："我知道这个故事会吸引我。"另一位主播也反映了类似的游戏叙事的吸引力："有意思的是，我在直播中坐在那儿玩了六个小时的视频游戏，但在下播以后，我居然会再坐几个小时接着玩游戏。因为在观众的注视下玩游戏是非常有压力的（一种体验），对我来说，真的没法沉浸到游戏的剧情以及其他类似的东西里去。这就是为什么我倾向于避免在直播时玩角色扮演游戏，因为我没法沉浸到那个世界里去，而这对我来说其实意味着真正的一切。"[16]

每一个藏私的例子都凸显了主播是如何在他们自己喜欢的体验（个人的和职业的）和公开表演中寻找平衡的。全能型直播内容的设置、定位和调性往往显示了观众与主播的亲密关系或熟悉程度。你看到了他们的卧室或客厅，你经常看到他们在某个游戏中的失败甚至滋生出的厌倦情绪，你还观察着他们与某个观众的互动,或许就是你自己在和他们互动。人们很容易产生这样的想法:我们在某个频道里看到的,是来自主播的一种直截了当、未经加工的个人体验的信息流。然而,对成功的主播来说,他们的直播内容和直播方式通常都是深思熟虑后的结果。有些体验他们想与观众分享,而有些游戏则是他们想留给自己的。[17]

电竞玩家也能体会到来自直播的影响——在他们的事例中不乏对观众开放的训练时间。例如,一位选手描述了玩游戏时观众的巨大价值。他觉得这有助于他集中精力、提高水平,让他比独自一人玩游戏时表现得更好。对一些有抱负的职业选手而言,拥有观众也可以当作一种来自外部的责任。他们表示这会让他们公开承诺实现某个目标(例如达到一个新的等级)。对单排选手来说,拥有直播观众在某种程度上可以填补没有队友监督和鼓励的空白。

另外一些选手对直播的态度比较矛盾,他们从事直播往往是为了履行合同义务,又或者来自一种"自己现在应该做这个"的抽象感觉。有的选手认为,直播自己的训练时间会将训练变成娱乐,这不是他们所期待的。他们会因为观众的参与而感到压力倍增,这并非一种富有成效的方式。有时,这可能导致在直播时间之外还需要进行"真正的"训练的混乱局面;这可能导致他们要树立起某种"人设"从而背上负担,这与电竞真正吸引他们的特质,例如竞争或那种总是越简单越好的内心愿望其实已经没有什么关系了;这还可能导致他们以不太自然的方式行事,例如审查自己的言行举止,而这也会带来压力。

这些关于直播的经历和感受,无论是令人满意的还是矛盾重重的,都是直播圈的重要组成部分。它们说明了将个人的游戏进程公之于众会对玩家自身产生怎样的后果——有时甚至是以其预料之外或并不希望的方式产生后果。主播无法置身于这个系统之外,而是经常要直面最初看似微不足道的公开玩游戏这件事给他们带来的深刻影响。

公共与私人

除了具有真实性、情感参与以及跟观众的联结的基调,主播并不只是敞开心扉、暴露自我和生活的方方面面,他们在分享和隐私之间保持着一种微妙的平衡。鉴于如此之多的个人直播日复一日地在家中——通常还是在与他人共享的家庭空间中进行,我多年来一直好奇地观察着这种公共和私人之间的协商。有些主播在临时搭建的小工作室里做直播,并不会有其他人进入画面。而在另外一些频道上,你可能会看到与主播共享空间的人在背景中出现,甚至可能出现在屏幕上,向观众挥手问候或是回答问题。直播也在两种方向之间波动——要么以更私人化的方式了解主播,从他们的全名到私人生活的种种细节;要么保持更疏远的立场,此时其主要的自我表现形式就是顶着一个网名的表演者。多年以来,当我观察和访谈主播时,我和他们讨论了他们是如何选择上述方向的。与我交谈的每个人都表示曾考虑过这个问题,并主动决定了哪些是他们愿意分享的,哪些是不愿分享的。

日常生活与家庭空间

了解个人直播最重要的一点是,作为演播室的家塑造了主播和观众的形式、内容和体验。直播长期以来就是一种邀请公众走进你的私人空间的方式。窥探到某人在家中打开摄像机并开始分享游戏过程,这种吸引力非常强大。[18]这样的形式兼具两种吸引力:许多观众日常生活中亲身经历的普普通通玩游戏的情景,以及在最常规的环境中偷窥他人经历的特殊情形。

在基本层面上,一位主播所拥有的空间总量和配置决定了直播的效果。这并不等于说在家直播就一定需要有个多么巨大的房间,而是指物质性永远是个重要因素,影响着你能做到什么。例如,是不是能够使用绿幕,有没有适当的照明打光,或者桌子是否能放多个显示器。实现这些不仅依赖于足够的空间,还取决于家具等基本条件,包括让人可以适应长时间直播工作的舒适性物品等。基础设施也在看不见的地方发挥着作用,互联网连接速度和电脑配置都会影响直播质量。是连剪辑制作视频都困难重重,还是能够同时运行管理多个程序,这同样影响着直播。在网络信号差的地方,游戏玩家就没法以制作者的身份参与直播,而只能作为观众的一员了。[19]

空间的物质性也有情感和关系方面的特点。对许多主播来说,能够在家里做直播有实际的好处(直播经常会持续很多个小时,不必花费巨资租用演播室,也可以灵活安排日程,这都很重要),而且往往也符合他们的气质与偏好。有一位主播,其直播的地点就在自己卧室里的桌边,他说:"我的床就在这儿,然后我的电脑和办公区就在旁边。这其实都是一回事儿。我并没有想太多，因为我一直就是那种恋家的人。我喜欢我自己的空间。跟成千上万的人分享我的空间，我没问题啊。"对他来说，能够带别人走进这个他觉得最舒服的地方，就是所有可能中最棒的那个了。这种如此亲切近距离的直播环境设置，几乎让人有种置身安乐窝之感：此处既能让一位主播投身网络冒险，同时还能让他安全无虞地居家。对那些认为自己害羞或内向的人来说，这样的地点提供了一架有趣的桥梁，让他们可以在享受家庭的舒适和面向公众努力打拼之间自如地过渡与切换。在居家环境中你被属于自己的东西也就是那些与你有情感联系、令你感到舒适或你所迷恋的物品包围，而这些也经常被展示在直播观众面前。居家环境无疑为主播提供了保护感与安全感，否则他们可能会觉得自己置身于巨大的舞台中央、面对着成千上万的观众是难以想象的。

家庭空间的物质性塑造了直播的内容和主播的工作方式。一位主播的直播生涯始于客厅，而当时他和伴侣住在他奶奶的房子里。他说：

事实上，我觉得人们还蛮喜欢这方面的内容。有些人喜欢在这里看到生活的全貌。这是我奶奶的房子，所以我的家人们有时会过来。我的观众会看到他们鱼贯而入，像一列火车一样。他们会想："那边正在发生什么？"我奶奶会路过客厅，出去倒垃圾。他们开始认识我奶奶。我奶奶偶尔也会来这里（直播间）说点什么。[20]

第三章 家庭工作室：从私人游戏向公共娱乐的转型

他女朋友有时也会走过，观众就会说，向她问个好。对他来说，让观众看到他家的日常生活，有助于树立其直播的调性。他告诉我："我认为这实际上与直播的社区氛围相得益彰。"还有一位主播，也是长时间在家做直播，他的孩子也经常直播（有时和他一起，有时孩子自己做）。他说："这在我们家是很正常的事情。多多少少，我还是挺高兴的，技术的发展总算是恰好跟我们都喜欢做的事情合拍了。我觉得它也是我和孩子共度时光的一种方式。我俩对直播都还蛮有兴趣的。我不知道，我就觉得吧，直播这事儿挺平常的，挺好接受的。"

也有人发现，如果住在一起的其他人并不理解直播，不想成为直播内容的一部分，哪怕作为背景存在也不可以，要想展示大家的共享空间就有点棘手了。正如上面那位全家人都在做直播的主播所说："我有一些朋友，他们对直播从整体概念上就觉得很奇怪，你懂的。他们就是不理解它。因此，当家里有这种不理解直播的人的时候，那可就尴尬了。"一位电竞主播说最近身边的变化让他很开心。他和妻子如今跟其他人共住一栋房子，而其他人成了直播场景的一部分，也理解了直播这回事。他说："空间管理变得更容易了，因为这房子里的住户百分之百都是电竞爱好者。当我和我妈住一块儿的时候，情况可是完全不同。她倒是很理解我，但我们只能使用三层楼中的一层来做直播，空间非常有限。"对他人来说，共享空间的问题源于对内容生产的诸多协商带来的挑战。不得不面对来自他人的噪音或者明确意识到他人的在场，都可能给主播带来问题，让他们感到被影响。有一位主播在他的电脑周围架设了一道临时性的物理屏障。他解释说："我确实和他人生活在一起，这是个主要症结，也是令人持续感到沮丧的事情。我的意思是，因为我在做直播这才成为问题，但这可真是叫人分心啊。"

在利用家庭空间进行公共广播的过程中，一些正式或非正式的规则得以形成。有位主播，其私人生活对观众极大程度地开放。他告诉我，在他家里，"如果你没穿内衣，就不要跑到镜头前来。这就是我们的头条规则。我想这是我们真正遵循的唯一规则。当你走过镜头前的时候要得体。同样地，应该认识到当你走进这个房间，你就已经出镜了"。另一些人则通过以下一些方式来进行空间管理：确保直播时门是关着的；使用一个单独的房间；使用绿色屏幕来划定一个舞台区域，以便其他人从后台通过，不必出镜。

不含地理位置的个人信息

尽管主播常常在家直播，并且能定期深度分享有关自己生活的个人信息，但我发现有些人常常会给自己划出某种边界。这往往与线下真实身份和安全问题密切相关。鉴于主播（也包括广大的游戏玩家）习惯于用自己的网名在各个平台上抛头露面，其实网上所披露的信息并不完全是直截了当的。人们或许会隐藏或淡化他们的真实姓名，同时仍然分享大量关于自己个人生活的信息。又或者，他们会透露自己的真实姓名，甚至在家中做直播，但仍然希望保留个人的空间，不让自己的观众逾越界限。

而那些并没有深度分享个人生活的人，往往希望在网络身份或电竞身份与其线下身份之间作出某些区分，哪怕区分得不那么

清晰明确。有位每天进行直播的职业电竞玩家用第三人称视角来描述自己对此的立场:

> 我没有什么超级机密要保守,但是的确,人们总是在讨论网名为×××的这个人。那么,×××是如何成为真实存在的?他是如何在这些经历中成长的?是的,有时我在一些采访中吐露心扉,但仍然是×××在说话。我从不顶着线下的真实姓名出现。而且,实际上我希望线下的真实姓名不要成为人们对我的称呼。只有在两种情况下我才会真正让对方直呼其名:要么是与赞助商沟通时,因为用真名会更职业化;要么是那些我在现实生活里认识的人。而且由于我的网名足够简单,也没有必要去叫我的真名。

这位选手的"真名"其实广为人知,他生活中的一部分也早已与观众分享。他在自己家里做直播,他的妻子经常从摄像机前走过。然而,他显然也保持了界限。他这种使用电竞比赛中的网名从第一人称转换到第三人称的方式,让我不禁想到了自己早年的一些研究。我曾和人们讨论过他们与化身(avatar)的关系,人们可以熟练地转换他们对自我的呈现方式,并在线上线下生活中都能被他人了解(Taylor,1999)。人们并不是要将线上和线下截然分开,而是将之理解为可以由个人判断和选择性披露来整合的空间。

我发现对所有主播而言,有个几乎一致的看法:对于线下身份的一些特定细节的披露应被看作事关安全的问题。他们常常会担忧"真正的危险分子或坏人"。这并非毫无依据。所谓的"报假警"（swatting）现象已经导致了一些真正危险的情况发生——主播所在地的警察部门接到针对主播住址的虚假的人质劫持报警，随后警察进入主播家中搜寻武装人员。这些情况已经被网络直播过好几次，并导致不止一位主播对于是否要公开自己所在地区或城市以外的情况三思而后行。上文中那位提出"如果你没穿内衣，就不要跑到镜头前来"这条规则的主播对此深表担忧，并格外担忧他的伴侣，并感到尽管自己在干直播这一行，但还是肩负着责任，要确保他的家人是安全的。"我努力确保我的东西都有隐私并且是安全的；我的贝宝（PayPal）账户是安全的，我的电子邮件是安全的，我的游戏账户是安全的。人们不会深入我们的公共生活并试图跟踪我们……我希望我的名字不要流传出去。"

他的担忧中很大一部分是因为他了解女性是如何被骚扰和跟踪的。由于他的伴侣是他生活中可见的、众所周知的一部分，他对这种风险有着深刻的认知。他告诉我："我想如果就是我自己一个人，我应该不会那么在意。"与我交谈的一位女主播也回应了安全考量对信息披露的影响。她说："对于我想和人们分享的东西，我绝对有自己的规则。为了安全起见，我几乎不会分享位置信息……每当我分享信息的时候，我都会确保位置不在我的房子或我房子周边。"这往往也意味着，无论性别，主播都会做如下一些事情：设置邮政信箱来收取邮件或快递，隐藏域名注册地址信息，以及通过 Skype、Discord 或电话以外的服务来进行语音通信。

然而，许多主播同时意识到，正是他们保持这种微妙平衡，给他们带来了真实和真诚的感觉，就像他们试图让观众感受到的那样。有人这么说过："我就是百分之百的自己。比如面对镜头的时候，我会毫不犹豫地谈论我的生活，让人们了解我的生活。很多人都知道我的孩子即将出生。很多人知道我住在某个州某个市的郊区。我的这些事情，人们都知道，因为我已经跟他们分享过了。但我也会注意不要太过具体。"

在网上跟人们分享重要的生活经历和想法，同时又得隐瞒真实姓名或居住地点等信息，这样的情况或许并非网络直播所独有的，而是在各种网络社区中都经常发生。这种情况说明那些对"公共"和"私人"简洁而正式的定义不太符合人们实际如何在网上与他人保持交往关系的复杂性。信息科学研究者海伦·尼森鲍姆（Helen Nissenbaum, 2010, 3）认为，"人们最关心的并不是简单地限制信息的流动，而是确保信息适当地流动"。她强调，"语境完整性"（contextual integrity）的重点在于将隐私视作一种过程，其中包括对各种关注点以及状况（而不是先验的普遍框架）的检视、判断和平衡。虽然主播不是一般意义上的互联网用户，但如果他们曾经在多人在线空间中待过，不管是玩网游还是匿名社交网站，许多人大概都对那种微妙精细的信息公开方式有所体会。

观众的期待和成见

网络直播的观众带着一直以来的经验和期待来到这个平台。他们对频道的选择，常常是基于对正在播出的游戏有所了解或是对其感到好奇。他们也可能是看到直播间里在线人数众多，于是想知道这些人都挤在这儿看什么。那些已经品过各式各样内容的资深观众,将会找到自己更喜欢的某些特定类型直播(比如搞笑的),并不断点击不同频道来寻找这种形式的娱乐。观众也许会看到某个吸引自己的名字或面孔。直播的力量部分来自主播的实时临场感(immediacy):你看到他们,听到他们的声音,甚至经常能匆匆一瞥他们的家。观众对主播的期待一直贯穿其中,从节目内容到他们对主播在现实生活中是怎样的人的想象。

虽然大多数人认为麦克风和摄像头是做网络直播的必需品,但它们的使用给主播带来的影响是因人而异的。女性、性少数群体和有色人种经常在网站上被骚扰,而选择开展直播尤其是使用网络摄像头或开麦来直播并非小事。正如媒介研究者基尚娜·格雷(Kishonna Gray,2016,366)在研究直播平台上的黑人玩家时指出的那样:"仅仅是他们被边缘化的身体在此出现,就破坏了此空间原本被指定给特权身体的规范。他们作为社会主体参与到一个动态的、持续的、不断生产并重塑的话语过程之中。而这话语关乎成为一个真正的游戏玩家究竟意味着什么。"他们时不时会感受到被人看见和成为榜样模范所带来的额外负担。他们要面对的风险高、阻力大,而且往往会带来真实的损失。因此,在观众直面主播时,种族、性别、阶级、性取向和残疾都可能成为关键因素。有些主播或许完全属于某位观众社交圈子或日常生活之外的人。这样一来,网络直播所具备的重要功能,就像电视直播早就昭示的那样:通过电视(此刻是网络直播)将观众与其他未知的世界和经验联结起来。但与电视不同的是,网络直播的观众可以即时、直截了当地与屏幕另一边的人交往互动。

多年来，我有幸和很多主播相遇并交谈。在直播平台上，他们所面对的文化和受众其实通常来说是对他们的存在视而不见的，但他们仍辛勤工作，为自己开拓空间。他们得到了各种各样的回应，有人充满热情，有人漠不关心，还有人激烈反对他们的存在（我将在第四章和第五章进一步讨论骚扰问题）。虽然许多主播已经把"脸皮再厚一点"这一早已有之的金句记在心里（还是远远不够），但他们的工作和策略仍然值得被更仔细地研究。作为一种媒介形态，网络直播应该渴求开放的参与和包容。创造内容并与他人分享已经成为日常经验和社会联系之中的重要组成部分。然而，对许多被边缘化的人来说，在这个空间里，严肃深入的参与和创造性表达在情感上是有压力、有争议的，有时甚至是危险的。

刻板印象

主播可能面临的挑战之一，是在他们的自我意识和观众（以及市场）的期待之间达到平衡。由于网络直播可以利用"本真性"这一概念，观众也可能基于主播的样貌来假设他们是怎样的人。这些可能与主播的身份、个性甚至对其内容的渴望并非真正一致。然而，观众的期望往往与刻板印象紧密相联。由于整个体系中存在交易和经济的层面，刻板印象的存在或许会让主播尴尬不已甚至处境艰难。与我交谈过的一位黑人主播说到了常在他的观众中出现的有关种族刻板印象的情况：

> 例如，人们倾向于要求在我的直播节目中多多地播放说唱音

乐(笑)。好吧,如果这能让你留下来,我就会播放它。我会播放它(仍然在笑)。我是说,我喜欢嘻哈和说唱音乐,就跟其他人一样,你知道吗?就我个人来说,当我玩游戏的时候,说唱并不是我想播的东西。但我收到了很多有趣的评论,比如:"哟,你听的这都是啥音乐啊?我的德瑞克(Drake)①在哪儿呢?"(笑)我当时想,我直播的时候才不要听这些东西。我就想听一些纯音乐。我真的很喜欢电影配乐,我真的很喜欢古典音乐,我就听这些,因为我觉得当我玩游戏的时候这些音乐真的能让我进入状态。但是一旦有人在看我的直播,我会改为播放嘻哈和说唱音乐,因为那是人们想在我的直播里听到的东西。

他说道,他发现这种期待令人惊讶,而且跟他自己的偏好也不一致。而在线下生活中他从未这样频繁地体验到事关身份的问题。他强调说,"互联网是一个非常有种族意识的环境,有意思的是,在网上有那么多的评论和那么多人在谈论你的种族之类的东西"。他说自己是在多元种族环境中长大的,所以当人们对他的反应一旦有什么特殊对待之处,他就会注意到。他谈到了与某些人玩网络游戏的经历。这些人在游戏结束后来看了他的直播,并且发现他并不是他们期待的形象。他解释道,自己隔三差五地会遇到这样的感叹:"'我的天啊!你是黑人!'这就是他们要讲的第一句话,这真有意思。我不知道这有什么特别的,但是当你开始看看那些真正在做直播和创造内容的人,(会发现)他们中

---

① 译者注:加拿大知名饶舌歌手。

的很多人都不是非裔美国人。"

他的反思让我想起我和那些边缘群体的主播的交谈。他们都曾表示，自己关于身份、个人历史、游戏偏好和社会生活的感知与观众（或者说普遍的文化）对他们的看法和定位之间存在距离。虽然这位主播继续态度积极地谈论着，一些人正是因为"你这样的肤色来做直播就是一种独特贡献"的理由关注了他，但对其他许多人来说，这种情况变成了沮丧情绪的常见来源。

主播"分心精灵"（DistractedElf）在 Twitch 年度大会的一个分论坛上演讲时谈到了她的失望，起因是一些观众无法理解她从男性变为女性，这个过程在她历年来创作的内容中可以看到：

> 所以你可以看看我从前的 VoD，然后说："哦，这挺不一样的。是的，她的声音不同，她的发型也不同，她甚至还不是'她'，嗯。真有意思。"可笑的是，最近我在聊天室碰到有人说："哦，我真的喜欢你的直播，我真的喜欢你的内容，真的超级酷。但后来我往回翻看了你的 VoD，现在我看着你的时候感觉很诡异。"我说："为什么？有什么变化吗？什么都没变！我和你最初看到的我是一样的！"但很奇怪的是，这种情况，我不知道，会让一些人感到困惑。（引自 Koebel，2016）

这种"她依然还是她自己"而且观众应该能与她有所共鸣的感觉，是我多年来以各种方式从跨性别主播或其他很多人那里听到的一个谈话主题。与我交流过的主播经常谈到他们如何既接受自己身份认同的特殊性，同时也希望观众能把他们看成游戏玩家、表演者。主播安妮穆尼申在同一个分论坛中说道：

> 我不仅仅是一个女同性恋。我远远不止是这些。对我来说，这永远是关于——尤其是在直播中——我一直在努力成为这样的人：如果你喜欢我玩视频游戏，或许我能让你开怀一笑，这些才是最重要的。所有这些附加的东西并不那么重要，这只是我的一部分。所以这就好比说，如果我想和 Twitch 上某个社区的人们结盟，原因只是想和那些好玩的人而不仅仅是所谓"那些同性恋者"结盟。（引自 Koebel，2016）

我一次又一次地听到那些"白人、异性恋或顺性别男性"之外的主播谈论自己所面临的关于各种刻板印象或期望的挑战，不管是他们被期待会喜欢玩什么样的游戏，还是被期望应如何表现自我。[21] 例如，我经常与有色人种玩家交谈，他们不得不面对人们的大吃一惊，只是因为他们很喜欢角色扮演游戏，又或是比人们刻板印象中更像那种"书呆宅男"。而当女性专注于竞技性游戏、有职业选手抱负的时候，她们也持续面临着刻板印象和阻力——这样的立场跟刻板印象中"女性是什么样的，她们喜欢什么或擅长什么"产生了冲突。我们也经常听到性少数群体游戏玩家说，他们如何挣扎着想成为一个"像其他人一样"的主播，但他们的性取向如果被公众知晓，会让他们变成靶子，或使他们不得不没完没了地处理这些事而身陷困境。[22]

重视差异

当然，这种不想被刻板印象束缚的感觉，并不意味着这些主播想变为不分肤色、性别中立或异性恋立场。这并不是要放弃他们的生活、身份认同、身体和社区，也不是要隐藏那些让他们与某些观众不同的标志性的东西。对刻板印象的失望来自相关的各种限制和实际付出的代价：从贬低某种特定的具象化身份与经验（包括随之而来的微小而烦人的侵犯或骚扰）到把不同之处排斥到边缘地位。幸运的是，人们越来越关注在游戏领域中对身体、身份和文化保持多元化的重要性。像"我需要多元化的游戏""女性主义频率""不是你老妈的玩家"和许多其他有力的倡议，不仅陈述并宣传了游戏领域中的典型差异，还展示了对游戏文化过于狭隘的概念化认知会带来怎样的社会影响与代价。

萨曼莎·布莱克蒙（Samantha Blackmon，2015）是一位游戏研究学者，也是"不是你老妈的玩家"网站的联合创始人。她反思了网络直播中多样性的重要："我们需要多元化的视角，我们需要来自不同背景的人看到在其消费的媒体上那些随处可见的社区是如何呈现他们自己的形象的。换言之，我们需要知道女性、性少数群体和少数族裔对游戏的看法，来自这些社区的人（和普罗大众）也需要看到他们自己在这些社区中如何被呈现。"另一篇文章的观点是，"黑人的 Twitch"实际上提供了一种迥异的空间，有别于很多人在该平台上发现的许多问题。专栏作家安德雷·多米斯（Andray Domise，2017）写道：

（它）看起来是一个脱颖而出的例外——一座花园，有足够高的墙来阻挡有毒的元素，但也有足够宽的门来接纳你想一起野餐的人。当那些热门主播（通常是白人）经常不假思索脱口而出各种粗俗的笑话、性别歧视和其他偏激言论，甚至更糟糕地，为了打造自己的观众群体而刻意玩弄这些花招的时候，许多黑人主播已经齐心协力，要保持他们的直播内容和聊天尽可能放松和友好。

诸如此类的干预措施，包括像"由我再生"（Spawn on Me）这样的播客，聚焦于有色人种的游戏玩家，并定期介绍特色主播，让差异的价值凸显出来。多元化的参与及其能见度并不是游戏中一个旁枝末节的问题，而是关乎一个公平公正的社会、关乎参与性媒体文化的核心问题。

或许并不奇怪，我们经常听到许多这样的主播谈论他们做了怎样的工作来提高知名度、教育观众，并带给人们学习和成长的机会。虽然他们通常不大好意思说起"榜样"这个词，也不希望被归类为"多元化倡导"，但他们日常付出了大量的劳动来让这个平台变得更好，为了自己，也为了他人。虽然主播们总是说他们并不是要解决什么重大社会问题，而只是来做网络直播的，但他们在面对那些无知的、伤感情的，甚至是不断骚扰他们的观众时所做的精细工作是非常重要的。例如，安妮穆尼申就描述了当她在直播间里面对那些可能还不习惯此处交谈模式的人的时候，有多么宽宏大量。

也许这个人只是对我们正在聊的所有事情还没有任何经验。

也许他们真的不知道。他们冲着你来了，就像是完全没有恶意的无知行为，但他们只是不自知。所以，利用这个机会吧，以一种尊重他们的方式进行解释，而不是立即将他们拒之门外——我试着鼓励每个人开展这种相互尊重的对话，而不仅是说："好吧，错的是你，我们不打算解释为什么。"（引自 Koebel，2016）

在这样的环境中做到游刃有余是一项工作，主播有时会说起如何修炼自己的技巧来处理好直播观众这方面的问题。"分心精灵"说："有很多人来到我的直播间，却还不知道自己正在看的是什么，所以我做了很多这样的工作。大量的教育工作。"（引自 Koebel，2016）关于此举，科贝尔直截了当地询问了他在 Twitch 年度大会上同一论坛的对话成员："那么你是如何培养这些技巧的呢？如何知道什么时候某人就是坏蛋，而什么时候他实际上只是在好奇？"主播"UGR 游戏"（UGRGaming）回答说："通常是这样开始的——'你是同性恋吗？'我会说，'是的'。然后下一个问题。当你等待下一次回复时，要么是'哦，我不知道'，要么是'你能再解释一下吗'，要么就是，你知道的那个 F 开头的词儿，等等。然后就像，好吧，好吧，你出局了。太晚了，太晚了，现在变得更轻松了。"（引自 Koebel，2016）

不过，这样的工作也是有限的，主播常常要决定自己应该在这方面投入多少时间和精力。"UGR 游戏"的回答表明，大多数主播都对教育其观众持开放态度，但也不会在他们身上过于浪费精力和时间，这是一种平衡。正如安妮穆尼申所说的，像许多处境相同的人一样，她很清楚不要让自己背负太重的担子。"我觉得我会花一点时间试图教育人们，可以这么说，但我也想说，如果你的父母让你失望了，修复你的心理并不是我的工作，你知道吗？我不是一名老师，我是一名表演者。"（引自Koebel，2016）

生存和发展

这些主播展现坚韧和创意，想出各种策略，继续从事自己喜爱的工作。格雷在她写的一本关于种族、性别和"Xbox在线"[①]的书中，不仅调查了许多电脑游戏中的代表性问题，还调查了女性和有色人种玩家在多人游戏空间中的经历。她描绘了这些玩家日常要面对的、令人痛心地充斥着种族主义和性别歧视的情境，特别强调了"交叉性"可能会将特定游戏玩家置于怎样的位置："一个人在社会中的各种身份的组合可能带来大量的歧视和质疑。"正如她指出的："交错相织的压迫说明了关于种族、阶级、性别（以及其他社会位置）的意识是如何与白人至上主义的资本主义父权制难分难舍、彼此建构的。"（Gray，2014，57，58）她对游戏文化中深深交织的性别歧视和种族主义的精准评价，我们必须铭记于心，并要与之斗争、努力改变。

她接着描述了有色人种女性游戏玩家所找到的，用来抵抗和反击那种具有骚扰性和压迫性的游戏文化的方法。根据数字行动主义的文献，她确定了其研究的女性所采用的三种干预路径：意识/倡导、组织/动员和行动/反应。面对敌意满满的游戏环境，这些女性的反应包括：组建自己的小团体一起玩，公开推广其他

[①] 译者注：微软公司针对其主机推出的多用户游戏服务平台。

有色人种女性或在可能的情况下发声并反击骚扰者。格雷还展示了她所访谈的女性如何灵活地调动各种资源，尤其是技术方面的资源来挑战她们碰到的种族主义和性别歧视，并在其他有敌意的文化中开辟出蓬勃发展的游戏社区。尽管她明智地告诫我们，更广泛的结构性转变也总是需要有的，但她同时强调了这些战术性干预的力量："许多女性和有色人种面临着歧视和排斥，因此他们在虚拟世界中创建了自己的空间。由于空间的创建相对容易，这让被压迫的群体有能力控制和创造正面的内容来影响自己的形象（如果他们足够幸运，有机会获取技术并拥有创造这一切的必要技能）。"（Gray，2014，76）她所描绘的积极发声和抵抗性参与也跟我在女性、有色人种和性少数群体主播们中间所看到的相互佐证。

主播奇内梅雷·"奇尼"·伊万尼扬武（Chinemere "Chinny" Iwuanyanwu）谈到了那种找到同类所带来的力量、融入社区所获得的支持，还有怎样应用 Twitch 以外的工具来实现这些。身为一名有色人种女性，她在 Twitch 年度大会关于多元化的论坛上发言道：

> 有色人种女性，那是少数人群中的少数，所以你知道那里肯定会有问题。但我们都不在那里，我们都在这里，我们只需要找到更好的方法来联结，因为如果那里是一个有毒的①社区，我们的群体就会想要远离 Twitch。我们希望感觉到被包容。但如果我

---

① 译者注："有毒的"对应原文中的"toxic"。"有毒的社区""毒性行为"指涉游戏玩家社区中的社交不文明/攻击行为（包括言语和行为），包括歧视、霸凌等。

们找到联结的方法，我们就会走到一起，发展我们的社区。这只是找到彼此的（一种）手段。（引自 Vee et al., 2016）

从使用 Twitch 本身到利用其他程序（如 Discord 或 Steam）建立社区一直是一种强有力的手段来寻找支持和保持参与。

社区的建立，一部分也是通过支持同行的女性、有色人种和性少数群体主播们来实现的。当你没在直播的时候去连线做客别人的直播，当你下播的时候告诉你的观众去另一个直播间，在 Twitch 里（用户可以创建的正式的直播间群组）或是 Discord 上创建"社区"，这些都成了主播们相互支持的方式。Twitter、博客和播客也是可使用的方式。在这些渠道里，那些可能没机会登上 Twitch 首页、没有得到多少关注的主播，可以将自己推广给那些会喜欢看他们的内容但此前没机会接触了解的观众。正如主播荣加·维（Ryoga Vee）所说："我们这个群体很庞大。我们的人数每天都在增长。但为了让我们继续成为参与者，我们必须彼此支持……而网络喷子总是会出现的。无论 Twitch 采取什么措施，他们仍然会找到绕过它的办法。但是，如果我们找到支持社区的方法，无论是 Facebook 小组，还是 Discord，我们都可以从人数上获得力量。"（Vee et al., 2016）

正如我之前提到的，对于维持一个积极正面的直播间社区，调控的作用也是巨大的。当然，很多主播都积极采用了相应的做法和工具。我访谈过的一位有色人种玩家谈到了他和他的姐妹如何彼此帮助来管理对方的频道。有的主播还将朋友或出色的社区成员带入他们的团队。在 2016 年的一篇论文中，研究者分析了网络直播聊天中的言论，发现男女主播的直播间聊天中存在明显的差异。并不是主播自己所谈论的事情有多么的不同，而是他们的观众如何在这个空间里交流。他们注意到，如果用男主播直播间的情况作为标准来衡量现实，可能会过于高估与游戏相关的言论应占的比例；但女主播直播间中的物化言论和相应警告的数量也实在是太多了，这表明她们不得不没完没了地抵抗那些错误行为（Nakandala et al.，2016）。这项研究呼应了我们一直以来从女主播那里所听到的：针对她们的抨击言论持续不断，并且与她们玩游戏这事儿无关，而浏览和管理这些言论其实是在从事没有价值的劳动。

我们还发现，平台上的表情符号，即原本用于在群体内进行有趣而快捷传播的各种小图标（就像手机上的表情符号），也可能被用来排斥、侮辱和骚扰主播。最引人注目的也许是"trihard"表情的使用，这是知名的快速通关玩家（也是一位有色人种）迈查尔·"三河"·杰弗逊（Mychal "trihex" Jefferson）的一个生动的微笑表情。这张图片在 2012 年被杰弗逊的一位直播观众提交进了 Twitch 的全球表情库中，它不仅被用作热情的欢呼，也被用来昭示主播的种族出身或表示污辱。[23] 多年以来，围绕这个表情符号一直争论不休，不时有人要求将其从 Twitch 平台上彻底删除。不过，奇尼敏锐地指出，如果删除这个表情，那么既背离了它的初衷，也放弃了更大的好处：

> 我的意思是 Trihard 表情并非故意要成为一个种族主义的表情，这不是它被创造出来的目的，但互联网上总有人会想尽办法

把一些东西变成种族主义式的。禁掉所有类似这种表情的东西，这可能会是最糟糕的做法……我是说，看看我们在 Twitch 上的表情列表吧。人们当然会首先选择 Trihard 的表情。在 Twitch 的表情里，又能有几张黑人面孔呢？所以我认为 Twitch 需要考虑他们能做点些什么，使这些表情符号变得更加多元化，这样网络喷子们就更难拿这种事情做文章了。（引自 Vee et al., 2016）

在一个如此缺乏多元性的平台上，放弃一个实属为数不多地展现了有色人种的表情是种糟糕的选择。正如奇尼所强调的，这样的做法回避了一个更显而易见的问题：总的来说，在这些传播体系中各种人群未能被充分体现，以及种族主义在网上阴魂不散。

用种族主义、性别歧视或仇视同性恋的言论、表情或 ASCII "艺术"去灌满一个聊天室的做法，是对特定群体和身份认同的污蔑和监控。这种做法还试图构筑另一个"中心"——在游戏里抹除现实的多元性。[24] 观众往往会利用平台的功能来实施划定边界的监督干涉——由情绪化、愤怒和焦虑的基调所驱动。反过来，主播们不得不置身在这样的形势里：不仅要做好直播的工作，而且在直播的环境中被要求做个熟练而有创意的抵抗者。

当观众社区自身开始站出来帮助塑造直播间的基调时，主播们会感受到自豪和欣慰。安妮穆尼申就此评论道：

我认为我的管理员，还有很多我的直播间常客、会员或非会员等，如果他们一直都在我直播间，他们就知道我允许什么，不允许什么，他们绝对有助于培养我的观众社区。因为很多时候真的是挺好的，我坐在那儿，我看到有人在说什么，我脑子里想的是：" 哦，天哪，又来了……" 我坐在那儿，只需要专注于游戏，我会看到我的观众社区在处理这种事，而不是我不得不发表一通声明，这真是太棒了。"干得好，伙计们。你们做到了！我为你们感到骄傲！"（引自 Koebel，2016）

虽然这样的适应能力和主播们采用的策略手段都让人印象深刻，但关键在于，应当承认那些属于边缘群体的主播们为了能继续在这个平台上直播，不得不付出额外行动，而这同样是一种劳动——在物质、社会和情感层面都是如此。

适可而止

在面对那些骚扰式的观众时，力争保持自己真实的身份认同，甚至只是想在直播平台上有一席之地，都需要付出代价。正如游戏研究者艾玛·维特科夫斯基在一项对电竞中女性的研究中所说的，她们"作为真正的电竞参与者，却一直被偏离正轨……来自个人和社区的攻击，以及机构的定位和解雇……身为一名女性游戏玩家，她往往要靠自身坚忍不拔的意志，并制定自我保护的方法"。许多属于边缘人群的主播因留在聚光灯下的代价过于高昂而选择了退出，这完全可以理解。正如奇尼所说，新人主播也许"看看他们的直播间，发现种族主义把那里搞得一团糟，他们可能会发现：'我搞不定这个，我要停下来，不干了。'"（Vee et al.，2016）。作为一名经验丰富的主播，维说到了这种情况，他经常看到其他有色人种从事网络直播并建立起一个小小的观众社区，但最终因为被骚扰而放弃了。维解释道："当你觉得自己在那里是孤身一人时，那感觉就像你是汪洋大海里的一条小鱼，他们每天都在袭击你，这让你心情很沉重。即使是脸皮很厚的我，有些日子，我醒来后本来想做直播，又一想：'我今天不想再听到那些话了。'在有的日子里，我就会因为这个而不上网做直播。"（Vee et al., 2016）

关于这样令人丧气的情况，有一种回应是，每个人都会在网上、在游戏中被骚扰，如果期望身为女性、有色人种和性少数群体主播就能够免于骚扰，这是在要求特殊待遇。虽然某种程度的骚扰确实会在平台上的许多人身上发生，但它却**不成比例地集中分布**在"白人、异性恋或顺性别男性之外"的主播身上。这些主播面临着针对其身份和身体持续而集中的攻击，而并不仅是对其游戏方式或内容的评论。如前所述，这些攻击造成了真正的损失。要不断面对刻板印象的预期和公然直白的骚扰，会让人精疲力竭，因此选择中止直播生涯也是完全可以理解的。正如"不是你老妈的玩家"网站的专栏作家萨拉·尼克松（Sarah Nixon, 2015）所指出的，对女性网络主播来说，"进行直播的行为本身可能就是一种有政治意味的决定，这样一来就很难发现网络直播其实是一种有回报且有乐趣的体验"。无论对主播还是对观众来说，骚扰言行都极大地削减了其参与（观众自己或许也不想遇到这些有毒行为）。在最糟糕的情况下，它会把人们完全赶出这个平台。

游玩的生意

当我们讨论起生产制作层面，以及与之相伴随的虽不那么明显但同样重要的关系、情绪和情感劳动时，网络直播在任何严肃的甚至是准专业的意义上来说，显然都已经成为艰苦的工作。虽然我们往往首先想到的是镜头前的玩游戏、做直播，但在直播之前、期间和之后，还有很多"看不见"的劳动在进行。幕后工作包括与直播间管理员协调、确保软件正常运行、实时查看并参与社交媒体互动，甚至确保"音乐能够让人摇摆起来"，这都发生在节目直播之时。制作直播内容的工作也并非随着线上直播的结束而结束。一位主播指出，有极其庞大的工作是在直播时间之外完成的，而随着主播日渐走红，其工作量只会与日俱增：

我要说的是，每次我退出直播的时候，还会有30到150条甚至更多的观众私信等着我一一过目。我必须确保维护好自己的YouTube频道、Twitter账号，检查我在Steam平台上的群组，确保我已经准备好第二天的直播，包括我要直播什么游戏，为什么我要在那个时候直播它，有什么说法，观众会不会喜欢，诸如此类。做计划、文秘工作、管理和行政工作、维护我的网站、确保我读完了自己网站上的帖子……和其他主播们搞好关系，确保我与游戏开发商交谈过了，以及商讨合同和赞助事宜。有很多工作是在线上直播之外发生的。我想说的是，你每投入一个小时的直播时间，大概还要再花半小时来做线上直播之外的工作。

正如我此前所指出的，如今的网络主播不仅仅是内容生产者和表演者，还是小企业主、设计师、会计师、合同谈判者、经纪人、社区管理员和技术人员。除了某些明显例外的情况，当本研究进行之时，在网络直播领域的"人才"节点上几乎没有什么劳动分工，主播运营着复杂的媒体资产，却几乎得不到任何帮助。如果细察网络直播的这一方面，就可以发现这种关键的隐性劳动。

直播经济

有多种方式能够从所有这些工作中获得报酬或至少试图从中获利。基本上，Twitch 平台是围绕广告收入来组织架构的，商业广告在视频流中播出，收益归 Twitch 所有。不过，如果主播成为 Twitch 官方合作伙伴或附属机构——这基于内容、平均同时观看人数和直播频次等数据的不透明过程[25]——情况就将发生变化。一旦被允许加入这些项目，主播就可以获得一部分的广告收入，Twitch 并没有披露具体数字，但公开宣称其"CPM 是行业领先的水平"。

在线广告的收入并不是那种最公开透明的系统。[26] CPM 作为最基本的概念，指的是广告每一千次展示所需要的成本，其中 M 是拉丁语的千分之一"mille"的缩略。这是广告主为其广告的一千次展示所支付的费用。但对主播来说，更重要的术语和费率是有效千人成本（eCPM，更精确但较少使用的术语，指的是每千人带来的实际收入）。这是指某人从某一特定内容中实际赚取的费率。该费率也可以按照"收入分成"（revenue share）或统一费率（flat-rate）的模式来构建——收入分成是指不管广告销售收入多少，平台和主播分别按照约定的百分比分享总收入，而统一费率则是通过固定价格来运作（例如每千次观看获得 5 美元）。我做这项研究的时候，Twitch 在其合作伙伴帮助页面上指出，它采用的是统一费率模式，"根据大多数合作伙伴的反馈，他们希望每月的收入能更稳定。这有助于使合作伙伴免受季节性 CPM 因素的影响"[27]。

在 CPM 和 eCPM 之间，有一系列变量在起作用。在一个热门的电子竞技网站（Team Liquid）2012 年的一篇文章中，Twitch 首席运营官凯文·林（Kevin Lin）清楚地解释了在 Twitch 这样的平台上在线广告是如何运作的。他解释了主播需要理解的第三个关键术语——"供应率"（fill rate），即"广告展示（被看到的广告数）除以广告机会（可播放的广告的总数）。在一个理想的世界里，每个人都把唯一一个广告展示机会卖给别人，这将意味着 100% 的供应率。在现实世界中，因为还有其他变量，比如观众的国别、一天不同时段、单一观众所看到的广告数量等，供应率总是小于 100% 的"（Lin，2012）。这个细节很关键，因为给主播的实际支付金额会出现很大范围的波动，依据的是观众所在区域、广告屏蔽软件的使用或观众当天在线看到的其他广告数量等因素。比方说，一般而言，广告观众来自俄罗斯还是来自美国，所带来的广告收入是不一样的。另一点有趣的是，一个消费了大量在线视频的观众，其带来的广告收入可能会减少。正如凯文·林（Lin，2012）所解释的：

如果你作为观众已经去过其他视频网站甚至其他直播频道，且在到达合作频道之前已经看过其他视频广告，那么你在当前频道看到的任何广告的 CPM 值，都会比你当天看到的第一个广告的 CPM 值低。大多数知名品牌的视频广告曝光频次上限为每 24 小时 1 次，这意味着你作为单一观众每天应该只看一次他们的广告。因此，当你在同一天中看到更多的视频广告时，广告价值也就下降了。

广告收入也会因季节性因素在一年中出现波动。正如 Twitch (2016c) 的合作伙伴帮助页面所陈述的，"广告主通常会在消费者最有可能消费的时候择机花钱投放以触达其消费者"，因此，"夏天开始之时，开学返校之时，当然还有假期"，以及有游戏大作发布的时候是广告收入的高点。

虽然对非业内读者来说，这些细节可能过于繁多，但这是主播实际面临的经济挑战的重要部分。尽管这些平台很容易被看作是给内容创作者提供了令人难以置信的经济上的机会，但魔鬼——以及系统之脆弱性——就在细节中。事实上，广告系统的复杂性甚至不透明性，或许会令那些有抱负的职业主播感到迷茫。该系统依赖海量数据以及复杂的情况，而主播们是否了解这些都很难说，更不用说得其门而入了。

尽管自从互联网向商业企业敞开大门，在线广告就一直居于核心地位，但也有批评者警告，它本质上是一座建立在沙地上的房屋。广告拦截软件始终是阻碍在线广告收入的最大障碍之一。一旦被安装，它可以防止多种广告在所有类型的网站上出现。从弹出式广告到嵌入式横幅广告，广告拦截软件被用户拿来管理互联网空间的商业化已经历史悠久。从 2002 年亨利克·阿斯泰德·索伦森（Henrik Aasted Sørensen）发布原始的 Adblock 代码开始，到如今全球约有两亿人在各种设备上使用它，广告拦截软件的普及率仍在不断提高（Scott，2015）。作为一个社会技术行动者（sociotechnical actor），它跟诸如遥控器这样的东西还有些渊源，就类似于人们在广告播放时拿起遥控器切换频道那样。[28]

从历史视角来看，对于人们如何掌控自己在网络直播间里的体验，以及围绕主播的财务稳定状况和观众是否有责任支持主播的讨论，广告拦截软件都产生了深远影响。作为一个软件，广告拦截的浏览器扩展插件在 Twitch 视频流中被触发，这让用户不必不断跳转到其他直播频道，也不必每次都要决定是否允许某个广告播出以支持某个主播。这往往有助于获得丝滑的观看体验，但对主播来说则是一种经济上的代价。主播经常被迫要绕过观众使用的广告拦截软件（参看图 3.5）。观众社区本身也在争论屏蔽商业广告的合法性，还常常伴随着诸如商业化、文化以及人们到底"亏欠"创意生产者什么等复杂的伦理问题。

2016 年，Twitch 推出了一个名为"确定流"（SureStream）的全新系统，该系统将商业广告直接整合到直播中，而不是叠加在直播上，从而规避了大多数广告拦截。尽管在宣布此项新技术的公开博客文章中，它针对广告拦截软件发声："当涉及使用这类软件时，作为一家公司我们持不可知论的保留态度。你可以自由地使用它，或是不用它，只要你觉得合适就行。"当然，很明显的是，该平台的实际基础架构并没有那么中立（Twitch，2016b）。

该技术的推出也和平台财务架构的转变有关：Twitch 将要接管自己的广告销售，从而绕过第三方广告系统。[29]

分析师蒂姆·黄（Tim Hwang）和阿迪·卡姆达尔（Adi Kamdar）提出了一个"广告峰值"（peak advertising，类似于"石油峰值"）理论（Hwang and Kamdar，2013，2），部分反思了广告拦截行为，并认为"互联网的经济地基开始出现裂缝"。[30]他们指出在线广告有四大致命趋势，都对其功效构成真正的挑战并产生了实际破坏：人口结构的变化、广告拦截行为的无所不在、"点击欺诈"以及广告密度的不断增加。这四大趋势都以不同方式触及了网络直播领域，平台开发者则为了缓解这些问题而与之共舞。然而，主播也作为不明真相的合作伙伴，被卷入了这场舞蹈之中。

黄和卡姆达尔（Hwang and Kamdar，2013，8）进一步建议，标准网络形式的横幅和展示广告可能需要替换成"不易察觉的推广形式"——也就是说，"其实是广告但看起来不是广告的内容"。[31] 这些替代式的推广形式实际上已经成为 Twitch 如今所依赖的框架的组成部分。网络直播被定位为一种营销工具，这已经成为该平台的基本经济原则之一。这种情况发生在那些如何用视频观看来推动销售的故事中，也发生在该平台与游戏开发商的交易中。Twitch 有时会促进其合作伙伴主播获得广告赞助的机会。由于它已经被亚马逊公司收购，Twitch 还试图重塑平台本身，以便在直播频道页面上显示一个"立即购买"按钮，让观众可以购买他们正在观看的游戏。一些给 Twitch 用户的小赠品是游戏内物品，这也促进了游戏的销售。在这些形式的替代性推广方法中，有一些会给主播带来收入，但并非全部。

这个体系——特别是由于早就被广泛使用的广告拦截软件——的最大后果之一，是主播转而寻求其他盈利方法，试着维持生计。单单依靠广告收入，是远远不够的。合作伙伴和附属机构可以利用 Twitch 内设的订阅选项获得收入。直播频道的观众可以选择支付月费（在本书写作时为 4.99 美元）来订阅某位主播，其中一部分归 Twitch，另一部分归主播（基准线是合作伙伴按五五分成，但上下波动会很大，看不同主播的谈判能力而定）。又或是，如果某个观众是亚马逊会员，并且将其与自己的 Twitch 账户进行了关联，他就会成为 Twitch Prime 会员，每月可以有免费订阅一位主播的机会。

在聊天中，频道订阅者名字旁边会出现特殊的图标，可以使用独特的表情符号，并收到来自主播的专属消息。如果聊天进入"订阅者模式"，他们仍能被留在直播间里实时交流。因此，这种盈利方法与主播如何培养其观众社区、如何促进更多层次的群体内认同密切相关。网络直播的情感经济就这样内嵌于平台的架构之中。粉丝情感和人际联系，也跟变现相互关联。

如果主播成为 Twitch 的合作伙伴，还将有机会进行 T 恤衫的销售。主播可以设计专属的 T 恤衫，并通过 Twitch 来进行外包生产、销售并获得收入。Twitch 收取固定费用（在本书写作之时为 2.5 美元），而利润率则随着售出 T 恤衫的数量而变化。与乐队成员和喜剧演员经常将销售商品作为重要的收入来源没什么区别，主播可以向其观众提供可以购买的东西，使观众可以彰显粉丝身份，并给自己带来收入。

许多主播积极利用打赏系统、广告赞助和亚马逊联盟链接（相对少一些）来创造额外收入。对许多成功的主播来讲，打赏系统已被证明是极受欢迎且有利可图的，并成为他们的重要收入来源。Streamlabs 是许多 YouTube Live 和 Twitch 的主播用来管理其打赏系统的主要服务之一。据报告，它在 2016 年为主播处理了 8000 万美元的小费和打赏（Hicks，2017）。这比它在 2015 年所经手的 4300 万美元增加了 84%。鉴于在排名前 2.5 万名的 Twitch 主播中，仅有 78% 的人用它处理小费收入，所以主播实际的消费和打赏收入会比上面的数字更高。（Le，2017）[32]

如图 3.7 所示，叠加在游戏画面之上的图形元素，标示着当日最高打赏人的名字和金额，以及当日打赏总数，这很常见。当有新的打赏时，提示系统会通过弹出图像和/或声音，来把打赏行为呈现在直播本身的核心内容之中。

打赏系统已经成为一个核心结构，主播通过这一结构，将自己的表演中的观众参与跟经济贡献联系起来。一位主播解释了他如何从 TPP 现象中吸取教训，而这个例子令人信服地说明了观众是如何积极参与到玩游戏之中的。他说自己的做法是将直播的表演性和经济性交织在一起：

人们想要一种不同层次的互动，就像他们不仅仅是想观看。对我来说，互动是非常重要的，并不是说互动就只是我在聊天室里说话。那只是互动的一种形式。因此，就像是在我的公屏上显示打赏有关的信息。在人们打赏之后，就可以看到，还会发出音效。这就是互动。我相信你以前见过类似情况。所以想想这个。

第三章 家庭工作室：从私人游戏向公共娱乐的转型 | 171

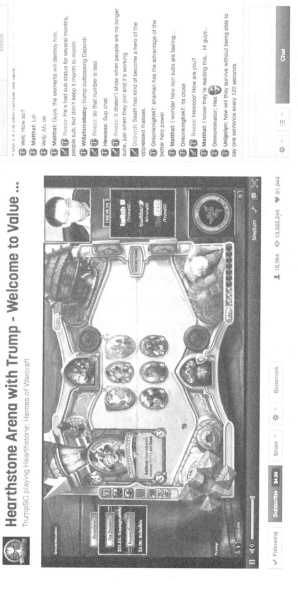

图 3.7 "特朗普 SC"（TrumpSC）的直播画面，打赏记录信息显示在左边，2014 年

比方说，我在玩一个恐怖游戏，我播放了一个响亮的尖叫声，请大家打赏一美元。如果你捐了一美元，打赏后的提示音就是尖叫声。现在，当有人给我一美元时，不仅是我在赚钱来支持我做直播，而且在此基础上，用户实际上也基于他们的互动在改变直播流的进程。这是一种互动的方式。

这种方法凸显出主播如何成为熟练的创新者——他们将观众的互动和参与拓展到更广义的范畴，并与之共同游玩。这也体现了，他们只是把聊天视为直播的一个组成部分，以及他们如何思考种种新方法，来塑造直播内容、吸引观众、激励人们资助他们继续工作。他们在"玩"，也在调整和改造 Twitch 这个平台，既是为了娱乐，也是为了盈利。

在网络视频和 UGC 领域，这种情况并不新鲜。创作者们总是在不断寻找机会来完善自己的作品，同时也要以真实且可行的方式从作品中盈利。Twitch 的打赏系统及其与播出内容的结合（无论是上述的"互动"模式，还是简单地在直播内容里加入可视化图形）是一个重要的研究案例，即一个平台的初始设计并不能用来应对用户参与的所有活动。

这在游戏文化中是一条不变的线索，玩家常常会发现，他们的偏好超出了软件或平台所提供的范围。Twitch 虽说也提供了一些盈利机制，但它永远无法完全预测那些想在此全职工作的内容创作者有何美学上或经济上的实践行为。作为一种创意行动，主播经常转变、调整和推动这种媒介，来产出全新的文化作品。他们的渴望和预期可能与系统的结构并不相符。而观众总是在不断地改变和调整其期待，不仅是对主播正在做的事情的期待，还有对那些远超 Twitch 具体环境的媒体实践的期待。

例如，广告有时不符合某位主播所追求的氛围，或许他们更喜欢玩游戏以及跟观众互动。正如一位主播所解释的：

> 如果我播放更多的广告，我就能赚更多的钱，但是（我的观众）给我打赏，一直都很照顾我了，我为什么还要播放广告让他们看？我可以直接玩游戏，不需要中断，因为这就是我要做的事情。我会说的是："伙计们，当我在这儿直播的时候，我不想被迫向你们所有人播放广告。我希望能够直接让你们看我玩游戏。"他们纷纷打赏，就是为了让我不要感觉必须得播放广告才行。

起初，主播刚开始想办法从他们的观众那获得额外经济支持的时候，通常利用的是贝宝并配合第三方软件及网站。一些专门的网络直播打赏服务的辅助业务出现了。像 Streamtip 或 Twitch Alerts 等常用网站，都为跟踪与管理打赏提供了帮助和服务。虽然这些网站基本上是免费的，但它们确实会收取手续费。这些工具的吸引力，部分来自它们可被整合到直播频道的整体表演内容之中。

受众可以决定他们想给在线消费的内容支付（或者叫"贡献"）多少钱，这种决定也在不断变化。其决定可能与各种因素有关，从他们具体感觉想要支持某个特定主播，到他们每月在媒体上的总体花费情况。例如，支付几个月 HBO 电视频道的订阅费用，就可能会影响他们向主播打赏或者在游戏上花钱的能力。

像 Twitch 这样的平台总是不得不去应对多种因素——其中许多因素他们甚至可能都不完全了解——这些因素决定了为什么某位观众可能会愿意关掉广告屏蔽软件、打赏一些钱或是购买一件 T 恤。在诸如 Twitch 之类的网站上的综合消费决定受到人们投入金钱的其他领域的影响，从简单维持日常生活开销到其他游戏、媒体或休闲方面的支出。

然而，该平台确实在努力保持领先，努力从主播自创的新型变现方法中获益。这就像"游戏用户生成的修改"和"正式的开发者采用"的循环那样，Twitch 在 2016 年也发布了自己的系统来让打赏成为可能，并从中抽成。用户可以直接从 Twitch 购买"比特"（bits），每 100 个比特的价格是 1.4 美元。虽然主播收到的分成并未公开，但有传言说系统刚发布时这个比率约为 70%（和订阅收入率一样，或许会根据主播的谈判能力而有所变化）。不同的图标代表不同的金额，人们点击后，可以在平台上直接向主播"付小费"，为他们"喝彩叫好"。随后打赏也会通过图形化方式在直播聊天中直观地展现出来。该系统模仿了第三方打赏系统对于观众支持的公开展示，还帮主播绕过了长期以来收取手续费的贝宝。

当然，评论的声音并不一致。当 Twitch 向一些知名主播推出该系统测试版的时候，社区中也有一些主播和观众对它提出了批评。有些人谴责该网站是在抢钱，有些人担忧的是如何能符合伦理地将其整合到比赛环境中以造福参赛者和人才。[33] 无论如何，它都代表了该公司学习了一种新兴的社会经济过程并正式将其纳入自身体系，而这种过程是由内容创作者自己从头开始开发和构建起来的。

依赖平台和开发者

Twitch 的"比特"系统是将主播和平台的创收机会联系起来的最新案例。一方面，该网站依赖其用户来不断生产新鲜有趣的内容，以吸引那些将给广告和游戏提供曝光机会的观众们。没有主播，就没有 Twitch。但在日常情况下，主播们实际所掌握的控制感和自我决定感可能很脆弱；他们已经谨慎地发现，在这一新兴媒体系统中实际运作着的权力差异。

吉莱斯皮（Gillespie，2018，26）指出了平台在用户行动方面拥有的权力，声称它们建构了"交易的每个方面"：

> YouTube 联结了视频制作者和观众，但也设定了条款：所需的技术标准，什么算作商品，什么被当成价值来衡量，内容将被保留多久，以及关系的深度和持续时间。YouTube 可以向那些已经事业有成的视频制作者提供广告收入分成，也可以不分成，它可以决定给多少、给谁以及在什么条件下才给。

虽然迄今为止，Twitch 的系统还未能如此全面，但我们必须小心，不要看轻了用户对开发者的依赖程度。

主播经常谈到自己对 Twitch 团队成员的感激之情，因为后者帮助主播持续地"从事他们所爱之事"。这包括被公司视为有才华的人并选为合作伙伴——从而有机会获得收入，以及帮助促成主播和游戏开发商之间的付费推广活动。[34] 顶级主播和新晋主播都可能被邀约参加像 PAX 这样的公众活动，得到试玩或营销工作的机会。作为一个平台，Twitch 推动人们职业生涯发展的能量是非常巨大的。除了作为促成交易的中介，该网站还能让主播上首页，在最主要的页面上展示他们。时有发生的还有，某位高调的 Twitch 员工在 Twitter 上发布自己喜欢的主播，这种非正式宣传也有助于人们蜂拥而至某个直播间。主播可以感受到与 Twitch 员工的联系和依赖，因此他们经常表达对公司的忠诚和热爱也就不足为奇了，Twitch 自己的"流血紫"（公司形象色）宣言也许就是最好的写照。[35]

然而，也有焦虑或谨慎的时刻。主播们曾对我说，他们自掏腰包参加一些活动，宣讲平台上直播的力量，却没得到公司的资助，这让他们很失望。这些活动往往是绝佳的宣传 Twitch 的机会，但主播觉得他们的劳动价值被低估了。这里有一种脆弱的平衡：一方面主播被认为是独立的商业实体（承包商），该自己承担差旅和职业发展所需的费用；另一方面，他们通常又赚不了很多钱，当然也不够支持他们参加对平台和他们自己都有利的很多活动。正如某人所说："最讽刺的一点是，我在这儿东拼西凑，乞求 Twitch 帮助我完成这次旅行，这样我才能去一个会议分论坛上发言，讲讲如何在直播行业获得成功。"当然，这种将主播定位于独立承包商的做法并非网络直播领域所独有。这种类型的工作没有工资、福利或其他来自被雇佣的无形好处，而这些工作支撑起我们在整个互联网上都看到的各种平台，从优步到亚马逊公司自有的"土耳其人"（Mechanical Turk）微型工作外包平台。这样的劳动模式让主播们负担了真正的成本，无论在物质上，还是在情感上。

Twitch 自己的商业利益有时也会与个别主播的利益发生冲突。我发现，当该公司开始对大型的音乐会和电竞活动投入大量关注以及首页资源时，这种情况最为明显。各类主播有时会评论电竞是如何占领整个网站的，或者备受关注的那些非游戏的音乐内容视频（如 DJ 史蒂夫·青木）是如何被大力推广的。围绕观众收看的竞争非常激烈，特别是对那些还在涨粉阶段的主播来说，虽然 Twitch 确实支持他们，但公司作为独特的网络直播平台，也在努力保持其总体定位。这有时会让独立主播的商业利益与公司的商业利益有所抵触。由于 Twitch 自己已经开始制作原创内容，或是参与了合作要转播和推广一些特定的赛事，有时主播会觉得自己在跟自己依托的平台开展竞争。通过这些情况，我们可以开始看到 Twitch 作为一家媒体企业的一面，而不仅仅是一个平台。因此，它有时也会不太合群地跻身于其他媒体内容生产者之列，共用其传播分发的基础设施。

主播也相信公司会准确地向他们付酬。我询问过一些主播关于审计系统和透明度的问题，问他们是否有什么好办法来让自己的表现和收入都保持在巅峰状态。得到的答案通常是，他们依赖公司的精准报告。虽然主播可以使用各种方法，包括平台内的和第三方的工具，来跟踪自己的数据和表现，但他们经常表示有时不觉得自己能完整地了解全貌，尤其是关于观众的位置信息，这直接影响着广告收入。正如有人所说的："在这一方面，我们不得不相信 Twitch 给我们展示的数字。要是有一个第三方的审计系统那就太好了。"另一个人则这样描述：

我确实在一定程度上信任 Twitch，当然不是百分之百，不是用我的生命来信任它。这仍然是个生意，而且我已经吃过亏了，所以我知道理想主义和天真幼稚并不是真的有用……我意识到，即使是看起来非常值得信赖的虚拟分析，也可能会被它欺骗。因此，当你真的究其根本，几乎没有办法得到一个真正的审计系统，除了依靠声誉。不管审计系统看起来多么复杂精妙，除非我看到某人从商店里买了一件 T 恤，并且有看得见的证据，否则我并不相信数字化方式可以完全避免作弊。在某种程度上，你不得不接受它本质上是个基于信任的荣誉系统。有时你应当意识到，即使你会有点上当受骗的情况，但你的交易最终仍然是足够好的（笑）。

当涉及对公司的信任和问责议题时，这种实用主义时不时就会出现在我与主播的交谈之中。虽然 Twitch 一直在为主播改进其后台控制面板，向他们提供更多有关直播频道表现的数据，但系统的复杂性意味着内容创作者必须依赖平台自身的诚实正直。

除了审计方面的问题，更强烈的批评集中在游戏开发商身上，指责他们没有为那些顶级主播提供的宣传支付足够费用。除了娱乐，网络直播越来越多地被用来向那些还在犹豫是否要购买游戏的人提供预览。而那些直接与 Twitch 平台合作、嵌入了游戏内的特殊赠品的开发者，就能更有效地鼓励人们去买游戏。因此，主播在游戏市场中拥有强大的促销能力。想要争夺更多观众，能够提前试玩新游戏对主播也很重要，他们借此得到了别人没有的内容，而开发商则得到了宣传曝光。一位主播对此有如下解释：

第三章 家庭工作室：从私人游戏向公共娱乐的转型

主播和开发商之间发展出这样一种共生关系……他们开始意识到我们对其游戏的销售有着怎样的影响力。因此，他们来找我们的时候并不是说"你使用了我们的游戏片段或诸如此类的东西，给我分点钱吧"，而是会说"这有一些我们的游戏。当你在直播里玩我们游戏的时候，把它们送出去吧"。所以我们玩起这个游戏来。我们让成千上万的人看到这个游戏。然后我们说："嘿，这家公司真是了不得。他们决定来我们直播频道里，给了我们五份游戏，让我们免费送出。让我们现在就开始赠送吧！"

然而，这样的体系建立在微妙的平衡之上。对一个刚入行的新主播来说，又或当 YouTube、Twitch 此类网站相对还是新生事物的时候，一个游戏测试版密钥或是预览版游戏，本身就足够当作报酬了。但对更多的主播而言，提前试玩或免费游戏可能不再令人满足。一位主播说：

这不像过去那么糟糕了，尤其是如今，因为这些游戏开发商和发行商知道我们是他们营销策略之中的组成部分。只是他们还没有以应有的方式来对待这事。他们是这么干的，他们会把免费的东西挂在你的脸上做促销活动。想象一下，如果这里是好莱坞，你是一家鞋厂，你不会说："嘿，布拉德·皮特，我们要给你三双鞋，你去 Twitter 上说你喜欢我们的鞋，还要去出席这个活动，在那里露脸。"因此，现在他们的态度有点像这样："哦，这些人干这个是一种兴趣爱好，所以不管我们给点什么，他们都会接受的。"……当然他们也正在学习，而我们必须更严厉一点，比如：

"不，如果我要跟你合作，得要有个合同性质的东西，要有报酬。"

虽然拉上布拉德·皮特作比较，可能有点像在牵强附会，但也并非完全没有道理。那些在 YouTube 上大受欢迎的网络红人拥有庞大的观众群体，通常正是广告商求之不得的年轻人。例如，主播菲利克斯·"皮尤迪派"·凯尔贝格（Felix "PewDiePie" Kjellberg）曾被《时代》杂志评为 2016 年度百名最具影响力人物之一，他或许是为数不多的、普通大众都有所耳闻的游戏内容创作者之一。在其恶劣行为和接踵而来的丑闻让他的赞助合约和影响力大打折扣之前，他的直播频道坐拥 4300 万订阅用户，估测收入达 1500 万美元（Berg, 2016；Parker, 2016）。虽然 Twitch 上的网络主播尚未取得这样的主流认可（及经济成就），但他们仍然是日益重要的市场参与者。上面这位主播所表达的——他们应该因为自己的工作获得报酬——不仅合理，也肯定了在更宽广的媒体行业中他们日益增长的作用和影响力。

在这个新兴的劳动力和直播市场中，出现了更加不幸但或许并不令人吃惊的转折，那就是出现了"软广告"现象（payola）和赌博直播现象。网络直播也遭遇了不经披露的代言宣传交易，就类似于 20 世纪 50 年代末和 60 年代初的广播丑闻。当时一些电台和 DJ 并没有告诉公众，自己是收了钱才去播放一些特定唱片的。美国国会的调查导致了对《联邦通信法》（Federal Communications Act）的修订。修订后的法条"要求广播电视从业者向其阅听人披露播出内容是否受到了以金钱、服务或其他有价值之物的影响"。[36] 2009 年，受到时尚博主的实践行为的刺激，联邦贸易委员会（Federal Trade Commission，FTC）开始正式追查各种网站和其他新媒体上未披露的代言宣传交易。多年来，联邦贸易委员会一直持续更新指导方针，要求网络传播渠道应确保"那些对顾客来说并不明显或出乎意料的代言人和公司之间的联系，必须予以披露，无论它们是与好评代言宣传的财务报酬、公司职位还是股票所有权存在关联"（Federal Trade Commission，2000）。虽然博客社群在好些年以前就对这些规定有了亲身体验和清醒认识，但游戏行业才刚刚开始体验来自法律的铁拳。

2014年，《华尔街日报》和一些专业游戏网站报道了一起有关微软公司新款游戏机 Xbox One 的未经披露的代言宣传交易。报道此事的记者伊恩·谢尔（Ian Sherr）写道："周末开始有报道称，如果人们在 YouTube 上发布视频，其中包含至少30秒的新款 Xbox One 游戏机的视频片段，并提及其产品名称，微软和引擎电影（一家大型出版商和 MCN）为这样的视频提供每千次浏览3美元的报酬。签约此项目者被要求对关于协议的所有事项保密。博主们迅速开始抱怨这种做法，认为它可能会误导 YouTube 的观众。"（Sherr，2014）微软中止了该项目，并表示不知道引擎电影的合作伙伴协议的具体内容。而引擎电影则表示它也不确定为什么这次没有遵循其一贯的信息披露政策，并承诺会审查该事件。这件事引发了游戏圈的持续猜测，认为此类交易经常发生，但未被发现。[37] 2016年，此前曾违反过联邦贸易委员会指导方针的游戏开发商巨头公司电子艺界（Electronic Arts），宣布其将要求在 Twitch 等网站上的任何赞助内容都要带有指定的文字标签和/或水印图案。

除通常被认为是经典的"软广告"丑闻外,近来暴露的问题,则是主播们没有完全公开他们在直播中所宣传的网站的所有权利益。也许游戏中增长最快的趋势之一,就是对游戏内"皮肤"的赌博,即在游戏中购买或随机"掉落"的物品在外观上的修饰变化。最大规模提供此类虚拟物品变装的游戏之一,是流行的第一人称射击游戏《反恐精英:全球攻势》(下文简称《CSGO》),其游戏中武器的外观是可以改变的。电竞记者卡勒姆·莱斯利(Callum Leslie, 2016)解释了该系统的运作方式及其重要性:

> 这些皮肤可以在阀门公司的游戏市场 Steam 平台上出售,以获得 Steam 积分;或者在第三方网站上出售,以获得真正的现金。[38] 这些皮肤也可以在无数个网站上进行赌博,从赌场式的碰运气游戏到体育博彩网站,几乎在《反恐精英》(下文简称"CS")每一个级别的赛事中都有涉及。许多人认为,这种围绕赛事的赌博文化提高了收视率,尤其是对那些较低级别的赛事而言。这是有争议的,因为这些网站的运作缺乏监管。在大多数现行法律下,它们并不被视为赌博网站。这意味着未成年人以及一贯视在线赌博为非法的国家如美国的玩家,都可以自由地使用这些网站。长期以来这被认为是个灰色地带。

有证据表明这是一个巨大的市场。[39] 彭博社的一篇文章中所引用的研究,声称"仅在 2015 年,就有超过 300 万人在电竞比赛结果上投注了价值 23 亿美元的皮肤",并指出"不论何时,只要《CSGO》的皮肤被出售,游戏厂商就会收取 15% 的钱"(Brustein and Novy-Williams，2016）。一些著名观察家还评论了《CS》作为一款热门游戏再次崛起与赌博现象增长之间的相关性。

网络直播和 YouTube 也参与了这一组合。很多热门主播在这些网站上直播或录播自己的赌博过程，最终由此获得了大量真金白银的回报。成千上万人观看了这些视频，在相关网站上目睹了围绕《CS》游戏的赌博有多么刺激和狂热。从 2016 年夏天开始，出现了一些严肃的报道，说事情并非像这些直播上所展示的那样，其实一些著名的赌博节目主播拥有或持股这些网站，但对外隐瞒了这一点，他们要么已提前知晓胜负结果，要么一直在用"包房费"和"找乐子"的名义给网站不断带来流量和收入。整个事件开始让人感觉很像 20 世纪 50 年代发生的问答节目丑闻，但是现在发生的，包括未成年人在内的真实的人，在用真金白银赌博。这种隐瞒不报激发了熊熊怒火，引起了互联网上大量视频、博客文章和评论声讨。

有几项法律诉讼被提出，其中一项是针对阀门公司的。最终，针对这些网站下达了禁止令，对其 API 的使用也制定了新的禁令。一贯遵守游戏发行商使用规则的 Twitch，最终于 2016 年发表声明，称根据阀门公司自己的服务条款，Twitch 网站上将不再允许出现《CSGO》皮肤赌博。2017 年 9 月，美国联邦贸易委员会和解了对两位内容制作者特雷弗·"梯马 Tn"·马丁（Trevor "TmarTn" Martin）和托马斯·"辛迪加"·卡塞尔（Thomas "Syndicate" Cassell）的指控，而这一指控是因为他们没有披露关于《CSGO》赌博的行为。尽管有一些赌博网站关闭了，但同时还有其他网站在继续运营。一些非常著名的违规主播承诺在未来做到公开透明，但由于阀门公司已经禁止调用 API，政府监管机构也对其合法性越发关切。目前还不清楚赌博类直播的长期前景到底会怎样。[40]

多频道网络、代理和律师

很难想象，那些主播是因为心怀善意才不公开自己与赌博网站的财务利益关系的。但也许更容易认识到，刚刚起步的主播们经常要面对的挑战之一，是缺乏商业和法律知识，无法在金融系统、法律规章、合同和多家公司协议所编织而成的大网上运转自如。[41] 我和一位主播及其妻子聊过有关商业方面的事情，正如那位妻子所说："我们只是想到哪儿干到哪儿，因为并没有规划。我们并不知道我们应该得到多少报酬，也不知道应该签署哪些合同。我们什么都不知道。"知名主播艾洛姬指出，这种缺乏商业头脑的情况，在更为年轻的直播工作者中尤为严重，导致了他们的价值被低估，就像我此前描述的那样。艾洛姬在麻省理工学院举行的分论坛讨论中评论道：

> 他们不了解自己的价值……所以当有人说："这儿有台免费的电脑，你想用多久就可以用多久，我们把它放在你的直播镜头的角落里。"诸如此类，他们会说："我得到了一台免费的电脑！？"但他们并没有考虑得更为长远一些……如果是任何其他的合法企业可能会这样做："好吧，这是一个很好的提议，但我也有一些想法"，接着"砰砰砰"地把它们列出来。我认为，伴随着 Twitch 的发展和这些主播的成长，类似问题会越来越少。但我认为，当

前有一个很大的问题,就是人们不知道如何成为出色的生意人。问题在于这并不是他们的错!他们开直播,是来玩视频游戏的!(Ellohime,2015)

跟视频直播领域类似,早期的 YouTube 开发者发现自己不得不学着去了解颇为陌生的合同事务领域。这些内容制作者通常不满 18 岁,而且没有法律事务代表。结果就是,多年来出现了许多糟糕的交易。

YouTube 上早年媒体架构的一个关键部分,是 MCN 的发展和增长。所谓 MCN,指的是"第三方服务提供商,与多个 YouTube 频道合作,提供各种服务,可能包括受众开发、内容编程、创作者合作、数字版权管理、变现和/或销售等"(Google,2018)。MCN 试图与网络中的其他内容制作者一起扩张规模,为个体内容创作者提供变现的早期途径(并从中获得其收益的分成),像引擎电影或创客工作室(Maker Studios)这样的大型 MCN 尤其如此。MCN 所提供的最重要的东西之一,是以某种形式对 UGC 开展知识产权保护。MCN 经常与重要的知识产权持有者签署授权许可协议,并由此将其网络中的内容生产者置于法律保护伞下。对新入行的、年轻的内容创作者来说,加入一个 MCN 或许将是打造个人品牌的关键步骤,它能提供一把法律的保护伞。MCN 是 YouTube 上的一种重要组织形式,诸如迪士尼、梦工厂动画、威瑞森通信和康卡斯特等主流媒体和电信公司最终收购了其中最大的若干个 MCN。

然而,多年以来有越来越多的内容生产者对这种模式的幻想破灭了。最为明显的不满,或许来自引擎电影在其合同中加入了"永久"条款,实质上这是在对其制作者的内容(在某些情况下是对他们的劳动)宣告永久的权利。内容创作者本·"死脑"·瓦卡斯(Ben "Braindeadly" Vacas)对此发表了一段视频并引发了人们对此问题的广泛关注。他在视频中说:"我无法摆脱它了。他们说我的余生都要和他们在一起,永远在一起。如果我这辈子都被困在引擎电影里,得不到自由,那我就再也不想拍视频了。"(引自 Stuart, 2013)分析家很容易把这些争议与"20世纪三四十年代好莱坞电影公司的剥削行为相互比较。二者都利用名和利的诱惑,劝服那些天真的人才们签署合同,并将他们置于不利地位"(引自 Stuart, 2013)。而让那些还未成年的制作者签署这样的合同,就更加糟糕了。人们制作了许多视频并在 YouTube 上发布,谴责这种被视为剥削性质的体系。

有一位我采访过的 Twitch 主播曾被卷入这种合同问题,直到最近才在法律顾问的帮助下从引擎电影的一份终身合同中解脱出来。对他来说,Twitch 代表着跳到了一个更为自由的平台。尽管 MCN 有可能提供某些保护,这对制作者有些吸引力,但多年来我所接触到的大多数主播都听到过太多的恐怖故事,足以证明这种模式并不令人信服。[42] 尽管许多人都通过 MCN 来应对 YouTube 严苛的版权管理系统,但与我交谈过的人都非常谨慎地看待 MCN。对许多曾在 MCN 的保护伞下为 YouTube 平台创作内容的人来说,早些年的网络直播意味着更大的自主权,意味着没有一大堆束缚人的规则。

或许最有趣的事,是看到 Twitch 主播如何扭转了经典的 MCN 模式。他们利用各种工具,诸如充满友爱的"频道转移"

（channel raiding），以及相互托管内容从而在平台上建立起他们自己的内容网络。主播有时会联合起来，帮助观众找到本来可能毫不相干的小型频道的内容。他们可能会在对方不在线的时候帮着主持对方的直播，或者在自己结束直播的时候把自己的观众推送到合作频道那里。这种类型的行动通常需要依托于社群空间，而空间的建立则依赖于 Discord 网站的聊天频道，以及各种游戏会展上的聚会。他们深入挖掘观众群体的对话和社群，为观众提供表达其迷恋和支持的机会，且不仅局限于对某一位主播的迷恋与支持。

当然，这些行动还有着重要的商业意义。它们可以成为特定观众的首选之地，还能让主播开始成为更宽泛的媒体产业框架内的"人才"。这些草根企业越来越清楚地发现，自己正跻身于那些专注于网络主播和其他相关内容生产者的管理型公司之列。尽管在我开展此研究之际，诸如"在线表演者集团"（Online Performers Group）这样的公司（2017年《纽约客》关于直播的文章中专门报道了该公司）还并不常见，但现在此类公司已被各家广播电视公司请来帮助管理其业务了（Clark，2017）。

YouTube 上的内容制作者也曾被主流娱乐公司选中。我清晰地认识到这一点，要从某年在旧金山举行的游戏开发者大会说起。有一位新近任职于威廉莫里斯公司兼 IME 集团的电竞行业人士联系了我，见面时，他告诉我他正在着手开展一系列新行动来把电竞内容带给更为广泛的观众。出席会议的是他的一位同事，为 YouTube 上的人才代言。我当时甚为惊讶，因为我翻阅了他们的宣传册，里面展示了可以受雇于形形色色活动的新媒体明星。那些制作在线内容并通过网站吸引了数以百万计的观众的人，得到了一家传统的事务所的关注，我或许不该为此惊讶，但实际上我还是吃惊了。在过去十年里，我的时间主要投注在那些努力推动数字游戏向更广义的媒体产品转型的非主流人群身上。但随着 YouTube 和 Twitch 的崛起，更多的传统产业人士最终留意到这个领域，并投身其中，想要分一杯羹。网络化广播的时代不仅抓住了狂热观众的注意力，也吸引了大型媒体玩家的关注。

在这样的场景里，尤其是围绕着电子竞技，中介机构日渐增长，与之相随的是律师也涉足其中。如同 YouTube 上的内容产制，在游戏竞赛的领域长期以来总是充斥着满怀希望的年轻人。只要能让他们追逐自己的职业选手之梦，不管提供什么条款给他们，他们几乎都会愿意接受。长期以来，职业战队所提供的合同有着不同程度的要求和福利，而随着网络直播的介入，职业玩家不得不去应付一些新形式的义务和劳动。大家越来越期待这些选手去直播自己的日常练习，这中间也经常会插播赞助商的品牌广告。因此，电竞选手签署的合同不仅与游戏内的赛事表现有关，还关系到该选手作为媒体内容制作者和内容本身的整体形象。对主播和电竞选手来说，聘用自己的法律代理人仍然令人惊讶地罕见，但这样的做法已经在这个行业中日渐增多。有时律师也会推广自己的代理服务，就像我们在传统的体育领域看到的那样。

有激情但不稳定的劳动

正如我希望通过对个体主播工作的讨论来展示的那样，我们正观察到一种新型的媒体劳动形式浮现在诸如 Twitch 等网站上。无论是玩各种不同类型游戏的全能型主播，还是直播自己部分练习时段的电竞职业选手，都正在把原本私人的游戏转化为公共娱乐。对大多数主播来说，这源自他们对游戏的挚爱，还有他们竭尽所能参与其中的热情。尤其是那些全能型主播，他们在娱乐他人中也获得了快乐。

我认为他们的行为和玩游戏乃至各种媒体实践的特殊性紧密相联。同时我也惊奇地发现，学者们针对与游戏无关的其他劳动形式开展的研究工作，和我的研究也有如此巨大的共鸣。如前所述，我们可以将网络主播和其他形式的合同制劳动联系起来，此外，我们还可以思考其情感性、关系性和"永远在线"的特质，是如何跟其他种类的技术工作产生共鸣。媒体和互联网领域的学者，如吉娜·内芙（Gina Neff，2012）、梅丽莎·格雷格（Melissa Gregg，2011）和贝姆（Baym，2018），都提供了相关的研究，特别有助于我们看待职业网络主播的情况。他们的研究对象，和我的研究对象一样相当复杂，都是创意、知识和创新领域的劳动者。他们分别发掘了这些专业人士的艰难工作及其面对的种种风险和不稳定性。

内芙回顾了互联网时代的创业劳动者以及创意人才愿意承担的风险。如她所言："人们对承担经济风险的渴望和需求，源于工作安全感的缺乏和就业灵活性的增加，而不是相反。"（Neff，2012，10）尽管她使用的术语"风险劳动"（venture labor）主要是指"普通员工在其工作的公司投入的时间、精力、人力资本和其他个人资源"（Neff，2012，16），但我发现在网络主播中也存在相似现象。

多年来，与我交谈过的主播都处在一种跨界的状态，他们既是独立的承包商，又跟特定的平台和文化紧密联系，而这样的平台和文化并不是由他们自己创造的。他们通常不会把自己的行为简单地说成对自己的投资，而是希望 Twitch 乃至更广泛的媒体平台能够成功。他们的成功与这个平台密切相关，因此他们从实践到情感都依赖于这一平台。他们还经常表达对从前职业生涯的不满，或是如果他们不得不尝试回到那种常规工作中，前景将会如何不妙。主播担心的不仅仅是劳动，还有个人的幸福，或者更准确地说，担心如果不再追求他们在网络直播中找到的创造性工作，就会失去幸福。尽管他们通常也清楚这种新型职业身份是建立在经济和法律的不稳定性之上的，但这仍然是一条他们愿意不顾艰难与风险去追寻的道路。无论是创意内容制作者的运作，还是电子竞技中的出色战绩，个人成就感都促使主播选择了传统职业路径以外的工作方式。

格雷格研究了专业人士的在线生活，以及无处不在的计算机如何重塑工作、家庭和人际关系，也可印证我们在网络直播中所见的情况。她描述了"当代办公室文化的存在感，在这里，个人身份和职业身份之间的牢固边界消失了"（Gregg，2011，2）。虽然格雷格指出这种工作入侵家庭生活的趋势是白领专业人士长期以来就一直在抗争的对象，但她也将这一趋势的当代最新版本跟网络技术和网络生活的与日俱增联系起来。她分析了工作是如何以实践层面、物质层面和符号层面的方式不断扩展，直到侵占了那些过去被认为是私人时间和家庭空间的时空。格雷格还描述了这一过程是如何以情感劳动（emotional labor）、亲密工作（intimate work）以及与老板和同事的声誉管理（reputational management）的形式来开展。所谓"灵活性"以及工作和家庭之间边界的缺乏，是她的故事中最引人注目的部分。

网络主播通常会欣然接受的很多东西，诸如关系性工作（relational work）、模糊的家庭和工作界限以及一种几乎永远在线的感觉，正是格雷格在其研究中所指出的。或许，有部分原因是主播在头脑中明确地认为这些要素就是他们劳动的一部分，也为他们工作的实际价值作出了贡献，而且在大多数情况下它们并不太令人困扰。与观众的互动，分享你的个人生活或个人空间，以及通过你的直播营造出一种社区的感觉，这些举动当然可以带来正能量之光。然而有时也不难发现其代价——每天表演中的疲惫，不得不屏蔽那些情绪过于激动的粉丝。围绕你的自我意识或对隐私的期待，持续不断地摸索和定位，这可能很难长年累月地维持下去。

最后，贝姆研究了音乐人在新经济中如何使用社交媒体开展关系工作，同样也能说明我们在网络主播群体中见到的情况。关于零工经济（gig economuy）中的工作，贝姆（Baym，2018，12）认为：

（音乐人）体现了当代工作的个体化风险、种种责任和不稳定性。打零工本质上是不稳定的，现在和未来的钱从哪里来，这个问题会引发焦虑。贫困的威胁永远存在。在此情境下，与观众建立并维持类似于朋友的关系，在此关系中与之分享"真实"的自我，无论是在线还是离线方式，都被视为维持职业生涯的一种潜在手段。

就像游戏和劳动研究者马克·约翰逊（Mark Johnson）和杰米·伍德科克（Jamie Woodcock）（2017）在与主播的讨论中发现的那样，与我交谈的很多人都将其看作他们想一直尽可能追求的东西，但也不情愿地承认并不一定有好结果。在2017年的Twitch年度大会上，我第一次听到人们想知道关于退休金的问题并去找公司代表进行咨询。他们认识到，自己的命运与平台的命运捆绑在了一起，这也关系到开发商和发行商是否愿意让他们继续下去，以及这种新兴媒体形态整体上是否足够强韧可靠。能有一个备用方案，会让他们感到安心。

当然，我的谈话对象主要是那些持续从事网络直播工作且仍然努力地在此框架内开辟职业身份的人。网络直播有什么长期代价？想要对此作出最佳洞察，也许需要五到十年的时间，等到目前的部分主播离开这个体系或退休之后才能进行。只有到了那时，或许我们才能真正了解直播生活中"有激情"和"不稳定"之间的微妙平衡是如何得以实现的。

第四章

电竞播出：抛弃电视梦

电子竞技的发展是个跨越数十年的复杂故事。如果我们将它的发展轨迹视作波浪,其中一些特定的方面成为焦点并变得突出,可能更有助于我们来理解。当然,这样的讲述方式总会有风险,它可能会模糊目前不那么核心的实践或组织形式的早年发展,或者让各种发展趋势看起来像是命中注定。它还有可能遮蔽一些后来才被严肃对待的早先的创新或试验。但怀着这样的警觉之心,去寻找历史发展中的线索,有助于折射和突出发展中的重要转变。到目前为止,竞技游戏的发展史或可被概括为三波浪潮。

第一波浪潮:"游戏"是此刻的主导框架。它扎根于爱好者和严肃休闲社区。以业余爱好者和职业-业余选手的竞赛为主导。

第二波浪潮:"运动"成为主导框架。第三方组织崛起,为竞赛、正规化和职业化提供可持续的基础设施,这不仅对玩家,而且对许多参与创建该产业的辅助行动者来说,都是一个主导类目。

第三波浪潮:"媒体娱乐"上升为主导框架。媒体生产、受众和娱乐得到严肃关注。组织和技术等方面的基础设施，开始适应并围绕媒体的生产和分发进行配置。赛事被打造成媒体事件，并强调其视觉性和叙事性。

虽然我们现在已经看到，传统体育组织正在觉醒并开始关注电子竞技，但如果不把这种兴趣纳入"媒体娱乐"的框架，就大错特错了。正如之前许多学者所指出的，体育在很大程度上已经是"媒体/体育"了。[1] 在下文中，我将首先讨论第二波浪潮向第三波浪潮的转型——在这个时期，DIY生产使电子竞技发展为媒体产品；然后我将讨论，当下锐意创新并在全球范围内向数百万人播出，已成为这个行业的首要关注点。

超越电视

2013年，我从波士顿坐火车去往纽约，人生中第一次参加了漫展。虽然最早创办、规模最大的是每年在圣地亚哥举行的漫展，但纽约的漫展自2006年创办以来，规模也在不断扩大。我已见识过南加州那场漫展的规模，但当我到达纽约市会场时，我仍被惊呆了——开门前，已有数百人在等待入场。有些人穿着漫画系列和游戏中的服装，服装设计精心，令人印象深刻。这些粉丝显然不仅仅是为漫画亚文化而来，也是为了参加越来越多的围绕游戏和其他流行文化产品的讲座和展览而来。

我联系了运营ESL的海龟娱乐公司，说我很想去看看他们即将直播的一场赛事的幕后情况。海龟娱乐是世界上最老牌的电竞组织之一，从 2000 年就开始举办大型赛事。在我做电竞研究的过程中，它向我提供了巨大的帮助，它的故事也在我的研究中占据着重要地位。如果说有人在应对直播给行业带来的变化，我想一定是他们。我计划在周末去后台观看赛事的制作过程。

我的联系人在 VIP 入口迎接我，并迅速取下脖子上的参展商通行证中的一张，递给了我。这对我很有帮助，有了通行证，我就可以在赛前和赛后都进入会场。也许更重要的是，对人类学家来说，这是一个有价值的护身符，在后台闲逛时，它仿佛是一个外部信号——"不要担心我，我待在这里是得到许可的"。虽是初次见面，但他对我十分友好。在我们走向会场上的电子竞技联盟区域时，他立刻开始回答我的问题。会场还在布置中，他将正在进行的准备工作一一向我道来。临近开幕，工作人员正在对舞台做最后的调整和完善，并在和专业人士进行快速彩排。这些年来，我去过很多电竞赛事的现场，看准备工作、舞台和解说员的幕后工作，但这一次的后台格外吸引我。

主舞台后面一个相当紧凑的区域里，隐藏着一个小型的电视演播室（见图 4.1）。我的联系人解释说，制作团队在世界各地旅行，制作节目。我所看到的一切设备都能装进加固的旅行箱里。每到一个场地后，他们把设备取出并安装，与现场的电力系统和互联网基础设施连接，之后就能制作和播出大型活动节目了。这个周末，我看到的是一支成熟的团队。他们拥有新兴的专业领域和劳动分工。之后我继续拜访了其他电竞比赛的后台制作团队，也越来越多地看到这类设施。它们不仅被用于游戏行业，还被用于更广泛的媒体行业的最前沿。

图 4.1　英特尔极限大师赛的后台，纽约动漫展，2013 年

几乎从一开始，电竞就在致力于开发赛事的观看潜能。虽然电竞扎根于草根社区，但它长期以来就与各种媒体实践紧密相联。[2] 在电竞行业发展早期，人们普遍认为应该推动电竞赛事在电视上播出，这被视为将电竞合法化的举措。正如一位长期从业的电竞解说员所言："我想我们都希望并觉得，如果能在电视上播出，它就会验证我们所认为的真实性，我们都与电视进行比较，并对电视体育提出要求。"虽然他不觉得电竞有了电视播出才有意义，但确实认为媒体转型很重要。在 21 世纪初，我不断地从致力于建立正规化的竞技游戏的人那里感受到这种情绪。人们经常谈起韩国电竞在电视上播出的成功案例，以及韩国广泛的游戏直播转播节目，将之视为一个几乎神话般的、指引我们发展

的方向标。他们同时相信,这种做法必将导向成功,向电视的转向是这一轨迹的一部分——这将打造观众群体,并标志着自己的"成功"。

在此期间,人们不断尝试各种将电竞引入电视的方法,其中最常见的形式是一次性的新节目。但最受人关注的是资金雄厚的冠军游戏系列(Championship Gaming Series,下文简称"CGS"),它于 2007 年由 DirectTV、英国天空广播公司和星空传媒[3]合作推出。CGS 吸引了传统体育媒体的专业人士(如艾美奖得主和制作人迈克·伯克斯[Mike Burks],他曾与 NFL、NBA 和美国国家冰球联盟等机构合作)、关注传统体育广告和市场的管理者,以及电竞行业的一些开拓者,如保罗·查洛纳(Paul Chaloner)、马库斯·格雷厄姆(Marcus Graham)和克雷格·莱文(Craig Levine)。该企业开始着手收购、开展特许经营和在不同区域打造已有的北美玩家和团队品牌。[4]

人们对 CGS 寄予厚望,但它最终未能在电子竞技游戏与电视的融合上取得成功。尽管一些长期从事幕后工作的业内人士努力向具体执行的人员提供指导和帮助,希望在关注数字环境中竞争的特殊性的同时保持游戏的本真性,但在游戏播出的过程中还是出现了许多错误做法。对游戏的选择、对结构和规则的改变(这些改变并不符合草根玩家在多年比赛和试错的基础上建立起来的偏好)、难以与地区保持稳定联系,以及整体调性和方式的不匹配导致该组织在 2008 年出乎意料地迅速消亡。随之而来的是更多北美电竞组织的崩溃,之后花了好几年时间才恢复过来。

正如一位经历过那个时代的现任制作总监所言:"所有(这

些尝试）都失败了，因为他们试图把一些真正属于自己的东西，把圆形的东西塞进方形的孔里。他们有以前惯用的模式，也即旧模式、旧媒体、旧的电视转播，并试图应用这些模式。"CGS 的失败，既是对那些渴望发展电竞的人的严重打击，也最终重新引发人们来关注电竞的根本是什么。整个北美地区及其职业选手群体的稳定性所面临的风险，也随着该组织的消亡而变得显著。电竞上电视开始被视作高支出、高风险、得不偿失的事。一位组织者总结了我在 CGS 之后经常听到的一种做法："我一直想要的是电视那种播出质量，如果它最终能上电视，那就太好了。但千万不要为了上电视而让我们的游戏作出改变。"另一位组织者则说："上有线电视太难了。它限制了你的播出区域。这么做很贵，而且看起来并不能使电竞繁荣昌盛。以前的种种尝试都以失败告终了。将一场应该打 40 分钟的比赛塞到 30 分钟长的节目里，实在是太困难了。这根本行不通。"

在 CGS 这样的高投入尝试之外，还有其他电竞专业人士和粉丝持续进行草根媒体开发。正如我稍后将要讨论的那样，许多从事竞技游戏的人继续寻找可以帮助他们传播内容的新技术。基于互联网的直播的兴起，最终促使游戏华丽转身，远离了电视直播和转播。

玩家和组织机构现在经常说，他们的观众主要在网上，他们也是在网上向观众提供服务。无论是长期通过流媒体向粉丝直播的电竞玩家，还是只在周末通过互联网向成百上千万的观众直播联赛和锦标赛的组织者，投资竞技游戏的人都在通过这些平台持续打造一门日益成为体育媒体的生意。从日常练习到高端赛事，直播均被用于竞技游戏的发展，而且十分有效。曾经电竞只是游戏文化中的一个小众部分，现在电竞向直播靠拢后，建立起观众群体并吸引来休闲粉丝。直播是电竞发展的强大加速器，在周末的赛事直播中，观众人数常达数百万。Twitch 频道上在一天之中，无论是白天还是晚上，几乎全天候播出竞技比赛。身处世界各地的粉丝，在任何需要的时候都能在上面找到想看的东西。

一位制作人将这一趋势与更广泛的媒体转型联系起来，认为主流媒体继续试图用现有的模式来抓住这个新兴市场，却毫无头绪：

> 我认为传统的广播电视将慢慢消失，网络视频将成为未来。有趣的是，当主流新闻媒体报道电竞时，他们总会问我，您认为它什么时候能上电视？对这个问题，我总以摇头作为回答。因为电竞不需要上电视。是的，主流新闻媒体总是认为，如果能上电视，某件事情就会获得合法性，电竞也是其中之一。但电竞已经取得合法性了。它的规模很大，是个大产业。当人们想观看电竞比赛并与之互动时，让他们坐在沙发上观看预先录制的比赛或只在特定区域观看是没有意义的。因此，我认为传统的广播电视真的会消失，网络视频、视频点播、任何这类东西都将取代它。

这是我与电竞组织机构交谈时反复听到的观点，特别是在流媒体繁荣的最初几年。他们不仅关注技术和 Twitch 这样的平台如何帮助他们以更"自然"的方式触达观众，还常常将这种发展与更广泛的媒体转型联系起来。

与之前的广播尝试不同，直播内容通常直接来自玩家个人、联赛/电竞组织和游戏开发商，而不是经过过滤或通过现有的传统媒体结构传播出来。虽然电竞播出在不断采纳体育媒体的惯例，但直播常常打破播出时间或商业广告时间的惯例。在内容制作播出的同时，通过聊天窗口纳入同步交流功能，也推动了观众参与模式的发展。

正如我在上一章所讨论的，竞技游戏玩家个人用直播助力自己的职业生涯，并提供了很棒的案例；但直播对电竞最大的影响，还是体现在电竞赛事上。如果说有什么能确保电竞的"产业"概念，那就是它能轻松地向全球范围内的广大观众在线直播赛事的能力。现在人们经常听到的电竞的立场是——他们不再需要电视。对许多人来说，直播提供了一个脱离传统广播电视媒体的自由宣言。

虽然电视作为一种产业结构不再是电竞的驱动目标，但它仍在某种意义上作为播出框架存在。这时，有必要将电视作为媒体产业的一个节点、硬件设备或一整套电视类型惯例进行脱钩。这也是为什么有必要理解电视在向"按需"供给模式转型。当电竞主播谈到要抛弃电视时，他们并不是说要我们抛弃客厅里的那些"方盒子"，甚或是电视体育节目的美学或"现场性"。他们的意思是要抛弃旧的电视网模式，去想象一个能理解互联网的作用、互动性、按需供给和语境驱动的观看的媒体未来。

这并不是电竞独有的难题。整个媒体行业都在努力应对这些转变。无论是网飞或亚马逊这样的公司的崛起，还是观众退订有线电视、绕过传统运营商通过互联网提供流媒体视频的模式

（OTT）、小众的按需提供内容、时移（time shifting）、"刷剧"或"社交电视"等现象的出现，都显示出整个行业都面临着消费实践方面的深刻变化。正如一位长期从事赛事组织的人所言：

现在什么都是按需提供。一切都在向互联网转移。我的意思是，你看电视，不再是等到周日才打开 HBO 或其他频道。你周日可以去踢足球，剧集播出后，准备好花生和可乐，你就可以立刻开看。你想什么时候看就什么时候看。这基本上摧毁了我们熟知的电视的概念。

虽然这些说法可能低估了定时定点播出的节目的威力（例如，每个周日的晚上，还是会有许多人急切地坐下来观看最新一集美剧《权力的游戏》），但他们的表达包含一个深刻的观点，即现在我们的媒体消费在很大程度上取决于我们自己的日程安排，以及我们自己的选择。

电竞主播也完全理解，在当下的媒体环境中，用户往往同时使用各种网站和设备，包括他们的电视机，并在它们之间横跳。有人这样描述：

我观看电竞赛事，是在家里用 60 英寸电视看。我先在 iPhone 上打开它，在观看时可以用 Apple 电视浏览，然后"砰！"我把它投屏到大电视上。这就是我观看的方式。我在家里看，和朋友一起看或者和女朋友一起看……你一下就能点进一个直播。

其他人则强调用户主要在电脑上观看，是因为他们把大部分时间花在电脑上。正如一位颇有名气的组织者对我说的话："把它（电竞）搬到电视上是没有意义的，因为对它感兴趣的人都在上网，而且很可能正在网上看。或者正在玩这个游戏，也正在上网。这就像是说：'嘿，我们把这个棒球比赛搬去时代广场进行吧，因为那里的人流量更大。'是不是？这样是行不通的。没必要强迫玩家离开他的电脑，去电视上看游戏。"你自己的电脑就是一个既可以玩游戏也可以看别人玩游戏的设备。

这种观看模式倾向于将电竞的观众牢牢锁定在已经拒绝看电视的人群中。这种趋势确实让媒体产业感到担忧。正如一位制作人所观察到的：

说实话，我觉得电视、广播电视会对电竞造成不良影响。事实上，我是很反对将其转移到电视平台上的。这些男人，从13岁到30岁，都在网上消费内容。因此，醉心于电竞的人以及电竞所服务的人群，即使规模在不断扩大，在人口统计学上仍是13岁到30岁的男性。让我们实话实说吧。他们不会突然神奇地去看电视。所以我觉得，互联网才是电竞真正该待着的地方，也是对电竞最有利的地方，因为我觉得没法把电竞纳入电视的模式中还能干得好。

当然，人们总有一个古老的媒介融合的梦想——数字媒体和网络体验能与更为传统的媒体形式及技术交织起来。但在游戏直播领域，目前至少有两个方面在挑战这种幻梦。通常来说，电视作为一种显示设备,无论是技术上还是受制于价格问题,其分辨率根本不足以处理人们在电脑屏幕上可以轻松看到的视觉细节。目前,游戏直播也完全离不开 Twitch 这样的平台的互动聊天部分。互动是游戏直播的一部分,但从来没有在电视上得到很好的呈现。绝大部分人都不会坐在电视机前,同时连上电脑键盘。

尽管如此,认为家庭电视可以被整合到电竞的生产消费新实践中去的想法体现了一个更大的趋势,也即媒体行业正试图理解在其生态系统以及在家庭空间中正在发生的转变。电竞就像电视一样,都是人们长期以来的想象的一部分。人们想象,位于整个家庭各个角落的显示设备能无缝衔接,在不同的家庭环境中提供各种丰富的内容。无论是在个人电脑(目前的主流)、手机、游戏机还是连接到电视机的流媒体设备上观看,传统广播电视公司和电竞主播都在寻找方法,在"电视"概念不再等同于广播电视网或有线电视的时候,持续提供节目。

不过,电竞直播正在利用直播内容的力量来驾驭媒体的未来。我从那些一直在推动电竞媒体发展的人那里反复感受到"做现场"和实时播出的风气。[5] 我在上文引用过其言论的制作人,也谈到了时移如何破坏了"我们熟知的电视的概念",并警告说"除非是大型现场活动"。事实上,传统电视的利益相关者希望通过现场活动,常常是体育活动,在不断变化的媒体语境中保留权力。虽然观看历史上的比赛或经典比赛的重播也是媒体图景的一部分,但许多分析家认为,体育电视节目的整体活力是抵御该行业深刻变化的堤坝。它经常被认为是传统媒体的金融支柱。

一方面,电竞制作人与传统媒体分析师对现状的评估差不多，认为在行业面临摧毁时，体育是少数几个有机会从中生存的内容领域之一。然而就电竞而言，对现场性的关注与传统订阅模式的电视并不匹配。当传统电视台和有线电视台希望通过体育直播来稳固其摇摇欲坠的财务结构时，电竞已经成了一种能提供许多消费高端比赛的乐趣的媒体产品。这些乐趣来自互联网友好的设备和数字技术，拥有参与度和互动性高的观众，并且无需昂贵的订阅费。鉴于这一切发生在短短几年内，发生在相当新的技术背景下，因此有必要来探索电竞直播的根源，为坊间流传甚广的一些非历史性的叙事提供一种有用的平衡。

DIY 根源

电竞一直以来都颇具观众缘。从最早的局域网聚会到当下挤满了人的体育馆比赛，竞技游戏长期以来都是一个乐趣在于和别人一起玩和看别人玩的家园。这些现场活动与媒体技术有着共生关系，它们与新兴的生产和内容分发系统并存、兴起和繁荣。即使是那些深深扎根于本土社区和同场竞技的竞技游戏，找到比赛的分发方式也很重要。一位长期玩格斗游戏的人告诉我："在直播出现之前，你会去游戏厅。在那里，你怎么才能变得有名？你必须要打赢，然后人们就能听到你的名字。否则，你就要去其他游戏厅。这几乎就像是一个道场。你在这个游戏厅训练，然后去另一个游戏厅打败他们的冠军，你就会出名。（这都是）口碑。而直播出现了，它是另一种让你成名、让你的游戏场景为人所知的方式。"在电竞的历史上，视频和电视播出并不是次要的线索；业余制作者长期以来一直使用媒体技术来培养忠实粉丝的参与度,带来新的观众。

甚至在我早期访谈电竞专业人士时,就一直听到他们表达一个信念,那就是电竞的发展势不可挡。但正如一名制作者所说,通往这一点的道路并不确定:"我们中并没有人已经到达那里。你知道,某一天,一个直播平台或直播的整体概念会起飞。那将真正把我们推向新的水平。我们知道下一个阶段就在那里。但我们不知道将如何到达那里。"这种不确定性意味着早期创新者们不断尝试各种不同的方法,不断试验,不断把各种组件组合在一起,以共享赛事。学者雪莉·特克尔(Sherry Turkle)和西蒙·派珀特(Seymour Papert)(1990,136)在文章中追溯了被他们称作"拼装者"(bricoleurs)的人,也即那些"更喜欢协商和重新安排材料"以及"交往和互动"的人,他们"有目标,但本着与机器合作的精神来实现目标",这与我们在电竞主播那里看到的特质不谋而合。竞技游戏的媒介史植根于将灵感和实践的千丝万缕汇聚在一起的即兴创作者。

这些年来我所接触的人中,有些人依靠的是自己在传统体育或媒体方面的经验,但绝大多数人倾向于将自己的努力视为正在进行的试验和自主创业,一边做一边摸索如何顺利运作。[6]正如一位从营销到导演什么都做的长期业内人士所说的,当面临新的挑战时,他的方法就是"这是我以前从没做过的事,如果我不做,就可能做不成。因此,我必须想办法做这件事"。这种精神已经延伸到了直播时代。在这个时代,电竞专业人士咬紧牙关应对面向成百上千,乃至数百万人的直播挑战。他们渴望传播他们所热衷的内容，但往往受到技术限制和能力、技能和专业知识以及经济方面的挑战。

技术性和黑客

开箱即用的音视频技术长期以来一直存在，但那些想要进行游戏直播的人经常因为它太过昂贵或不太适合游戏而苦苦挣扎。[7] 正如爱好者们创造出电竞比赛并设法向赞助商成功推销一样，技术上的挑战往往也是以"让我们把它做好"的态度来应对。在追溯电竞媒体的历史时，有三种特定的制作技术特别值得一提：视频采集、回放文件和音频叠加。

将摄像头对准街机或电视屏幕来记录高分玩法的人，生产了最早的记录材料。可以将这些录像带送到"双子星系"（Twin Galaxies）这样的组织，供他们评审和排名或者与现场的其他人分享。例如，格斗游戏社区便有将记录著名比赛的录像带进行传递和分享的传统。[8] 这个体系的局限之一是，除非进行物理复制或数字化，否则录像无法被广泛观看，它主要还是服务于竞技性选手的小群体以及粉丝。一些热衷于此的人学会了将录像数字化，并通过文件共享系统 Direct Connect 或者像 Shoryuken 这样的网站进行发布，但在大多数情况下，分享这些视频是一个巨大的挑战。

电脑游戏的出现，使得人们能直接从电脑上保存游戏视频，录制和分享变得更加可行。虽然仍需捕捉和处理数据的硬件和软件，但能直接从机器中提取数字录像并轻松复制是发展中的一个关键转变。YouTube 这种专门的视频分发平台的繁荣发展，使得非游戏爱好者也能轻松访问。有了 YouTube，人们不再需要事先知道某个往往是不为人知的粉丝网站，或者明确知道自己在寻找什么内容；YouTube 增加了忠实粉丝群之外的人的访问量，并且消除了内容托管的成本。

虽然视频采集过去是、现在仍是观看的一个重要组成部分，但一些游戏开发者还是让系统本身就满足了人们重看比赛的愿望。文件回放，不再需要通过另一层技术（如录像带录制），而是利用了这样的一个基本事实——数字游戏在根本层面上就是数据，只是呈现在了屏幕上。这些开发者的早期方法之一，是让一场游戏被保存为一个游戏数据文件，其本质上是关于位置和行动的数字符号，来满足人们回顾已完成的游戏的愿望。这个文件可以下载并在游戏客户端启动，然后为观众"重播"已保存的比赛。观众也可以看到记录者录下的比赛。这些文件通常通过 HLTV 和 GTV.org 等专门网站发布。[9] 学者兼档案专家亨利·洛伍德（Henry Lowood，2011，7）认为，这些回放通常被编辑成小电影（配音成为引擎电影），并不仅仅是一种技术干预，"通过观看这些电影来学习怎么打游戏，取决于观看、见证和认证等实践的发展。其结果是充分利用了这个新的基于游戏的表演空间"。毫无疑问，洛伍德在最早的引擎电影中发现的这些视角，都适用于我们现在在流媒体中看到的游戏直播。

洛伍德所提出的游戏分享的三个核心要素——代码、采集和合成，反映在早期的观看技术中。回放文件和录制视频，使玩家和开发者能够跨越时空分享游戏。对游戏进行评论和描述的音频也被广泛生产出来。然而所有这些方法都带来了挑战，也带来了限制。回放文件虽然是了不起的技术功能，但要求观看者不仅拥有他们想看的游戏，还要知道去哪里找到这个文件以及如何运行它。这种内在的限制，阻碍了观众的普及。与把摄像镜头对准屏幕相比，直接从电脑上录制游戏视频是一个巨大的进步，但它其实还是很麻烦的。许多玩家的硬件不足以同时运行处理软件和游戏，而另一些玩家则缺乏编辑和分发文件的软件和技术。

正如洛伍德所指出的，玩家和制作人将各种技术拼凑起来，不仅在尝试什么是可能的，还在尝试什么有可能变得可能。不同技术交织在一起的动态组合、新兴的粉丝实践，以及职业化的新形式，伴随着语音评论的出现到了一个关键时刻。伴随着回放文件和消费级视频采集硬件软件的发展，数字媒体播放器和分发系统的崛起产生了巨大的影响。Nullsoft（后来被 AOL 收购）早期开发的两个软件 Winamp 和 SHOUTcast，在电竞内容的制作和数字分发中发挥了核心作用。

在能够广泛使用视频来播出和评论电竞赛事之前，语音是一个关键的增强方法。保罗·"红眼"·查洛纳（Paul "Redeye" Chaloner，2015）在他的《谈谈电子竞技》一书中幽默地指出："在我开始直播时（1834 年前后），我们并没有视频流媒体，我们只能依靠 Winamp 和 shoutcast［原文如此］软件来播出比赛和锦标赛。事实上，在 2005 年，我用语音在赛场直播了整场梦想骇客的《雷神之锤 4》的比赛！"（见图 4.2）[10]

我正是在那次活动中初见查洛纳，并且立刻就被游戏解说工作的重要性所折服。虽然当时的环境与我们现在看到的大规模的、精良的制作相去甚远，但即便如此，我也被他所展示出的令

图 4.2　保罗·"红眼"·查洛纳在梦想骇客,瑞典,2005 年

听众身临其境的技巧所吸引。他是通过音频来完成这一切的,这让我感到既熟悉又奇怪:熟悉是因为这让我想起父亲在广播里听棒球赛的样子;奇怪是因为想到从计算机到广播电视网,到底有多少先进技术是这个新兴体育场景的基石?

但是,当人们在 20 世纪 90 年代末使用 Winamp 等播放器收听数字媒体内容时,已经有了通过个人电脑传输各种音频的基础设施。SHOUTcast 程序则使得人们可以通过 Winamp 这样的媒体播放器发布内容。虽然 SHOUTcast 最早是被用来建立和运行"互联网广播电台"的,但游戏玩家很快就找到了利用该程序实现自己目的的方法。例如,一位长期从事电子竞技的主播描述了他第一次使用音视频相结合的方法来帮助他团队的经历,当时他正在从自己的单打独斗中转型：

我曾经为我的团队做的一件事情是，我会看他们的演示，我会看他们的比赛回放，我会在上面为他们录制一个音频文件。因此，我会观看比赛（并说），"好吧，伙计们。现在我要来谈谈你们的比赛，尝试向你们解释我觉得你们哪里做错了，哪里需要改进"。所以我真的是把它当作一种教练技术来使用。

从这种做法到为更多观众提供评论，其中差别是很明显的。

查洛纳、马库斯·"dj 小麦"·格雷厄姆（Marcus "djWHEAT" Graham）、斯图尔特·"闷葫芦"·索（Stuart "Tosspot" Saw）、特雷弗·"gf 中途"·施密特（Trevor "gfmidway" Schmidt）、斯科特·"斯库特爵士"·史密斯（Scott "SirScoots" Smith）等人，发展了这种早期的电竞播出形式，开发了 djWHEAT.tv、ITG 电台和团队体育广播网等重要播出渠道，制作和发布现场音频，后来是现场视频，其内容从对锦标赛的评论到专注于游戏和电竞的每周节目。[11] 正如格雷厄姆（Graham，2011）在红迪网上写道："直到 2010 年初，djWHEAT.tv 仍然通过 SHOUTcast 播出，通常有四五百人收听音频。"[12] 格雷厄姆回忆说，GamersTV 等软件允许玩家登录 Quake 3 服务器并观看任何他们想看的游戏直播，主播和观众通过这样的软件拼凑出生产和消费早期电竞内容的方式。这种方式颇具影响力，以至于"喊播"（shoutcaster）一词一直被当作电竞解说员的别名。

这些最早的尝试被洛伍德称为"合成"，即在电竞中将游戏和语音解说结合起来,也是最终发展为我们今天所看到的当代直播的关键线索。不仅是专业的电竞主播,全能型游戏主播也得有观看、评论和解读游戏的能力。两类主播都擅长在直播中将自己置于双重位置:既停留在打游戏的那一瞬间,又能站在离游戏一步之遥的地方,反思、跟观众开玩笑和谈论游戏。虽然目前的电竞媒体制作越来越多地采用人们熟悉的惯例,但这些最早的迭代仍是我们理解最新发展的重要路标。

随着制作水准的提高,多机位拍摄、声音和图形都被整合在一起,早期的创新者往往转向为不同市场准备传统视听产品。一位长期从事这一领域的专业人士向我描述了如何充分利用手头的各种技术:"你可以从'黑魔'买到基本的 ATEM 切换器这样的小东西,这也是很多教堂和公共服务机构在使用的东西,它有一定的局限性,但事情就是这样。"[13] 但如果你是一个宅男极客,你可以绕开这些事,做一些他们没告诉你的事情,比如黑客攻击啊、宏啊。这不是一个买来的附加组件。所以,世上有制造电脑的极客,我们这些人则每天琢磨着视频采集。"在我与电竞制作人的交谈中,我能反复感受到这种情绪。许多观众从未停下来思考过游戏视觉传播的独特挑战。正如我上面引用过的那位制作人说的那样:

最难编码和呈现的是视频游戏。它动作更快。如果是(基本)编码,(我只需要一台)垃圾电脑、垃圾摄像头。但他们对《星际争霸》和所有这些军队和一切进行了编码……所以我们对这些内容的播出事实上推动了所有技术的发展。因此,我可能不得不表示"好吧,我需要用这个 TriCaster,但我必须以某种方式使用这个回放系统,我怎么才能把它插入,因为我买不起这个系统"。而每个人都在这么做。

依赖第三方视听设备来增强个人电脑的功能,这种做法往往给主播带来巨大挑战。软件常出故障,也常需要用黑客手段解决问题。有一个人回忆说:"我们用自己的个人电脑做所有的播出内容。总会有一个人在自己的家用电脑上制作整个节目,有时候这个人是我。还记得第一次播出时,我们在社区里把事情炒得很热,但节目一开始,我的电脑就死机了。"他接着说:"我们会做一个介绍性视频,但编解码器与播出软件不兼容,整个事情就崩溃了。类似这样的小事处理起来却麻烦得要死。现在这种事情是微不足道了,因为 XSplit 或 OBS(现在广泛用于直播的第三方软件)基本上能处理你需要做的一切。"

这类事情的影响,意味着最早的主播们做了大量技能培训,学习如何成为媒体制作人(更不用说是网络工程师),使用拼凑起来的系统,同时遭遇着各种限制。虽然他们对自己玩的游戏非常熟悉,但想要将玩游戏的过程播出的人并不具有专业的制作技能,只能一边做一边学。尽管其中也有一些人在其他非游戏类活动,如大型销售会或学校制作中习得了一些视听经验,但这样的人毕竟是少数。大多数人都是在需要的时候才学习如何使用这些工具,在这个过程中,各种技术涌现,价格也变得负担得起。

这种 DIY 态度体现着游戏学者海伦·肯尼迪(Helen Kennedy)和乔恩·多维(Jon Dovey)(2006,113)所说的"技术性",也即"与技术相关的特定的态度、能力和技能"。这不是简单的是否拥有特定技能的问题，而是一种确信自己可以在系统中捣鼓摸索、调整软件、推拉机器，让它们达到自己想要的目的的倾向性。这种技术性是高端竞赛的核心组成部分。在这里，玩家不是仅仅挑一个游戏，然后按既定的方式开始玩，而是尽可能地去调整硬件和软件。当这个做法也在电竞比赛的制作中出现时，我深感震惊。制作过程中存在的技术性，成为播出创新的强大基础。

  电竞播出公司往往是创新扩散中的早期采纳者，不断寻找能让他们做自己想做的事情的技术。SHOUTcast模块的采用便是一个最好的例子。正如某人所说："我的意思是，我认为在某种程度上，（电竞）世界正在推动技术发展，使用并颠覆传统播出公司常规使用的工具，做那些并非它分内的事。"他们在描述自己在早期的尝试时，言语中闪耀着对创造一个媒体空间的热情，他们坚信只要坚持和致力于使用手头的一切东西就能使其成为现实。一位长期的SHOUTcast使用者对我说："我不知道如何在互联网上播出。我只是对自己说，'我要做这件事，我要为之投入'，所以我去了解新的电台在用什么，还有什么便宜的设备可以买来让它听起来更棒。哦，现在我们在做视频了，我们该怎么做？"

  我们可能觉得这种立场具有明显的时代性，但它其实与传统的体育电视播出有联系。长期以来，ABC的高管鲁尼·阿利奇（Roone Arledge）被认为是现代体育电视媒体形态和工作方式的缔造者，他很可能会发现早期的电竞制作人和他有着同样的精神。在一次接受《花花公子》的采访中，他谈到体育电视播出中现在已被我们认为是理所应当的"即时回放"（instant replay）功能的起源。他说:"我问他(工程师鲍勃·特拉钦格),是否有可能用慢动作进行回放,这样你就可以判断某个选手是安全的,还是出局或越界了。特拉钦格随即开始在餐巾纸上画草图。整个下午,我们边谈边画边喝啤酒。当结束时,我们有了第一个即时回放设备的计划。"(引自"The Playboy Interview",1976,66)这些在高管眼中的"试验"与我在过去几十年里在电竞媒体中看到的情况惊人地相似。虽然色情制品常被谈及是媒体和网络技术的创新驱动力,但任何对文化产品和社会技术生产之间的相互关系感兴趣的人,都应该对体育和电脑游戏中发生的这样的事情给予关注。

内容与审美

当这些早期创新者调整技术以服务于自身目的时,他们也在思考播出内容和审美。在电竞发展早期,通常情况下,负责技术的人就是创意总监。将游戏发布出来并让大家看到,这本身就是一个巨大的挑战。随着时间的推移,创造出能够吸引观众的节目变得越来越重要。开场镜头、叙事手段、动作和评论最终成为电竞媒体审美的一部分,但它还需要与根植于数字空间的"比赛场地"相平衡,并受制于更广泛的文化和电竞爱好者社区。

在电竞中,特定的竞争群体拥有不同的传统,因此并没有一个标准的"电竞审美"。早期的广播公司从传统体育、游戏文化、韩国电竞直播,甚至扑克牌和生活方式运动中汲取营养。不同的游戏在制作节目时,惯例稍微有所不同。早期从事《星际争霸》游戏播出的一位制作人,说他们的灵感来自观看韩国的电竞电视节目。"我们所做的一切就是看韩国的《星际争霸：母巢之战》。看韩国在做什么，这是我们的百分百影响力来源……现在回想起来，这很疯狂，但这就是我们当时的所见和所感，就是韩国当时的狂热风潮，我们试图获得同样的感觉，不管我们能做到什么程度……我们当时努力在做。"另一个联赛的制作人，则常常复制北美体育节目的风格，像传统体育节目那样采用图形元素及编排，在屏幕下方三分之一处用图形和主题对视频进行覆盖。而正如一位格斗游戏制作人所解释的：

> 我觉得格斗游戏的播出要想取得成功，需要有一些惯例。首先，我认为格斗游戏社区具有最高能量，因为粉丝和玩家都很疯狂，他们上蹿下跳什么的，我们称之为"弹跳"（pop-off）……这在格斗游戏社区频繁发生。你知道，在《星际争霸》中，当一个人取胜，他会去另一个房间和人握手。在这里，人们则兴奋不已、上蹿下跳、冲上舞台。这是非常重要的需要捕捉的东西。

早期的电竞播出，就像竞技游戏一样，尝试用不同方式来组织内容，从能在特定社区内产生共鸣的惯例和更广泛的媒体套路中汲取灵感。

内容与制作团队的能力和规模也有着很大关系。尽管大家都抱着一种"就先试一试，看看能不能行"的态度，一位制作人还是描述了双人团队举办活动时面临的挑战。他们必须在低水平赛事的混乱和保持内容的流畅性之间取得平衡。

你又要盯着这个玩家，又要进入（在线游戏）大厅，还要试图通过流媒体为人们提供娱乐。我们不播广告。然而，这就像用音乐配上静态图像来为你争取时间。真难。因为你看看现在搞一个像样的现场直播需要什么，有时需要二三十人，甚至四十人参与，才能顺利进行。当时很糟。真的很糟，很糟。这一点毋庸置疑。事后来看，真太粗糙了。我们试图做一些令人兴奋的事情，例如飞过地图，还聊一聊。有时我们陷入困境，因为从制作的角度来看，这就像一场双人秀，只有我和另外一个人。因此，要使我们的播出看起来非常丝滑，真的太困难了。

因此，早期的内容和审美涉及这样一些混合因素：技术、带来灵感的体育／媒体的做法，以及当地的风气和价值观。

经济与劳动

在过去多年来我与制作人的交谈中，有一些恒定的主题，即将技术整合在一起并推动技术超越其常规用途，不断尝试内容创新。但从早年到现在，这个领域的经济层面发生了巨大变化，劳动分工也日益专门化和职业化。在早期播出中，存在一种复杂组合，既包含职业抱负，也有我们认为的严肃休闲活动，即人们投入大量时间、金钱、资源和身份认同的活动。[14] 这种形式的休闲活动往往是成长和日渐职业化的内核，在这种情况下，成为一个业余爱好者或狂热粉丝便成了你的日常工作，或者至少你希望如此。不仅在电竞播出领域，甚至在整个电竞领域，最重要的故事之一就是从严肃休闲到职业化的转变。

早期制作团队需要支付高额成本的几个领域包括：设备、旅行和带宽。正如一位长期从事播出工作的人所说："最大的问题是，我们都在为一个我们知道会成为现实的梦想花钱，但我们从未真正想过如何实现它。"对一些人来说，经济支出只是尝试追求想要的东西的一部分。

我们是因为喜欢这样做才做这件事，因为在我们组织这个活动时，社区里的每个人彼此之间都互相认识。这就像一个关系紧密的家庭。"我们可以直播你的比赛吗？啊，当然。好的。好好表现，我们会给你弄个房间。"就是这样。都是口头成交的，我想我们依靠的是某种老伙计的关系网，因为我们会说："嘿，我们都认识这么多年了，我们能直播你的比赛吗？"

其他人则充分利用手边能接触到的任何设备。例如有位学生每周从所在的大学驱车三小时去另一个城市，因为制作设备在那个城市。这些人中的许多人是先从爱好者身份开始的，只是想支持一下现场活动，后来发现自己做的事情能转化为工作和职业身份。

促使他们将自己的媒体内容生产工作与职业挂钩的，是经济因素。早期的制作人如果坚持做下去并扩大生产规模，就会发现经济方面的压力。正如一位制作人所描述的："在最开始的时候，我们更多的是利用这些大型赛事来展示'我们可以达到这种制作水平'，这对我们来说是一种练习。然后我想大概是在 2010 年末，社区里有很多人开始说，'听着，我们不能再为这么点钱继续做下去了，我们自己的钱都花在设备上了，真是亏钱做买卖。请付我们钱吧'。"

很快，这种关系开始变得正规化。正如这位制作人所说："我们开始真正了解这些事情的商务层面，比如'哦，是的，我们不能因为听到别人说会付钱给我们就信了。也许我们应该签一份合同。'我们有几次被这种情况害惨了。再比如，'好的，我们会给你钱'，然后，并没有任何人付钱。而我们又不能去他家里打断他的腿。如果我们有一份合同，我们就可以把他告上法庭之类的。"即使有了这些操作，大多数人还是继续做日间工作，并且花自己的时间和金钱制作节目。还有一些人，即使拥有一份日间工作，也把这些早期的创业看作投资的机会。

在我与早期制作人的谈话中，实体设备的成本是一个永恒的主题，但更重要的，也一直在被提及的是数据成本、软件和技术基础设施。与当下主要依赖广告收入而非用户收费的平台不同的是，早期的播出者通常会从服务器公司购买带宽。这涉及对自己观众规模的估测，也涉及节目播出后如果突然爆火，涌入的观众超出预估后要承担的责任。正如某人所解释的："在 Twitch.tv 之前，我们自己在网上播自己的锦标赛。我们架起一堆服务器，让程序员编写一个负载平衡器。决赛时，我们有上万人在线观看，所有带宽都是我们自己提供的，这很疯狂！我们不得不给服务器公司打电话，购买更多带宽，诸如此类。"

我们常听到这样的故事：成功的播出者既为收视率感到兴奋，又为即将到来的服务器公司的账单而焦虑。赞助商赞助直播的做法尚不普遍，正如某人所说："所有的资金都是自掏腰包。因此，我们只是想着能让赞助商看到我们的节目。我们的播出开始滚雪球了。我们就像是,'哦,我的上帝啊,有五十个人在看了!'每个月都是这样。'哦,有一百个人看了。五百人!哦,天哪,有两千人在看!五千人!'就这样不断地滚雪球。"这些公司也经常面临 DDOS 攻击,并发现自己不仅要保证节目准时播出,还要确保节目真的被观众看到。

一些公司与使用不同设置的公司合作,但可能会带来新的问题。一位早期的制作人指出:

你可以与阿卡迈(Akamai)达成协议,给他们付一点钱,就能使用他们点对点的共享客户端。但问题是,如果你要观看 Octoshape(阿卡迈的专有系统)上的直播,就必须先下载客户端。而人们特别是互联网用户会想:"我可不会把这个下载到我电脑上。这到底是什么?是恶意软件还是木马病毒?"这便是进入的障碍。你就想一键播放,对吗?

客户端的麻烦还不仅限于此。虽然早期开发者通常将技术推向其应用的极限,但观众受限于硬件或网络,很难立刻跟上。正如一个受访者所说的:"不是每个人都能看我们的直播,因为不是每个人都有足够好的电脑或网络连接。"

随着视听客(Stickam)和 UStream 等直播平台分别在 2005 年和 2007 年上线,制作人开始探索如何借助它们抵消成本并扩大传播范围,但仍遇到了挫折:"有一段时间,我们毫无选择。然后,出现了一些选择,但这些选择有点糟糕。"另一位受访者指出:"一些网站开始出现,如 Ustream,Livestream 是另一个大网站。我还记得自己看着这些网站对我们的程序员说,'嘿,也许我们应该做这个'。但这些网站当时实际上有观众上限,因为对他们来说,带宽太贵了。"

一位制作人回忆起当时试图向更关注"真实生活"直播模式的公司解释新兴电竞媒体领域时的烦恼,他说:"我们和 Ustream 的那些家伙说:'是的,你真的应该更好地考虑一下这群人。我们正在推动你们的技术发展。看看我们的收视情况,再看看这些狗屁东西。'上头版头条的帕丽斯·希尔顿或者其他流媒体上的这个那个,小狗啊什么的。但他们永远不会真的把我们当回事,从来没有试图改善。"

Justin.tv 最终成为处理带宽、网络基础设施和观众易用性方面的重要服务。这位制作人继续说道:"然后,Justin.tv 也在做差不多的事情。但它也和直播摄像头(live cam)差不多,做的事情非常垃圾。它并没有企业客户,但我们还是选择了它,因为它在带宽方面非常出色,而且是免费的。后来他们发现了,说:'哦,我的天哪,看看有多少人在打游戏和做直播!'他们显然对此非常重视,并因此改变了整个商业模式,重新命名,还关闭了另一个网站。这一定说明了什么,对吧?"尽管电竞制作团队继续将一堆主要用途明显不是竞技类电脑游戏的设备凑到一起去,并且频繁地让自己的网络专家为现场活动服务,但第三方流媒体平台的崛起还是为以前的草根媒体及自筹资金的创业项目提供了巨大的财政支持和基础设施援助。

正如我们所见,技术、内容和经济深刻地交织在一起。它们相互依存，共同打造着电竞直播。电竞直播的制作，从语音解说开始，发展到在游戏中、舞台上和指向观众的多台摄像机设置，甚至是图形图表、解说台，在比赛间歇向观众提供娱乐的叙事性插播广告，这使得赛事空间远远扩展到数字游戏领域之外。

然而，电竞如何呈现及观众如何体验的美学创造和惯例，与这些技术一直在不断对话。这包括什么是首选参照物（体育与音乐会）、理想和专家游戏的概念，以及观众是谁和观众如何消费内容的模型。金融、基础设施和劳动力的支持，放大、限制或微妙地推动了它。推广者可以有蓝天白云的雄心壮志，但如果没有经济模式或网络来实现它，它将只是一个梦想。与人们玩游戏时的工具性心态不同，电竞媒体播出本身也是早期制作人试图破解的难题。

作为网络化媒体事件的电竞

不断有受访者告诉我，随着直播的发展，电竞发生了深刻变化。虽然早期的大型赛事，如世界电子竞技大赛（WCG）或世界电子竞技系列赛（WSVG），是将电竞概念化为视觉奇观（spectacle）的基础，也是推动媒体发展的关键；但由于通过互联网在全球范围内进行现场直播，电竞赛事的影响力得到了扩大。对比赛的记录和传播一直是电竞的一部分，但目前的做法聚焦于创建**媒体事件**。将现场比赛与直播结合起来，是现在电竞的重要组成部分。这样做不仅扩大了比赛的制作规模，也使得一系列媒体技术、新的审美和流派惯例、观众形式（现场观众和网上观众）以及新兴的商业模式迭代。

工作中的技术

竞技游戏只有通过技术的组合才能实现，这一点同样适用于这个空间的观看实践（Taylor，2009，2012）。几乎从一开始，分享经验和培养观看性的愿望就是游戏玩家中的主流。正如前面所讨论的，游戏开发者开始尝试设置内置观看模式（允许人们登录和观看游戏的进程）。从游戏玩家到锦标赛组织者等早期创新者，经常把昂贵的设备联结在一起，将游戏"流"输送出去，以供捕捉和传播。有时，比赛完成后，完整的播出内容才被制作出来。录制好的游戏画面配上语音解说，通过网站向外发布。几十年来制作人一直努力做到多台摄像机进行现场直播，提供丰富的视觉效果和评论，呈现令人信服的制作价值。

后台区域则展示了电竞与更广泛的媒体制作技术相交织的巅峰（见图 4.3a 和图 4.3b）。电竞中最基本的节点——游戏和玩家——在此被扩展和延伸；其他技术嵌入其中，旨在将观众带入体验中。这个层次的系统加入了一系列音频和视频混合器、显示器、图形包、带硬驱的录音机架和摄像机（包括实体的和数字的）。耳机、话筒、对讲机、键盘、笔记本电脑和台式机、调音台和音频开关盒上的手写标签、办公桌和不太符合人体工学的椅子、纸质（和数字）脚本以及日程表、无尽的电缆和电线，将这一切都连接起来。

如前所述，大型制作团队会使用被称作"飞行包"（fly packs）的旅行箱，把设备捆扎起来，运往下一个国际地点，再重新组装、架设，重新做直播。正如一位制作人所解释的："装载

第四章 电竞播出：抛弃电视梦 | 225

上图和下图分别是图 4.3a 和图 4.3b。
英特尔极限大师赛的后台，可以从中看到多个制作站和网络架设。圣何塞，2016 年

和卸载都很容易。所有东西都跟着一起旅行。"我请他推测一下，如果一位搞体育电视直播的人走进来，看到他们的大型电竞赛事装置会怎么想，他回答道：

> 如果他们现在走进来，会发现我们的播出质量已经相当接近他们制作的电竞类电视节目的质量了。相当接近。尽管我们没有坐在卡车上，但我们假装自己已经在车上了，就是电视转播车。几年前，我们坐在劣质的小桌子旁，用着低劣的小设备。所以如果那个时候有导演走进来，他会说："哦，我们懂这个。我们有电视转播车，在这个领域我们比你们更聪明。"他们有转播车，但他们其实并不知道如何拍摄游戏。

尽管现在也有一些电竞赛事在播出时使用转播车（例如，E联盟波士顿锦标赛正赛系列在会场中推出了一种标准设备），但这仍未形成普遍的行规。长期以来，在电竞播出中都存在着一种令人着迷的张力：尽管和传统的电视播出相比，电子竞技的设备和技术通常不那么复杂，但电竞制作人懂得如何应对计算机游戏内容及赛事的特殊性。其中的一些技能当然是来自传统的电视播出，例如，"这些家伙在星际争霸舞台上做的摇臂，与制作碧昂斯的 MTV 或拍摄 NFL 赛前节目的摇臂动作没什么不同。"但其他的一些技能与电脑游戏的特定语境密切相关——从游戏内的镜头，一直到如何有效地捕捉数字游戏中具有视觉爆炸性的内容——这是因为制作人了解游戏中实际在发生什么。

制作人对游戏的了解十分有助于电竞粉丝看清场上发生的情

况，而专门的锦标赛抬显（HUDs）的研发就是其中的一个明证。对那些不关注特定比赛的人而言，他们很可能主要看屏幕中央充斥着狙击手的射击或魔法咒语、动作的场面；但对更精明老道的观众而言，屏幕上提供的所有额外信息都对"解读"这场比赛至关重要。电竞制作人基于自己对所从事的游戏特性的了解，制作出能提升观众参与度的播出"抬显"。

例如，想象你和一个从未看过棒球的人坐在一起看电视棒球比赛节目。你们肯定都会注意到画框中央的动作，镜头会对准投手、击球手和飞过球场的球。但如果你是一个棒球迷，已经知道如何更全面地观看赛事的电视转播，你就会去注意屏幕上提供的细节，包括已经有几个好球、坏球和出局。你会留意这场比赛是在哪一局，以及它是在上半场还是下半场。当一个统计数字跳出来，它能帮助你了解这次投手与击球手对决的背景。对电竞来说，也是如此。

电竞直播中，经常调整游戏的抬显能为观众提供更丰富的信息，而不仅仅是玩家那一刻在游戏中看到的东西。这包括用迷你地图显示所有玩家的位置，在屏幕上直观显示整个团队的阵容，以及与他们有关的信息（如姓名、武器或等级、游戏内资产等），甚至包括用可视化方式呈现他们的角色被击杀时的情形。抬显不仅带来良好的游戏体验，对播出本身也非常重要——它帮助观众理解视觉上非常复杂的游戏领域。它提供重要的信息，帮助观众综合思考正在发生的事情；对更专业的粉丝来说，它提供了一个更深入参与的机会。它也是一个可以展现赞助商品牌（如商标）的空间。

也许这个例子显示出，考虑到数字游戏比赛中细节之多，播出公司往往不得不努力推动技术发展来提供更好的分辨率。传统的体育播出和电竞直播相比，通常分辨率更低。游戏迷和那些致力于制作视觉效果良好的节目的人总在寻求更高的分辨率。特别是当人们在电脑屏幕上观看的时候（这种情况非常普遍），他们希望分辨率至少得有1080p。电竞赛事经常以远超传统制作的分辨率水平来创建和分发内容，反过来，有时也会推动媒体公司升级其基础设施和系统。

总的来说，电竞的制作和装备水平正在逐步赶上传统媒体，在某些情况下甚至超过了传统媒体。当我参观建造在伯班克的一个新的演播室时，负责技术整合的工程师说他一直在推动团队选择这个地点，这样离所有的播出设备供应商都更近。他具有传统媒体的背景，所以，就开业地点给高管提供反馈时，他的一个严肃考虑因素就是选择一个能够轻松买到和租赁设备的地点。但他也说，事实证明，他通常与之打交道的媒体公司并不太知道该如何应对电竞内容生产。他描述说，当他拿起调音台和其他设备，试图向供应商们解释他会如何处理游戏内容时，他们困惑地看着他，耸耸肩，不理解，也没有做什么帮助他把这些设备纳入他的制作系统中去。几个月后，在一位年轻"黑客"（他在一次参观中自豪地将这位黑客指给我看）的帮助下，他开始用全新的方式使用传统的音频视频设备。随着时间的推移，他的供应商们开始赶上潮流，并开始用他的设置来向其他老客户展示其设备的功能。

调音台和摄像机是看得见的技术，但在数字游戏的语境下，看不见的基础设施同样重要,很可能更为重要。通信网络——从互联网连接到手机服务,再到能让制作团队彼此之间不断进行语音交流的私人语音频道——是电竞赛事被转换为播出节目的支柱。这也许是对在线游戏空间进行研究最具挑战性的一个方面。构成它的很多东西并非一目了然。[15] 只有在观察一段时间后,你才会开始注意到人们是如何频繁看手机的——一边拨动调音台的按键,一边对着耳麦说话,趴在笔记本电脑上,疯狂处理陷入瘫痪的网络连接或者在私人聊天窗口中输入命令以开始游戏[16]。

然而,这些无形的基础设施,经由身处游戏空间中的人,得以体现、变得可见。在某个活动的第二天,我听说活动中出现了网络故障(这在电竞中并不罕见),便随口问后台的人发生了什么。就在这时,有人指着一根长长的通向橡子的以太网电缆对我说:"看到了吗?那就是我们的互联网连接。"他们向我一一介绍这个连接是如何与防火墙、私人虚拟网络服务器、阻止DDOS攻击的自有专有系统对接的。在这个通信系统中,活动产生的数据被传输到世界各地不同服务器,然后被拾取和本土化(通过定制图形和语言翻译),并在不同地区在线播出。在这个过程中,各种形式的音频视频编码一路进行,广告服务器跳入以增加内容,指标被生成和收集。在这之前,我对联网相关的问题可谓一无所知。我的注意力一直放在亲临现场和观察后台上,在我视野之外的这件事打开了我对让活动成为可能的基础设施的体验。[17]

但这些不同的通信网络构成了电竞生产的重要组成部分。数字竞技场基本上就是网络化的空间,游戏玩家和游戏与服务器通信,制作系统则拾取反馈并进行处理。然后,这些内容通过卫星和地面系统发送到世界各地。在传送给观众之前，往往要经过另一轮再处理（例如进行本地化或者纳入广告）。电竞播出是多节点的人造物，只有通过不同网络的组合才能存在。

制作中的劳动

随着游戏直播的发展，系统本身也变得更为复杂。一切在推动和刺激技术更好地协同工作。游戏直播所使用的大部分设备来自传统的媒体制作，需定期进行调整以满足需求。人们开发软件，以辅助游戏视频的制作和传播。工程师也介入进来，创建服务器以处理数据的存储。这些操作和技术需要组合不同人力来发挥作用。

电竞作为一个职业领域的崛起，意味着它的劳动分工发生了转变。最早的一些比赛，往往是由玩家或一两个组织者来负责举办的。而在过去 15 年间，比赛组织工作已经被分解为不同的部分，从团队所有人到活动策划者，人们越来越具有专业技能。这种专业化正延伸到媒体制作领域。正如一位资深制作人在谈他如何未经专业培训便进入电竞行业时所说："毫无疑问，我认为我只是幸运地在特定年龄段赶上了这个时间窗口，我们在行业中处于一个特定的位置。从这里开始，一切都将迅速地专业化。"

虽然现在你仍能看到一些小型赛事交由业余爱好者承办，但大规模制作需要更大的团队，其中包括技术工程师、音频工程师、图形/套图专家、摄像、赛场观察员、赛事制作人或经理、技术和创意总监、舞台总监、网络管理员、辅助内容制作人（如摄影师、中插广告创作者等）、主持人、分析师、解说员，以及处理新闻媒体和社交媒体的传播专员。[18] 团队通常也与外包人员合作，后者负责处理灯光、声音或任何其他生产细节。专门负责场地的团队（包括有工会组织的团队，其中大部分不专门从事电竞相关工作），负责索具、舞台搭建/拆除、布线和其他一般性的劳动。[19] 游戏开发者本身也可能希望在节目制作过程中担任代表或监督制作。以上提及的一些角色和传统电视现场直播中的角色差不多，另一些则是竞技类游戏所特有的。

我研究中追踪的一支电竞直播团队，多年来一直在打磨每个人的岗位职责。现在，团队中既有具备电竞背景的人，也有具备传统媒体制作背景的人。一位创意总监解释了他和技术总监在制作过程中的合作方式，以及一些具体的分工问题：

> 我们的工作关系非常棒，因为我们一起做了这么多期节目，都已经把对方气得够呛了（笑）。我们完全明白界限在哪里……那么，我们是如何从节目的一个部分转换到另一个部分的呢？我们会坐下来一起弄明白，有时我们会让主持人参与进来。我们会来来回回地讨论。

他继续指出，他负责监管高层次的创意问题，而技术总监专注于技术的实施，以及与团队中不同工种的工程师的沟通。相比之下，他是那个与客户打交道的人。其客户通常是游戏开发商或其他机构，雇用第三方公司来制作比赛和节目。

> 我负责处理我们与他们的管理人员和创意人员之间的所有关

系，以便在客户和我们所有的技术人员之间建构起一个屏障。我们有非常严格的规定，你不能和我们团队的任何人交谈，除非是我或头儿。

这样的劳动分工和正式的沟通渠道，是我在早年的电竞实践中很少看到的东西。那时当然也有特定的人去实现特定的功能，也有那些专门负责客户的人，但现在的制作规模和投入资金的大幅度增长使得具有专门技能并坚守在自己领域中的人变得更普遍。现在，在制作领域中，正式的导演、助理导演、制作人、技术总监和各个工种的工程师，都在更受限的范围内完成自己的工作，这种现象并不罕见。

其他角色，如操作内置摄像头的观察员，则说明了为什么这个行业需要新的劳动形式。这些观察员负责在比赛过程中向观众展示不同选手的视角（见图4.4）。他们在游戏中把数字"摄像头"对准游戏地图上的特定位置，然后将画面播出。这种做法虽然与传统摄影师类似，但他们的角色对电脑游戏来说是独一无二的，需要相当专业的技能。观察员是特定游戏的专家，知道如何分析选手的动作，包括预期动作，并在数字赛场中移动，为观众提供观看动作的视角。他们还需要与比赛现场评论的分析师密切合作。

一位名叫希瑟·"蓝宝石"·加拉佐（Heather "sapphiRe" Garazzo）的观察员（她自己是一名前职业选手）将这项工作描述为类似于"比赛中的导演"，并区分了她的角色和导演的不同。她说："有一个主导演，告诉人们何时进入比赛，何时看战队、分

图 4.4　游戏观察员菲尔·"因菲扎"·贝尔蒂诺（Phil "inFeZa" Bertino）在动漫展英特尔极限大师赛的后台工作，2013 年

析师或主持人。然后便是比赛中的导演，也就是观察员。我的工作是执导游戏中的动作。本质上我是一个讲故事的人。我在讲述某场比赛或比赛中某个回合的故事。"（引自 Stenhouse，2016）多年来，我在与观察员的交谈中发现，虽然他们与导演有畅通的沟通渠道，导演也可以对他们进行评价，但最有经验的观察员不仅对个别"镜头"形成了自己独立的感觉，而且正如加拉佐所说的那样，还能对观众应该注意到的更大的比赛"故事"有所洞察。他们展现出一种新的劳动形式，这种劳动在游戏的特殊性下将几个传统媒体角色混合起来。

多年来，我在与不同职位的人交谈时发现，最有趣的转变之一可能是他们来自不同的背景。有些人在当下的工作领域接受过正式培训，其他许多人则没有。他们也为这份工作"理应如何"带来了各种其他背景的参照。一些人依赖于自身的传统媒体制作经验，并通过这种视角谈论工作。其他一些人则自学成才，他们的训练植根于对游戏的热情。他们有时觉得自己的工作是独一无二的，需要一种完全不同的思维模式。就像我看到的早期职业选手和赛事组织者那样，他们用各种不同的模式来理解他们做的事情（通常用"体育"框架来阐释他们的激情和活动），构建有意义的工作方式，谈论他们同时作为电竞和媒体专家的劳动方式。

与正在涌现的新媒体领域中的其他部分一样，有关报酬的问题仍是关键。从历史上看，电竞劳动从粉丝基础上发展起来，制作赛事的人几乎得不到什么报酬，事实上，他们的活动还往往产生债务。早期的电竞制作通常是一种严肃的休闲形式，人们不仅在上面花时间，还投入金钱来从事自己喜爱的活动。我在多年来与他们的交谈中发现，他们经常敏锐地意识到，需要平衡对可维生的工资的希望和这个行业的现实。有些人把放弃别的有竞争力的工资的行为看作一种"投资"，他们希望在电竞行业崛起时工作，最终在行业大发展时获得回报。然而，随着行业专业化程度的提高，特别是在媒体方面的提高，这种模式发生了变化。

随着大笔资金进入电竞领域，挣"血汗钱"或其他低报酬/无报酬的模式引发了人们更多的不满。以前的私人劳资纠纷引起了公众关注。围绕电竞的喧嚣，包括行业报告宣称电竞行业每年有数百万美元的进账，有时让人们更敏锐地意识到自己"没有"获得的那部分。之前我曾讨论过早期制作人在面对电竞的经济挑战的方式。随着现场直播的发展,"人才"(包括主持人、解说员和分析师)在一场成功的直播中的强大作用已变得明显。这也就意味着,他们中的许多人现在将工作定位于娱乐劳动力市场中。在这个市场中,能获得大量观众和成为名人,本身就会带来有意义的经济提振。查洛纳(Chaloner,2015)曾在一篇概述人才薪酬的文章中,描绘了从最高端的"电视费用"到在线联盟或小型组织的低端薪酬的整个光谱。

2016 年,广受欢迎的解说员(和曾经的战队老板)克里斯托弗·"蒙特克里斯托"·米克莱斯(Christopher "MouteCristo" Mykles)与几位自由职业者联合发表声明,称不会为拳头公司《英雄联盟》的某项赛事工作,因为未能"就我们的服务达成一个行业标准"。他们说,研究了各种工作合同后,发现拳头公司的报价比其他制作公司低 40% 至 70%。米克莱斯和同伴表示,接受这份合同"从长远来看会损害我们的职业生涯,因为接受了低于市场价的报酬",以及,"同意接受大幅降低的工资,我们担心会使得整个行业针对自由职业者的付酬标准倒退"(OGNCasters,2016)。事实上,他们曾长期担任韩国著名媒体 OGN(OnGameNet)的解说员和分析师,该媒体公司从事电竞直播已经超过十年。因此,在所有的自由职业者中,由他们来公开反击这个问题或许并不令人惊讶。由于该游戏十分流行,拳头公司为赛事带来的产值又很高,该个案引发了广泛关注。

虽然公众对此众说纷纭,但该个案确实使多年来持续发生在幕后的故事为人所知。它让人们清楚地看到,新兴的电竞直播正在改变劳动的图景,不断增多的观众和收入(无论是夸大其词的猜测还是实际情况），都在促使生产链上的每个人重新思考自己的价值。就像电竞选手一样，不断有新人愿意放弃更高的薪酬，踏入这个行业的大门，或者对他们来说这更像是爱好，而不是可以维持生计的常规工作。在一个还没有工会或其他监管机制来把关和维持薪酬标准的新兴行业中，经济的不稳定性是真实存在的。

情感审美

尼克·泰勒在他关于电竞直播观众的研究（Taylor，2016，296）中指出，观众的观看"成为电子竞技行业急于向广大在线观众推销现场竞技游戏比赛兴奋点的重要试验场所"。在赛事中，除了实际比赛之外，辅助内容、舞台和剧场灯光以及捕捉现场观众镜头的摄像机，都构成了播出内容的很大一部分。观众举着的横幅和标语、喝彩用的响板和雷鸣棒、起身欢呼和其他表现出参与和激动的具身行为，都被利用和纳入到直播内容中（见图4.5）。正如一位导演所说："我的说法是，直播和做一场秀之间是有区别的。每个人都可以直播，但并不是每个人都可以做一场秀。"

但是在创造"秀"的这个意义上，存在着细微差别。媒体制作人必须在创造激动人心的内容和为硬核粉丝保留真实感中取得平衡，同时还要利用和培养新来者对游戏和比赛的热情。一位从早期DIY时代开始做到管理几个最大的直播项目的导演强调，他们认为即使是低端的直播也能激动人心："你可能没有任何的技术花活儿，但你给人们带来了情感体验，这往往就足矣。"他解释说，大型制作"可以很干净，可以呈现每一个你觉得必需的镜头和每一个你觉得必需的转场，但你可能会觉得'只是……有些

图 4.5 《英雄联盟》LCS 夏季总决赛。波士顿 TD 花园，2017 年

东西不在那里'。缺的是一种激情，很多时候是来自观众的激情，但它也可以是声音和灯光，以及其他正在发生的一切，创造出了一种庞大且具有凝聚力的整体氛围"。

这种专注于创造令人难忘的、引人注目的、能吸引和捕捉线上和线下观众的事件的做法和个人主播的情感转向相似。无论规模大小，这些制作都旨在唤起人们的共鸣。他继续说道：

我们想打造传奇经验，我的意思是说，这对我来说就是最大的事情。我也一直在向我的朋友们表达这个意思。我甚至不知道这是否是真的，直到某一天我去搜索"情感记忆"。一直以来我都想弄明白，为什么人们会记得那些制作水平相当蹩脚的电竞赛事,而且通常会总结说有几个史诗级的时刻,人们对它们有着非常美好的记忆,但如果赛事有两个小时的延迟,人们则会有非常糟糕的记忆(被遗忘的记忆)。然后我去研究了一下,这就像是一种负面偏差,人们对负面事情的记忆不如对正面事情的记忆深刻。我当时想,哇哦,好吧,这就是我们必须做的事情。

他对如何构建现场直播活动有着特别的考虑,尽管如此,他也敏锐地注意到需要以这样一种方式进行直播以吸引观众。他的这种敏锐与传统的体育现场直播形成了某种呼应。长期以来,体育现场直播都旨在给待在家中的观众带来身在体育场馆的体验。体育媒体被广泛用于挖掘和培养粉丝群体,给观众带来狂热和情感共鸣,帮助他们与远程赛事建立联系并持续观看。

现代体育赛事的播出结构一般被认为源自20世纪60年代伊始阿利奇引领的北美体育媒体实践。据说他带来了"前所未闻的技术,例如使用定向话筒和远程话筒,安排中场表演、集锦回放和对前两节赛事的分析,使用手持摄像机和服务于即时回放的'独立'摄像机,使用分屏播出,以及在比赛期间用预先录制好的传记和采访来填补'死角'"("The Playboy Interview",1976,63)。这一切现在回想起来如同神话一般。看过体育赛事节目和电竞节目的人都熟悉这些播出惯例。长期以来,电竞制作人一直在关注传统体育直播如何创造令人如痴如醉、推动观众情绪高涨的内容。事实上,这些也主导着电竞直播的形式和给人的感受。它们已成为一种播出的正统。

电竞商业开发者杰西·塞尔(Jesse Sell,2015)指出,在电竞赛事直播中，从统计数据和节目简介，到审美、衣着、风格和叙事框架，"模仿体育"的程度都很高（见图 4.6）。游戏研究者伊丽莎白·纽伯里（Elizabeth Newbury，2017）在《CSGO》等电竞项目的某些部分也发现了类似的模式。[20] 现在的电竞直播通常充满故事情节和关键时刻，将紧张和兴奋进一步放大。

在游戏框架中，包含着个人故事和轨迹、团队和选手的竞争对手。采访、宣传片和插播广告（通常是合作医疗）在比赛间隙为观众提供娱乐。早年的电竞赛事通常能有一两个解说员在现场解说就很幸运了，现在则有全方位的团队制作各种材料。西装革履的分析师和解说员坐在流线型的办公桌前。主持人掌控着台上的活动。多台摄像机以不同机位和镜头进行拍摄，特别是在比赛间隙对现场观众进行拍摄。舞台的一个重要部分就是向观众展示

图 4.6 《Dota 2》国际总决赛解说台，2014 年

热情的粉丝。观赏性不仅在现场产生，还进入直播内容，为居家观众带来一种情感体验。

在比赛场地，观赛体验和各种媒体实践彼此交织，从环境中随处可见的小屏幕到大屏幕，再到安装在各处的无数摄影机都在捕捉游戏和观众的一举一动。比赛现场的经验也和媒体密不可分。在电竞比赛间隙或技术故障期间都会有大量空白时间。鉴于电竞比赛通常持续多日，制作人需要满足这些空白时间内现场观众的娱乐需求。一些赛事尝试加入现场音乐表演（类似超级碗著名的中场表演），但这种尝试的结果喜忧参半，特别是铁杆电竞粉觉得这是在分散注意力。[21] 在许多方面，目前电竞比赛的现场活动经验反映出了从局域网派对（人们在比赛间隙联网打游戏来获得娱乐）向媒体活动奇观的转变。

管理数字体育馆

电竞直播的一个重要组成部分是场地内的表演，另一个关键部分是平台上伴随着比赛内容实时发生的闲聊。全能型主播通常具有更集中的观众互动和社交实践，与此不同的是，大规模的远程观众给频道想要让聊天清晰易懂甚至保持正面积极带来了严峻挑战。虽然我将在下一章进一步讨论这个问题，但现在还是值得就电竞直播这部分的管理工作说几句。正如一位制作人所说："它变得非常无法无天。当我们有一两支特定的战队，例如一些著名的战队出现在直播中，聊天就会变得非常疯狂，我们只好只允许会员进入。"

但这种程度的管控往往解决不了锦标赛事频道中真正的恶性

言论，可悲的是，骚扰、种族主义、性别歧视和各种形式的仇恨言论经常在此出现。平台上的骚扰，不仅妨碍人们入驻，也影响用户的留存。法律学者丹妮尔·西特伦（Danielle Citron，2014）在她对在线骚扰行为的广泛研究中认为，这些从根本上说是公民权利问题，值得严肃关注、制定预防策略和重点纠正。如果我们把直播理解为媒体乃至文化发展中日益重要的部分，前述所说就是一个重要的道德和商业问题。它不仅涉及媒体和游戏，也涉及整个流行文化的全面参与。

我和摩根·罗明联合指导并发表了一项白皮书，旨在为"任意键"组织发起一项促进电竞多样性和包容性的倡议。在该白皮书中，我们探讨了一个在我们与职业女玩家主播的对话中不断涌现的主题：她们所面临的持续的骚扰和谩骂。正如其中一位告诉我们的那样，她们开始认为"遭受侮辱是这项工作的常规组成部分"（"Workshop#1"，2015）。对有些人来说，这种有毒的情形变得如此严重，以至于一些人不再直播，甚至完全远离了比赛。对那些在直播中目睹了持续言语攻击的观众来说，这也可能是对边界管理的有力提醒。你可能会鲜明地感觉到这个空间根本不"适合你"。

不幸的是，在大型电竞赛事中，社区管理一直没有得到充分关注。迄今为止，赛事组织者和直播主播的重点往往放在舞台制作和比赛本身。有大量观众参与的现场直播中的在线聊天，如果有管理员的话，一般是由聊天机器人、志愿者担当，极少数情况下由几个付费的工作人员处理。鉴于一个周末就有许多这样的比赛，拥有成百上千万观众，有非常多的聊天频道，这令人震惊。

多年来，电竞直播中出现了多起骚扰和仇恨言论事件，其中一次引发了公众对该问题的关注。在 2016 年的梦想骇客公开赛奥斯汀站的《炉石传说》比赛中，许多观众通过 Twitch 观看了职业选手特伦斯·"特伦斯 M"·米勒（Terrance "TerranceM" Miller）和基顿·"麦粉"·吉尔（Keaton "Chakki" Gill）的决赛直播。记者科林·坎贝尔（Campbell，2016a）为 Polygon 网站进行报道时描述了这一事件："在 Twitch 直播及随后的采访中，非裔美国人米勒在直播的聊天面板上遭到了大量的种族主义侮辱。这些侮辱包括针对非裔美国人的仇恨言论、图片和图像描绘。辱骂声如此之大，以至于主持人都来不及处理。"尽管米勒本人并没有实时目睹这些仇恨言论，但包括他家人在内的其他人都看到了。当他有机会看视频回放时，也看到了与比赛同步播放的这些聊天记录。

在坎贝尔对该事件的描述中，我们看到了许多灾难性的共性问题。人们放弃了对锦标赛直播中仇恨言论的预测（他引用了米勒的话："我知道会糟糕，但我没想到会那么糟糕。"），人们希望把聊天内容隐藏起来，以及人们对在线空间中缺乏有意义的监督而感到持续的不满。然而，与多年来发生的许多其他类似事件的一个重要的不同在于，在这次事件后，一位管理员公开发言，要求程序和组织负起责任来。

卡林·"烤獾"·菲莱维奇（Carling "Toastthebadger" Filewich），一位长期的炉石社区成员和梦想骇客奥斯汀站的聊天室管理员，在热门电竞网站"高手玩家"（Gosu Gamers）上发表了一篇文章，对比赛期间发生的事情进行了反思，并揭露了目前在绝大多数社区管理方面存在的缺陷。她特别指出了我们许多人长期以来观察到的这个问题：聊天在某种程度上通常不被认为是直播的组织管理中的核心问题，也不是组织者的责任。她写道："赛事组织者花费大量时间，试图把活动中的每个小细节都弄对。他们花时间确保找到合适的选手、合适的管理员和合适的制作人员，以便在直播中呈现出令他们感到自豪的最终产品。但大家基本不考虑（如果有的话）一旦开始面向公众直播时会发生什么。"（Filewich，2016）她进一步敏锐地观察到，梦想骇客未能很好地管理聊天频道，这种情况太常见了。许多组织者根本没有把时间、人力以及金钱放在建立强大的社区上。她问道：

为什么你不像筛选选手那样筛选你的管理员？如果你在周末某个时刻登录进去，你可能会看到一个管理员加入到种族主义垃圾信息中，并解除频道中因发布可怕的种族主义信息而被永久禁言的人的禁令。那这样的人为什么可以成为管理员？为什么只有在种族主义言论开始失控之后，才有经验丰富的能处理大规模聊天的管理员进入？锦标赛的组织者应该把聊天管理视为直播的一个重要部分，并提前做好计划。（Filewich，2016）

她的叙述描绘出一幅由志愿者组成的管理队伍的灾难性画像，其中许多人正在努力不让聊天跑偏，其他一些人却在积极地搞破坏。明确的指导方针、培训环节和责任心的缺乏都令人震惊。[22]

可悲的是，这并不令人意外。当读到她对这一事件的叙述时，我不禁想到了游戏和社交媒体中一个长期存在的模式：缺乏有意义的社区管理。

一次又一次，游戏开发商和平台建造起巨大的社区，让用户持续互动、生产内容，并通过他们的存在和互动深入创造价值，也即游戏资产。但令人惊骇的是，与此同时，公司在管理这些社区时准备不足，投入不够。他们想要获得所有这些人创造的价值，却想不费分毫。从 Twitter 一直拖延着没有出台打击骚扰的工具到游戏中持续存在的毒性文化，公司总是想着把人带到他们的平台上，却总把人忘在了那里。太多时候，企业专注于计算高日活用户数，却不加以投资来让这些空间可持续发展。这种做法不仅真的存在道德问题，也会带来实际上的长期经济损失。骚扰和其他毒性行为会产生实际影响，将活跃用户推离平台，并让其他一些人不再加入和参与。

游戏开发者杰西卡·玛丽甘（Jessica Mulligan，2003）在《网络游戏开发》一书中呼吁业界将社区管理视作游戏制作的一个核心环节。一旦你让多个玩家聚首，你就要意识到你现在正在培养社区。电竞比赛和播出面临着相似的事实。直播比赛是一回事，但当你为人们提供交流方式时，你就得关注他们。锦标赛的组织者要对这个空间负责，就像体育场馆的所有者对体育场馆负责一样。他们不能免于对发生在这个空间内部的行为的管理责任。对参赛者的不良行为进行干预，是场所经营者义不容辞的责任，在线空间也不例外。我认为，这是提供公共环境的一个道义条件。参赛者和观众（甚至是数字观众）均有权拥有安全的、不被骚扰的体验。这意味着当你试图参加比赛、直播比赛或观看比赛时，不会受到包括种族主义者、性别歧视者和恐同者的侮辱。

大多数传统体育场馆都有观众行为守则，有些还提供保密短信服务，你可以在不引起别人注意（可能会有风险）的情况下联系获得协助。当然，这些行为守则并不能完全防止坏事发生。在建设包容性的传统体育社区方面，仍有许多工作要做。但是，守则和执行方法（可见的工作人员、寻求帮助的机制等）的存在，标志着组织者对**责任**的根本性的理解，即在体育场内发生的事情是他们应该为之**负责**的一种体验。电竞组织者也需要认识到这一点，即他们的直播和聊天空间是数字体育场的一部分，他们必须担负起管理责任来。

另外还有一个经济角度，是主播和游戏开发者都应该关心的。对那些真正考虑长远发展的人来说，了解你的产品是如何受聊天影响的（无论是符号意义上的还是实际上的）至关重要。一位组织者注意到，不好的聊天信息流对潜在赞助商具有影响。他说："我不想看到他们被吓跑……你知道，当你做'监听'（进入某个直播来向赞助商展示）时，人们正在用种族诽谤或脏话这样的东西狂轰滥炸，占用了很多空间，只会让我们望而却步。电竞虽然一直在蓬勃发展，但仍然很脆弱，不能因为人们发表关于它的糟糕言论而受挫。"就算只在乎主要用户，也就是电竞产业追逐的主要人群——年轻男性，重要的是要意识到，他们中的许多人也不想身处有毒的空间。疏于管理的频道对行业发展影响巨大，忽视这一影响是非常短视的。

我们还可以从更宽泛的视角思考观众问题。在传统体育行业，无论是体育场馆还是电视直播的观众，女性都占其中很大一部分。有色人种和性少数群体也是体育和游戏玩家群体、观众和休闲社区中始终存在的一部分。[23] 如果你正在建造一个大部分观众都不愿意花时间来的在线体育馆,哪怕只是因为疏忽才这么做,也会影响你的底线。相反,如果你努力建设可以容纳多元观众的空间,并在观众参与的同时构建其粉丝身份的可能性,特别是在当前的电竞环境下,你很可能会领先于你的竞争对手。

商业模式

电竞经济一直是电竞场景中最瞬息万变和最为混乱的方面之一。炒作泡沫、黑心推广者和没有耐心的投资者长期以来扰乱着电竞的稳定发展。其后果之一便是,成功的组织者必须善于寻找各种各样的方式来拉动收入,他们往往将工作重点从举办锦标赛拓展到游戏活动的媒体制作。特别是直播,不仅提升了一些传统渠道的效果,还产生了新的渠道。一位主播向我描述了所发生的转变:"这对赛事组织者来说是一个很大的改变,因为相对于将直播服务发包出去并为其支付大笔费用,我们现在实际上在通过举办好的活动来赚钱。这就从'嘿,我们必须为三天的活动支付两万美元的直播费用'变成了'哦,我们直播了三天,赚了两万美元'。"这一转型,也即从因为自己是电竞爱好者而自费制作和播出电竞活动,转向从电竞节目制作中挣钱,是通过各种经济结构实现的。

电竞的创收来源五花八门,如合作伙伴、白标产品授权、赞助、游戏内购、广告收入、付费点播、赛事收入和众筹等。一位活跃于赛事交易制定的人士向我描述了不同的"收入桶",并指出不同机构使用它们的方式不仅因公司而异,而且会因不同的赛事而有所不同。对一些公司来说，收益主要来自白标产品和赞助商，而另一些公司则主要在最大程度上利用游戏内购。鉴于这个产业在很大程度上还在形成的过程中，所以新的机遇还在不断涌现（通常伴随着平台的开发进行），其他机遇则会逐渐消失。在展开本研究之时，以下几点对我们了解电竞播出的收入情况最为重要。

合作伙伴关系。游戏开发者/发行商对挖掘比赛播出和游戏内购的潜力越来越感兴趣，与此同时，电竞组织者也已经能够介入，并将游戏带给更多的观众。对内部生产不感兴趣或没有能力进行内部生产的游戏开发商，通常会与专门从事锦标赛运营的电竞公司取得联系，要求他们为自己制作一场比赛，并且完成播出。他们通常会为某个项目发出招标书，让多家公司竞标。在组织者的运作中，越来越重要的一个部分是销售团队，他们向潜在的客户投标并与其合作，以达成"合作伙伴"协议，围绕特定游戏进行活动策划与制作。来自这些内容制作的收入是公司财务的重要组成部分。事实上，其中一些组织机构所面临的最有趣的挑战之一，就是精力旺盛的销售团队所达成的交易（佣金是其中一个驱动因素）常常超出公司当下的制作能力和活动操办能力，也因此促使公司继续积极扩张。

媒体许可。考虑到在传统体育中，媒体许可一直是主要的收入来源方式，那么了解到在过去几十年中第三方电竞组织者基本不用交繁重的许可费用，或许会让人感到惊讶。有史以来，电竞组织者并不向游戏开发者/发行商支付游戏的使用费，即使支付，数额也不大。事实上，资金甚至趋向于反向流动，即游戏开发者和发行商实际上是在向第三方组织者付费，请他们制作赛事。在直播出现之前，游戏开发者/发行商将电竞生产看作是游戏制作这一核心业务的旁骛，认为不值得他们花时间，只是一个免费营销的好来源。

现在，与组织者打交道的游戏公司都越来越关注赛事并希望参与其中。例如，2016年，拳头公司与BAMTech达成了3亿美元的协议，允许后者获得《英雄联盟》赛事的分销权。BAMTech是从美国职业棒球大联盟进阶媒体公司（MLBAM）中分拆出来的一家合资企业，是MLB进行赛事在线直播的先驱。BAMTech的赌注是从广告中获得收益（拳头公司也将从中分一杯羹）。暴雪公司的《守望先锋》联赛在发行之年就达成了多项独家协议。季前赛在MLG平台上进行（动视暴雪于2016年收购了MLG），而Twitch为《守望先锋》联赛常规赛季的流媒体播出权支付了"至少9千万美元"。

在媒体许可交易中，有一点十分关键，值得牢记，即这些交易在整体的收入组合中常常会进入其他"收入桶"，尤其是当涉及Twitch这样的平台时。一旦购买了锦标赛播出权，将其与其他创收系统（如后文将讨论的游戏内购）捆绑在一起，可能意味着原本惊人的数字会被游戏领域独特的收入分享形式所抵消。正如我将在本章末尾进一步探讨的那样，未来如有类似交易达成，它们有可能会改变，有时甚至会削减传统电竞组织者目前运作的财务模式。如果游戏开发者在许可协议中采用更多类似体育的条款，可能会给在线平台和第三方组织者带来挑战。

白标产品。电竞公司与客户合作制作和播出赛事，可能是行业外最不为人所知但在媒体发展方面却越来越重要的事。在合作伙伴关系中，活动组织方的身份是明确的，游戏的名称甚至可能被纳入某个常规联赛中；与此不同的是，白标产品通常并不与电竞公司产生明确的联系。游戏开发商和其他公司会聘请外部团队（通常也是走招标程序）来处理他们的锦标赛或者活动，通常从前期准备到媒体制作，再到后期包装。从观众的角度来看，整个运作似乎是由赛事或游戏开发商负责的，但在幕后，其实是另一个组织在负责全部制作或者部分制作工作。白标活动的一个著名的例子是暴雪嘉年华（BlizzCon）。一直以来，暴雪嘉年华都是由多家公司同时运营赛事播出和锦标赛制作的。白标产品将电竞公司转变为**媒体**公司。白标合同会涉及大量播出前工作，如确定分组和赛程、划定赛事范围（包括平面布局）、制作节目，以及与合适的人才如主持人和解说员建立联系。各组织方在提高制作能力的同时，也在摸索成本和制作的最佳平衡点。一位从业者说："我认为我们很早就了解到的一件事是，就观众而言，增加的那一点点制作费所带来的收益是多么微不足道。如果你在一个内容上花费双倍的时间，你也不会得到双倍的观众。所以，你知道，重要的是去努力找到一个平衡点。"由于电竞的媒体制作已经发展到如此庞大的规模，通常需要高度专业化的劳动力，因此一些机构通过这种方式增加收入也就不足为奇了。

赞助。电子竞技历来依赖本土赞助商,也即那些被视为能击中观众的核心"本土"利益的公司和品牌。就电竞而言,这往往意味着电脑和外围设备公司成了该领域的主要赞助商。其中一些赞助商,如英特尔,多年来一直是大型赛事的主要资金支持者,也是组织方收益的重要来源。随着直播的发展和观众数量的不断增加,越来越多的赞助商看到了潜力并开始加入其中。一位在该领域工作了近二十年的制作人在谈到这一转变时说:"电竞在争取赞助商和让赞助商获得曝光度方面的一切实践,现在好像突然之间被超级放大了,因为现在所有这些赞助公司都通过直播获得了额外的曝光度。"我们在韩国的传统体育或电子竞技中看到,一系列生活方式类的品牌扮演着重要角色,虽然我们还没有完全达到那种水平,但也已看到了新的非"本土"赞助商入局,包括软饮料公司和保险公司。直播还为球队赞助商提供了更多品牌露出的机会,即在球衣上印制品牌标识,而球衣在比赛期间占据了主要的屏幕时间。

游戏内购(内容或道具)。通过生产获得收入的一个最新来源,在于两个新近发展的对碰:一是游戏开发商越来越多地参与到电竞中,二是微交易(microtransaction)已成为游戏行业的重要组成部分。现在的游戏通常包含让用户在基本产品之外购买"附加品"的功能,从能改变武器或角色外观的"皮肤"到新的游戏模式。当游戏开发商开始与制作公司达成交易来操办活动,从微交易中获得的收益已成为播出公司可能获得的潜在收入组合中的一部分。一些游戏内购的内容可以与赛事相结合，作为特别限量版可购买，其他内容则仅仅是作为常规物品可购买。收益由游戏开发商和播出公司协商确定。其他的技术发展，如 Twitch 平台与游戏发行商之间的账户链接，或者是平台的扩展功能和 API，为观众通过自己的 Twitch 账户获得游戏道具提供了便利，甚至与他们观看的特定内容挂钩。

这是游戏所独有的生产收益形式，彰显出观众被同时视为观众和消费者的方式。这种配方当然一直是传统广告的核心，但游戏内商品购买则将其提升到了一个全新的水平。长期以来，传统广告商就梦想着建立一套将收视率与消费者行为联系起来并加以量化的系统。虽然 Twitch 似乎还没有将自己重新定义为是一个以用户行为的原始数据作为其创收主要来源的平台，但游戏内购以及与游戏和亚马逊账户的链接，或已预示了未来的发展方向。如果你观看游戏的平台掌握了关于你观看和消费习惯的详细信息，并能将这些信息进行结构化和变现，再回售给游戏公司和广告商，那么人们当然可以想象，Twitch 在未来既是一家游戏公司，也是一家消费者数据公司，而其收入也将随之改变。

广告收入。尽管平台将广告视为基本财务结构，但广告尚未构成大多数播出公司的主要收入部分。正如前一章在讨论中提到的那样，尽管我访谈过的一位战队老板将广告收入称为"蛋糕上的樱桃"，认为它能有效补充团队和职业选手的收入，但仍有一些问题阻碍着这一目标的实现。大型组织方可以通过谈判为自己争取更有利的收入分成协议,但更深层次的系统性问题仍对电竞播出的传统商业模式存在挑战。广告拦截软件在很大程度上缓解了观众的情绪,但制作人仍担忧观众的反弹,担心触发广告会使观众无法忍受。一位制作人说:"我的意思是说,我们和其他直播一样。我们必须停下来给赞助商点赞,还必须播放广告。我们一直在努力寻找一种平衡,即做到什么程度还不会太过分。"地区性的广告费率可能会削弱从观众那里获得收益的潜力。例如在俄罗斯,传统上观众的CPM较低,这尤其会影响到电子竞技,因为《CS》等游戏在俄罗斯拥有大量观众。在线广告是多元化收入组合中的一个部分,但它在更大范围内面临着严重的阻碍,直播也不例外。

PPV。考虑到广告面临的困难,人们可能会期望订阅或按次付费介入来填补一些空白。这无疑是传统体育运动已经成功利用的一种机制。人们在电子竞技领域有过一些PPV模式的尝试,其中最著名的是MLG在被动视暴雪公司收购之前的尝试。社区对这种做法有相当大的抵触情绪,因为许多人认为自己是该网站的付费会员,已经投入了时间和金钱。这种抵制也与人们对获取在线免费内容的广泛期望相吻合。在一次关于MLG放弃PPV的采访中,时任首席执行官圣丹斯·迪吉欧瓦尼告诉记者罗德·"刀客"·布莱斯劳(Rod "Slasher" Breslau, 2012):

> 我们的目标从来都不是阻止社区成员进入《星际争霸》

的竞技场,我们只是想证明我们可以围绕活动关联上商业模式和收入。每个人都假定我们有无限的资金可以用于投资,以及我们正在尽可能多地榨取金钱。但如果这些活动能够支持自己延续下去,我们就可以做很多事情。我们不认为自己能吸引一百万人来注册 PPV,但我们确实看到了基于这样的观众规模来吸引广告商和赞助商兴趣的机会。我希望我们明年计划的内容能够更加开放、免费,并再次向观众开放。总得有人付钱。要么是我们付钱,广告商、赞助商付钱,要么是社区付钱。我希望社区是这个等式中的最后一道防线。

MLG 的转型活动得到了培养娱乐和媒体行业人才的福赛大学的赞助,在继续探索收入模式的同时,它放弃了 PPV 的方式。正如迪吉欧瓦尼所说:"在创造可持续发展的商业和保持社区满意度之间存在微妙的界限,并且保证这两者之间有直接的联系。"(Breslau,2012)

在游戏界这种非正式的不卖 PPV 的规则中,以暴雪游戏为主题的一年一度的暴雪嘉年华是为数不多的例外。它在 2008 年与直播卫星电视 DirectTV 建立了合作伙伴关系,但在 2009 年将业务扩展到在线直播,现在触达了大量观众。[24] "虚拟门票"的价格约为 199 美元,播出内容包括大会中的开发者座谈、各种活动和电竞锦标赛(以及一些游戏内购物品)的现场直播。大会的电竞部分通常也进行免费流媒体直播,据报道,2017 年的全球在线电竞观众超过 80 万人。

也许是感觉到付费模式仍有潜力可挖,就在本书定稿之际，暴雪公司宣布，观众可以以每个季度 29.99 美元的价格获得热门竞技联赛《守望先锋》的额外内容。公司的 Twitch "全域"通行证将为用户提供特定的游戏内皮肤——作为用户实时聊天时的独特 Twitch 表情，以及"守望先锋联赛指挥中心"。但有些用户表示失望，因为不管话说得多好听，他们仍无法控制游戏内看比赛的视角，那些有权限的用户则将获得额外的镜头视角、幕后花絮以及各种录制内容。作为一个增值内容包，它似乎分散击中了活动组织方一直以来探索的各类"收入桶"。它是否能取得成功，还有待观察。

赛事收入。在电子竞技制作中，现场活动目前被处理成为媒体奇观的一个组成部分。精心设计的灯光、舞台、预先制作的内容，甚至音乐嘉宾，现在都已成为演出的一部分。从本质上讲，它还依赖于在视觉上将观众带入直播，将摄像机对准欢呼的人群。让体育场馆爆满、把总决赛变成长达一个周末的盛会，已成为常态。然后这些内容将向全球观众播出。

这些锦标赛的规模和光鲜程度都在不断增长。在过去，像世界电子竞技大赛（World Cyber Games）这样的赛事能吸引相当多的观众，而现在的锦标赛规模更大。《Dota 2》的国际超级联赛的决赛在西雅图钥匙球馆（Key Arena）举行，连续几年的观众人数都在 17000 人左右。为期六天的门票价格为 99 美元。2016 年的《英雄联盟》冠军联赛全球总决赛，每天的门票价格从 47 美元到 71 美元不等，洛杉矶的斯台普斯体育中心汇聚了 2 万人。ESL 的英特尔极限大师赛

2017 年在加利福尼亚奥克兰举办，两天的门票价为 34 美元，每天的现场观众人数多达 6000 人。在这些场馆，购买 T 恤或粉丝装备成为一种日益增长的趋势。狂热的爱好者热衷于通过在场馆的快闪店消费这种方式来表达对战队、游戏或队员的喜爱，他们的消费收入由各个利益相关方分配。

现场活动在很大程度上仍是一项进行中的工作，在我为本书进行研究时，尚未成为电子竞技的有意义的收入来源。事实上，现场活动有时会亏损或勉强达到收支平衡。这些活动通常在体育场馆举行，为摄像机镜头创造了引人入胜的视觉奇观，同样也意味着高昂的价格和数以万计的座位。活动经常持续整个周末或更长时间，现场参与者的体验可能并不愉快。活动通常是比赛和展会的奇怪组合，游戏/电脑演示站分布在偌大场馆的不同地方。由于电竞赛事的比赛与比赛之间通常会有很长的间隔，再加上要让数万人在一个体育场馆内尽情娱乐，制作人在大型现场活动中面临着真正的挑战。

尽管制作人往往着迷于这样的视觉效果，但对现场观众来说，延续这种传统的体育空间可能并非最佳选择。2016 年我在美丽的波士顿王剧院参加了由 PGL 举办的《Dota 2》波士顿特级锦标赛。那里的座位很舒适，那里的空间提供了一种更亲密的体验，既能很好地捕捉粉丝的热情，又更加现场观众友好。这与坐在巨大体育场馆里的体验形成了鲜明对比，但更受欢迎。电竞赛事通常延续多日，对观众的耐力提出挑战；而制作方似乎有意将大型体育场馆选作活动地点，追求视觉效果或收入。二者能否协调兼顾，我们拭目以待。

众筹。尽管在过去几年中免费游戏模式兴起，免费的UGC也得到了广泛发展，但这并不意味着玩家不愿意在电竞上花钱。国际电竞大赛等锦标赛从阀门公司的战斗通行证（Compendium and Battle Pass）销售中受益匪浅，该通行证是一个数字套餐，包括游戏内购道具到"下注"系统的所有内容。人们购买的数量越多，购买者能得到的激励就越多。每销售一笔，阀门公司都会从中抽成放入赛事奖金池中（目前比例为25%）。当这一众筹系统于2013年开始启动时，通行证的销售为奖金池贡献了280万美元。仅仅一年后，这一数字就上升到了1090万美元，2017年更是突破了2300万美元。在这里关键的是，国际联赛不仅是一项大型电竞比赛，也是一项在全球范围内进行播出的大型**媒体**活动。而且，与其说商业广告是这一内容制作的资金来源，不如说粉丝是其经济活动的核心。

像国际联赛这样的锦标赛体现出了玩家和粉丝的氪金实力，他们往往希望通过消费来表达忠诚、支持和热情。对某些人来说，这意味着购买多份拷贝。这是游戏、正式比赛及播出与粉丝的热情、承诺和情感劳动交织在一起的一种强大方式。这也是玩家参与这一回路持续自我反馈的例子：玩家获得某款游戏并热衷于玩它，然后玩家的粉丝行为被利用——他们为自己购买数字商品，这些行为还进一步扩大玩家基础和拓展媒体空间（包括比赛和播出），这反过来又为游戏注入了更多动能，留住了玩家并吸引了新玩家，回路如此不断循环。

尽管众筹在游戏领域和其他领域都已被证明是一种强大的机制，能让消费者支持他们所热衷的商品和活动。但我对系统在多大程度上可以并能健康地依赖于这种模式有些犹豫。我的担忧之一在于将粉丝变现到这种程度的伦理问题。当然，粉丝为自己喜爱之事提供经济支持是合理的，也是令人兴奋的。毫无疑问，他们能用自己的钱包对事物投赞成票或反对票，这是一种特殊的力量，尽管也是一种狭隘的力量。电子竞技有史以来一直有赖于粉丝在金钱、时间和劳动上的巨大贡献。这也是爱好者对电竞运作方式施加影响的方式——无论是帮助决定规则设置或赛事结构，支持他们认为有价值的特定游戏，还是创造电竞的整体文化。通过经济手段表达出来的粉丝力量非常重要，不应该简单地被视为一种剥削或肤浅的行为。购买通行证不仅是表达对电竞的支持的方式，还可以表达对该领域职业选手的支持。当人们解释为何购买时，经常会谈起对战队和职业选手的忠诚，以及帮助他们维生的愿望。购买还有助于人们感觉到他们正在以一种原本可能无法实现的方式参与活动。

然而，如果我们不去思考变现的伦理问题，那也是我们的失职。我不想提出一种理论来声明游戏玩家只是被愚弄了——他们往往对粉丝经济具有洞察力；但我也不想说公司没在一定程度上利用玩家社区的情感参与做生意。马特·德默斯（Matt Demers）是一位经常报道电竞的作家，他在讨论 Twitch 打赏系统时提到了这个问题。人们可以通过购买系统内虚拟货币在聊天中发出欢呼，而 Twitch 从中抽取分成。德默斯认为："如果 Twitch 想基于粉丝支持自己社区的利他主义来向我们卖东西，那就很难忽略'提成'这一房间里的大象，很难忽略这和现行标准'点击打赏按钮，直接汇款，他们（或您选择）处理费用'之间的冲突。"（Demers，2016）就像一些全能型游戏主播对打赏一事表示担忧，甚至会在自己觉得打赏走向失控时将其关闭一样，各组织机构也该认真思考他们在没有充分考虑到所涉及劳动的情况下将粉丝情感变现的方式。例如，仅将数百万美元数字销售收入的四分之一返还给真正的职业选手可能是不公平的，因为是职业选手在做大量工作吸引更广泛的玩家群体。

这就涉及我关注的第二个问题，也是更为结构性的问题：这些巨大的众筹奖金池是否实际上扭曲或忽视了这个需要每日维持的竞争空间？正如电竞记者弗格森·米切尔（Ferguson Mitchell）在分析《Dota 2》与决赛挂钩的巨额众筹奖金池时所断言的那样，它实际上破坏了竞争性社区的长期稳定性。他观察到，"最可怕的事实是有很多队伍是围绕赛事建立起来的"，这种与资格赛体系相结合的人员聚集，产生了一种全有或全无模式，在这种模式中只有顶尖的竞争者才拥有资源。米切尔认为，在目前的格局下，"底层选手"也即那些尚未达到能进入决赛的顶尖精英水平的选手，"正在被一种没有回报的无情的赛制所践踏"（Mitchell，2014a）。游戏研究学者威廉·帕廷（William Partin，2017）认为，这种制度造成了"《Dota 2》玩家之间的巨大贫富差距和收入不平等"。与此形成鲜明对比的是,大型格斗游戏赛事进化冠军系列(下文简称"Evo")宣布,它将把从Twitch打赏系统中获得的众筹资金(占Twitch总收入的30%)直接给玩家和解说,而不是将其作为赛事收入的一部分收入囊中。

阀门公司尝试将奖金池的产出直接转移给消费者,这种尝试也延伸到将众筹机制纳入其向艺人支付报酬的方式中。通行证系统被大多数玩家所接受,但在演艺人才报酬上采用众筹方式遭到抵制,尤其是一些知名解说员的抵制。2014年的国际邀请赛采取了一项制度,允许人们付费在其数字商品上附加"签名",其中一定的比例将归解说员所有。但有些人,如詹姆斯·"2GD"·哈丁(James "2GD" Harding)表示沮丧,因为在这个制度中没有任何基本工资保障。[25] 对像哈丁这样的解说员来说,往往从活动一开始便待在会场直到深夜,长达几十个小时在镜头前工作,因此这种付酬模式是远远不足够的。这个问题被暴露出来后,得到了纠正。但对许多人来说,这不仅凸显了这种资金模式的局限性,还凸显出一些公司为了将成本直接转嫁给消费者而不惜铤而走险。

考虑到许多职业选手和演艺人才所面临的经济收入不稳定状况,我认为这些做法是不道德的。通过直接销售或作为公关形式的间接销售,主要游戏开发商从电竞中赚取收益,这些收益与真正的职业选手的收入之间差距巨大,这种差距凸显了行业内令人担忧的分层(stratification)。对这点的讨论也可延伸到主持人、解说员甚至制作团队等人才身上。几十年来,因为热爱电竞、致力于电竞取得突破,电竞选手和从业人员都愿意放弃可维持生计的工资，更不用说长期的职业稳定性。鉴于电竞行业目前的快速发展，必须采取更多措施来照顾行业从业人员。从电子竞技中获利的游戏公司有责任为玩家和职业选手的长期的健康经济发展作出贡献，尤其当很多收入是建立在粉丝基础上时。

纵观目前电竞播出行业所采用的各种经济模式，不难发现这是各种途径杂糅在一起的混合体。其原因部分在于没人能完全确定什么是长期奏效的，部分在于劳动分工的不稳定性和组织内部不断出现新的专业化形式。近二十年来一直致力于打造行业的第三方组织者对自己的工作越来越感兴趣，同时也面临着新的竞争。在打造电竞比赛方面，除了少数例外，游戏开发商和发行商长期以来并不活跃，但现在也经常介入其中。平台开发商正试图在这一领域分一杯羹。再加上更广泛的媒体制作和发行的深刻变化，迭代、尝试、失败和经济波动很可能还会继续下去。

构建受众和市场

贯穿于收入模式问题中的一条重要线索是，人们在电竞播出的世界中对受众和市场进行怎样的想象。在我的访谈中，那些创作产品和尝试做受众画像的人呈现出了两种具有一致性的模式。第一种与广告有关，第二种与游戏玩家的内部模式有关。当公司在制定活动细节时，总会有一种想象中的受众，在讨论包装、营销和销售时同样如此。即使是活动结束后的"回顾片花"也与受众紧密相关,并被利用作为未来活动的销售手段。

这种模式并非电竞或更普遍意义上的直播所独有,而是商业化领域中的内容的一种存在方式。媒体研究学者托比·米勒（Toby Miller，2010）曾指出,制片人不仅想吸引观众,还想"制造观众"。观众并不是既定的经验事实,而实际上是建构起来的包装——描述、理解和捆绑大量观众的方式。不同流媒体社区都会阐述其受众愿景,同样,平台、游戏开发商/发行商、广告商、赞助商以及其他经济主体也在构建其受众模型。这些对受众的概念化又被反馈到系统中,并努力进行或重新进行观众分层。制造受众是一项持续进行的工作,但在电竞飞速发展的现在,考虑这一点尤为重要。

想象中的受众与广告

谈到对受众的想象,可以说数字游戏产业仍落后于文化潮流和实践。尽管游戏开发者已经在理解其产品用户具有异质性这件事情上取得了长足进步,但仍有不少工作要做。其中的一个主要因素仍旧是对休闲和性别在人们日常生活中的作用存在深刻误解。在过去15年里,对究竟谁在玩游戏这一问题的文化期望发生了巨大改变,但电子竞技并没有跟上。女性实际上对竞技游戏进行了参与并展现出兴趣,但她们在全面参与方面仍面临着巨大挑战。目前在入行和留住人才方面持续存在严重的结构问题和文化障碍,但任人唯才的言论仍占了上风。认为女性对直接竞争不感兴趣的过时观念仍然盛行,围绕招募方式、社交网络力量、公然骚扰和性别歧视等跟社会学相关的问题,仍然普遍存在。[26]

遗憾的是，认为女性不是电竞活动核心的观点也影响到了观众建构和观众参与。女性不被视作观众席上的重要利益相关者，进而被排除在其经济基础之外。简言之，18 至 25 岁的年轻男性一再被视为电竞赞助商和广告商所珍视的人群；反过来，赛事和播出也以他们为中心。[27] 他们在播出中以各种方式接受"欢呼"，成为想象中的观众，并最终掌握了巨大的原制度权力。

这种立场部分源于广告界长期以来"不言自明"的认识，也即年轻白人男性是传统途径无法接触到的宝贵消费者。因此，广告商一直寻找新的方式来向这个难以触及的市场传递信息。电子竞技正是工具性地利用了这一恐慌，在其销售模式中突出强调自己非常了解这一细分市场，并能有效地接触到这些目标受众。而且这不是隐藏的修辞。如果你听过知名电竞公司高管和拥有电竞的游戏开发商的公开访谈，就会发现他们将这个概念吹捧为其"产品"的首要优势。这种关于谁是有价值的受众的言论，呈现出生存实用主义与性别种族意识形态的碰撞。各家公司都在不遗余力地寻求赞助商，并不避讳使用这些陈词滥调。

然而，正如我们多年来在游戏研究中看到的那样，行业从业人员对其空间的认识与经验证据之间存在差距。我当然记得在开展大型多人在线游戏研究的早期，我们中许多人掌握了大量关于女性玩游戏及其动机的数据，这些数据打破了以往关于"女性喜欢什么"的简单概括，却始终遭到行业的抵抗。更多时候，这种抵抗而非实际的用户实践和体验，掩盖了对性别的更深刻的假设。事实上，如果你读过游戏研究早期的一些定性研究，你会清楚地看到一场文化变革正在进行。电脑游戏正在从一项主要由年轻男孩和男人参与的活动，转变为一项女性也能参与的休闲活动，并能够横穿她们的生命周期。

电竞领域的对话也是如此。我们看到越来越多的女性在玩《英雄联盟》《守望先锋》这样的竞技游戏，参加电竞赛事，看在线直播，并成为游戏、选手和战队的粉丝，却被行业告知自己只是可以忽略不计的部分、一个异常现象，而非人口统计学意义上的"核心"目标。尽管女性对竞技游戏表示出浓厚的兴趣，但在进入游戏和留在游戏的过程中却不断遭遇障碍。无论是故事、广告和视觉效果缺乏对女性的呼应，还是赤裸裸的骚扰，女性在进入电竞的过程中总是面临着严峻挑战。

应该在市场营销和受众建设中采取这样的意识形态举措：让没被看见的游戏行为得以彰显，给想象中的玩家重新定位。鉴于电竞经济在很大程度上依赖于销售，从售卖广告到与游戏开发商/发行商和其他赞助商达成交易，因此有巨大的动力来对电竞粉丝进行人口统计学特征的归纳，然后就可以说捕捉到了用户画像，并将其反馈给广告商和赞助商。传统的广告公司担心自己已经失去了触达年轻人的能力，而现在看到（常常处于水深火热之中的）电竞公司信心满满地宣称，他们已经做好了触达这些珍贵人群的准备。

不难看出，此举一开始全无恶意。电竞公司所提供的人口统计学画像无疑是电竞粉丝的重要组成部分，尤其是在最初几年。但当这种画像被视为**永恒不变的和首要的**时，问题就来了。当经验性的考量变异为意识形态考量时，人们就会拿出行业"报告"和反复出现的刻板印象，延续对受众的狭隘理解。正如米勒

（Miller，2010）以历史上对拉丁裔美国受众的错误统计为例所说明的那样，分析错误不仅可能源于方法不当，也有可能源于政治、经济和意识形态的框架。洛茨（Lotz，2014，207）还指出，通过测量来构建受众的方式，与受广告支持的媒体尤其相关，也是"在产业变革时期鼓励和阻止各种创新"的方式。

电竞销售团队所面对的对象，无论是广告商、赞助商还是游戏开发商/发行商，往往倾向于拥有一种相当保守和过时的受众观，即游戏主要是年轻男性的领域。向他们推销其他生产方式和受众构成，根本得不到关注。结果就是老调重弹，年轻单身男性永远居于对受众想象的核心。这样便固化了每个人心中占主导地位的电竞受众画像。如果你的身边一直被这种模式围绕，那毫无意外你会觉得这就是现实，这反过来又限制了你对新的可能性的了解。几十年来这种明显的恶性循环的代价是，女性和女孩在数字游戏领域的获取和参与机会（跟男性和男孩）一直不均等，而这种恶性循环现已蔓延到了对受众的构建上。

电子竞技作为具有实际经济利益的媒体空间，其地位日益突出，一个新的角色也就随之出现：分析师及其报告。这与传统媒体领域的指标和受众报告这一庞大产业并没有什么不同。这些报告通常配备丰富多彩的图表，包含大量炒作和新闻发布，在电竞的发展中扮演着重要角色。不幸的是，这些未经过同行评审、采用"黑箱"数据的准研究报告，在性别与游戏方面观念经常倒退。这些报告往往过于昂贵，因此得不到广泛的阅读和评估，反而被用作"数据"，反馈进有缺陷的循环中。业务开发人员头脑中往往已经形成了固定的使用和用户模型，他们会定期翻看这些报告，却不是为了寻找有意义的研究，而是为了向内部利益相关者进行论证。

特别是对定量数据的依赖，正持续造成人们对实际受众、理解和使用的深刻误解。其中通常有三个主要罪魁祸首：问卷调查、算法生成的数据及画像、大数据。对研究人员和那些不是分析师却经常依赖于分析工作的业内人士而言，重要的是了解这些方法的局限性。尤其是现在不少行业公司都声称自己是"数据驱动型"，但利益相关方和管理人员往往缺乏基本的社会科学方法论训练，无法对他们所用的报告作出评估。正如贝姆（Baym, 2013）在她关于衡量受众和在线指标的精彩综述中所说："拥有大量可用数据并能以不同方式调动这些材料，无论这看起来有多棒，大数据的承诺都将对数字不加批判的信仰、对数字所能解释的问题的炒作与真正的潜力混在了一起。"[28] 考虑到她的这番论述，容我对这些方法再多说几句。

调查数据可能很诱人。它似乎提供了巨大的、自信的、有概括性的主张，特别容易为销售所用。有了"调查猴子"（Survey Monkey）这样的免费在线工具、发些象征性代币游戏福利就能在内部完成的"快速粗略"的调查，不做调查似乎就太傻了。但是高质量的调查工作不容易，成本也不低。问卷中问题措辞不当或抽样不佳，都无法得到高质量数据，还会对后续分析造成致命打击。正如电视研究学者在几十年前就指出的，"看电视"是一个比乍看起来更为复杂的范畴，而定量测量往往没法完全捕捉不同的语境以及微妙的行为和态度。[29] 例如莫利认为，对观众的测量历来不是对收视的量化，而是简单把握电视是否打开之类的情况。这种测量往往倾向于假定，收看某内容就表示观众明确具有观看该内容的愿望,而不是下班回家后的一种固定习惯。这些测量方法的取向也非常不符合社会学,只是在想象个体行为者作出的单一选择,而非塑造了电视内容的社会和语境依赖性(Morley,1992)。

算法生成的数据和画像以及与之相伴的大数据,是尤其适用于在线空间的"数据驱动分析"武器库中的最新产品。这种产品的崛起源于这样一种导向,即假定大多数有意义的数据不需要采样,而可以通过平台和各种数据库自动获取。前者是认为已拥有全部数据,就不需要考虑子集;后者包括类似常客卡的轨迹或从信用卡公司购买的数据。人们往往毫无质疑地相信,所有这些数据都能提供清晰的模式和趋势。数据分析最终生产出"用户画像"或用户类型,而大数据经常用可视化方式呈现,似乎可视化一切就能提供明显的分析和洞见。我猜大多数人都见过那些让人揣摩不已的"网络图"(network maps),图上的线条和大小不一的文字似乎在暗示着什么有意义的东西。或者,你也见过从谷歌或其他在线分析服务中得到的基于人口统计的声明。

这种动向并不新鲜,它与电视观众测量的悠久历史息息相关。洛茨很好地向我们展示了内容分销渠道的变化如何经常扰乱传统的观众测量技术,以及"参与"(engagement)如何在后网络电视时代成为一种新的"通货"。这种"参与"不仅是简单的观看行为,还包括观众通过在社交媒体上分享来展示自己的参与度,这种对参与度的追求已经成为一种准则,许多平台现在都围绕它提供衡量指标。媒体评论家马克·安德烈耶维奇(Mark Andrejevic,2009c)讨论了对受众进行追踪和量化从而验证广告效果的愿望是如何伴随着各种分析方法的使用而增长的。

当我们试图理解休闲活动、游戏、直播，特别是电子竞技时，这些研究方法仍然存在一些严峻的并往往是致命的挑战。这些数据的产生，很少考虑到多设备使用、账户共用、非登录使用、日常语境等情况，以及人们如何理解自己的行为并赋予其意义。通常情况下，登录的过程并没有真正收集性别等数据，更不用说可以将所有行为有意义地关联起来的数据了。显示类似"观看时间"这样的大类数据图表回避了一个事实，即它们实际上无法捕捉真正的观看行为；它们最多只能显示内容在屏幕上播放的时间。它们无法捕捉房间里其他没有登录但也在观看和参与的人的行为。它们无法将多屏幕观看计算在内或将多任务语境考虑在内。从根本上说，它们只能捕捉到最粗略的信息，如服务器被调用来接收数据的次数。

但其中最有害的，也许是大数据和算法生成的系统以极端保守的方式在被使用。我指的不是政治意义上的保守，而是社会科学意义上的保守。这些模型通常因为你的所作所为**被辨识为男性做的**而假定你是男性，或者**被辨识为女性做的**而假定你是女性。举例来说，这就意味着，如果一个女人的休闲方式或兴趣"看起来"像是男性的，根据这个系统，她可能会被错误地归类为男性。从该系统中提取的数据和相应的马虎分析，再被反馈到糟糕的分析中，进一步强化了刻板印象。简言之，做"男性化"事情的女性，在系统看来更像"男性"了（反之亦然）。只有当文化发生巨大转型，也即重新定义男性和女性可以做什么而不被羞辱后，这种偏差才会得到处理和解决。在此期间，反例、创新者和潮流引领者，以及与主流文化模式完全不符的行为，可能会被忽视，被认为是无关紧要的异常值或被完全误解。

在关于性别与休闲的研究中，定量数据最主要的问题之一是通常无法捕捉到文化模式和偏好的快速变化趋势。而且这些所谓的数据往往是大范围采集的，在分析中没有进行严格的解释。尽管这样的研究方法旨在了解"实际行为"而非声称的身份，但在实际操作中，这些方法却远远落后于人们非常复杂的实践组合和理解自身的方式——这些参与变化太快，定量模型通常无法解释。一些平台已经意识到，其他变量可能比性别更重要。例如，被《连线》称为"臭名昭著的数据驱动型公司"的网飞，在决定投资哪些节目时，就放弃了性别这一变量。网飞负责产品创新的副总裁托德·耶林（Todd Yellin）说："我们手头掌握着海量数据……这些数据由两部分组成。垃圾占其中的99%，黄金只占1%……地点、年龄和性别？我们把它们归为垃圾堆。"（引自 Barrett，2016）但是作为一名学者，我建议在全面拒斥某些变量时要持更为谨慎的态度，在特定的领域和语境下，必须对这些变量进行谨慎的考虑、衡量和阐释。问题在于，我们常常错误地将一些事情的原因归因于性别，而事实上如果不仅仅通过其他变量，还通过其他变量和性别的交叉来理解，或许能更好地理解这些事情。[30]

不断变化的休闲模式不仅对研究人员来说很重要，对密切关注市场兴衰的利益相关者来说同样重要。抓住一个已知的市场或其人口统计学特征是一回事，领先于竞争对手则是关键的商业优势。增长点往往是人们身处或想去的地方，但尚未饱和或尚未被他人利用。其中有几个值得注意的点：关键的文化时刻（cultural moments）和发展中的文化时刻。

　　大的文化转变通常是不可预测的，尽管一旦来临似乎又不可避免。举例来说，想想《魔兽世界》《我的世界》《宝可梦 Go》所促成的主流的变革吧。它们只是游戏中一个小小的组成部分，但一度成为大众文化的重要部分，甚至连《纽约时报》这样的主流媒体都对它们进行了报道。作为一个曾经做过大型多人在线游戏研究的人，我仍记得当时自己的惊讶之情。《我的世界》为成百上千万名孩子打开了 UGC 的大门，也促生了他们在 YouTube 上观看自己喜爱的游戏玩家的实践。最近，《宝可梦 Go》体现出了另类实境游戏（alternate reality games）的强大潜力——该游戏类型已经以各种形式存在了几十年。在某特定游戏突然大爆之前，其实所有这些实践和平台都已存在。它们都跨越了性别，成为主流的文化对象和活动，成为不与任何特定身份严格挂钩的流行休闲方式。它们成为变革性的事物，将人们带入游戏的同时也改变了公共话语。

　　我们现在已经看到，在电子竞技领域，直播的引入为竞技游戏带来了巨大的受众数量。在短短几年内，它带来的主流关注远超过去数十年间的活动。我一次又一次地听到女性（坦率地说，还有男性）讲述，她们如何从喜欢与家人朋友一起玩《英雄联盟》或《守望先锋》到去酒吧第一次观看《星际争霸》的现场比赛，或者观看在线比赛时产生的对电竞的惊奇和兴奋。这些大型赛事如国际联赛、Evo、《英雄联盟》冠军赛或英特尔极限大师赛，通过直播而崛起和扩大，彰显出在漫长发展轨道上的亚文化是如何以意想不到的方式迸发的。受众模式尤其是围绕性别确立起的受众模式，必须足够灵活才能应对这些重大的文化转变。

公平与伦理

在行为、实践和身份发生意外转变的时刻之上，是文化发展的长期博弈。当人们谈到有必要展开调查以了解"究竟有多少女性真的喜欢电子竞技"时，我经常会问，在五十年前询问女性对足球或体育的兴趣，能有多大用处？如果你做了这样的调查，你很可能会得出"不，对此没什么兴趣"的判断，且不觉得有推动改变的需要。但这并不能让你了解观众及其参与的发展，以及如何寻找发展的潜力并种下发展的种子。这不仅仅是一个市场问题，也是一个伦理问题。

在美国的社会语境中，包括法律和政策在内的文化和制度干预，使得一场深刻的社会运动得以持续培养妇女和女童的体育精神和运动参与。令人遗憾的是，在女性体育运动史中，许多有天赋的运动员曾被禁止参加比赛，同样具有毁灭性的是，妇女和女童甚至没有机会参与体育运动，因为人们担心这会对她们的身体造成伤害或影响"女性的敏感气质"。直到1971年，女性还被明令禁止参加波士顿马拉松比赛。像罗伯塔·"波比"·吉布（Roberta "Bobbi" Gibb）和凯瑟琳·斯威策（Kathrine Switzer）这样的敬业运动员不得不偷偷溜进赛道或遮掩身份参加比赛。长期以来，对女性参加体育运动的禁令与将女性排除在公共领域和民主领域之外的愿望相吻合。虽然在性别和体育领域仍存在着严重的问题和令人深感忧虑的规定——例如，国际奥委会通过各种"性别测试"来对身体作出规定，甚至直接禁止女性参加某些体育项目（例如女子跳台滑雪无缘2010年冬奥会）——但美国在将妇女和女孩带入体育运动、进而带入公共领域方面还是取得了很大进步。

早期倡导者开展"体育日"活动，让妇女和女孩在友好的、低风险的环境中尝试进行体育运动。社区和地方机构通过各种举措为妇女参与体育运动奠定了基础。1972年，联邦立法出现了关键转折，美国教育法修正案《第九条》规定："在美国，任何人都不得因性别而被排除在接受联邦财政资助的任何教育项目或活动之外，不得被剥夺此类项目或活动提供的待遇，不得在此类项目或活动中受到歧视。"（TitleIX.info，2016）该法案涵盖了从学术评估到性骚扰的一系列领域，也是撬动体育变革的杠杆。

推动通过《第九条》并使之获得持续捍卫的一个重要原因是，人们从根本上认识到，即使在休闲领域，性别平等也是一项重要权利，而公平的机会和支持是民主社会的核心。有些人将性别平等的益处与领导力和团队合作技能的提升联系在一起，而我则想用一个更基本的案例来说明性别平等为何重要。如果这些都是附带的好处，就再好不过了，但体育、玩耍和游戏不一定要服务于工具性目标。休闲，甚至有时进行职业转型是人们的一项权利。能够参与各种活动、实践各种主体性，从而发展和表达我们的人性及与他人的联系，是我们应有的权利。即使它"没有任何意义"，妇女和女童也和其他人一样有权在体育、竞技、粉丝行为和观看中获得乐趣。[31]

正如《纽约时报》一篇回顾《第九条》四十年影响的文章中所说："《第九条》对美国社会的深远影响，怎么夸大都不为过。在

《第九条》颁布的前一年，美国约有 31 万名女孩和妇女参加高中和大学的体育运动，如今这个人数已超过了 337.3 万。"（"Before and after Title IX"，2012）尽管在支持女性参与体育运动方面仍有许多工作要做，但毫无疑问《第九条》为妇女和女孩开放了体育运动参与权。无论是青少年足球队、业余马拉松赛、各种职业体育运动，还是日常锻炼和万步走，女性参与体育活动的渠道和愿望都得到了很大的发展。

《第九条》的部分威力在于创建了一个法律框架，为人们去探索活动提供了结构性的支持。当妇女和女孩参与到体育运动中去，她们的参与获得了合法性，她们的竞赛也获得了合法性。我们正处于电子竞技的关键时刻，必须开始重视类似《第九条》推动的这种合法性的道德呼唤，以及作为基本人权的公平参与的必要性。对那些仍将电竞视为奇怪的小众游戏或觉得休闲活动很无聊的人来说，这可能听起来有些夸张，但其重要性是确定无疑的。无论是粉丝、玩家还是业内人士，参与电子竞技的权利都不应比传统体育运动的标准更低。如果你觉得女性在生活中被阻止参与体育活动和比赛会是件令人震惊的事，那就应该停下来思考一下电竞的发展轨迹。

随着直播的发展，越来越多的游戏开发商和电竞公司开始创办赛事，同时也在努力思考是否要从传统体育中引入性别区分（gender segregation）。根据我的经验，许多电竞领域的从业者目前明白电竞在颠覆落后的技能和知识上的力量，但往往苦于不知道如何理解女性作为玩家和潜在观众在电竞领域中的边缘化现状。对通常会参考传统受众细分规则的赞助商和广告商来说，即使是最心怀善意的业内人士,最终也会重续自己曾犹豫要不要继续下去的框架。在这样的困扰中,有两条关键线索值得抓住:一条与生理性别有关,另一条与社会文化因素有关。

电子竞技行业的专业人士经常谈到,电竞比拼的并不是身体上的差异。在这个意义上,他们可能会真正彻底颠覆传统体育长期存在的论点:生物学即命运。从历史上看,这种模式认为,男女在生理上存在巨大差异,围绕这个"事实"存在着一个基本现实,沿着这个思路下去,对竞技体育进行性别分层是合情合理的。有时被简称为"肌肉差距"的这种分层,是沿着性别分类和性别隔离来理解人类行为的框架。它支撑着这样一种观点:性别（gender）和性（sex）都是一种简单的二元对立。电竞参与者通常认为这种模式在电竞领域没什么意义,这主要因为他们将电竞视为一种不依赖于力量等传统类别的活动。但这种划分遭到了许多学者在更广泛意义上的质疑,他们指出,（草率的）科学被用于将这种划分具体化,并认为性别差异被常规性夸大了。[32]

玛丽·乔·凯恩（Mary Jo Kane）等体育学者接受了这一批评,并主张在体育运动中存在着连续性（continuum）,认识到这一点可能有助于我们有效打破简化的模式。她认为,二元模式以不同的方式表现出来,从隐藏女性对传统上被认为是男性运动的橄榄球或冰上曲棍球等的参与,到消除性别内和性别间的体能差异的不同层次。她以马拉松为例,这一例子很有说服力。她描述说,我们可以看到"男女选手在同一条赛道上同时奔跑,沿路绵延数里,其表现被随意解读"。然而,正如她敏锐地指出的那样,这种肉眼可见的复杂性被简化为男女之分,"某种性别比较被强调,另一些则被完全忽略"(例如,女性如何经常在同一场比赛中击败男性)(Kane,1995,209)。对凯恩等人来说,将体育运动在性别维度上进行建构,仍是一种基本的意识形态行为,抹杀了体育经验实际上存在的连续性。

然而,正如体育社会学家长期以来所观察到的,性别而非性才是理解竞技体育在我们社会中的功能的有力范畴。我的意思很简单,这与一个人与生俱来的生殖器官无关,而关乎特定社会文化语境(与种族、阶层、性取向、残疾、宗教和国籍等交织在一起)下的性别身份和身体,后者塑造了运动参与行为。这正是体育产业认为二元模式不具有实际价值的直觉式的理解。从参与的社会、文化和结构性障碍的角度来思考公平问题,可能会给体育产业带来丰硕的成果。

女性在进入电竞行业和留在行业时面临着巨大阻碍。缺乏进入竞技性网络和非正式学习的机会,遭遇污名化和骚扰,缺乏榜样,这些都凸显了阻碍女性在电竞职业化道路上发展的社会和结构性因素。长期以来,学者们也一直指出,媒体会掩盖或歪曲女性对体育运动的参与。体育媒体在维护二元模式和性别区隔模式方面发挥着强大作用。体育媒体对女性参与体育的报道很有限,尽管受众有兴趣或有可能感兴趣。体育媒体常常关注女性运动员的性征或外貌而非她们的技能和成就,并总是通过视觉、语言和叙事框架来再生产区隔和差异。

当电竞成为媒体产品,它也开始与体育中的霸权再生产更紧密地联系在一起。长期以来,电竞领域一直在与其特有的男性气质形式(如极客和运动员)以及如何处理女性问题作斗争,而直播使得解决这一问题的难度提高了。出于电竞行业对传统广告和赞助的依赖，关于受众的老套说法越来越发挥着作用。这些说法倾向于传统的受众和市场分层，不幸的是，它们一直与追逐年轻男性市场绑定。电竞作为一种媒体资产，正在形成一些公众想象，包括电竞可以是和应该是什么，它是为了谁和不是为了谁，谁应该在和谁不应该在。正如我们从传统体育的历史中看到的那样，关于公平的伦理必须成为我们理解这一领域的核心。能够公平地接触和参与电子竞技，甚至包括成为一名观众和有价值的受众，这不仅是游戏开发者，也是其合作媒体必须关注的问题。

培育新的市场和受众

当然，许多新公司，尤其是在分众领域或利润微薄的领域经营的公司，并不考虑伦理上的迫切需要，甚至不考虑市场开发。他们只去摘取"垂下的果实"。在电竞领域，这意味着"抓住那些我们明确知道他会玩我们游戏且广告商也想要的人"。我明白这一点。资金是紧张的，劳动力是捉襟见肘的，万事万物都处于不稳定中。但那些梦想着电子竞技终将崛起、虽不能称霸却也让人仰视，受此梦想驱动并有志于看到体育和媒体发生巨大变化的人，却没有在自己的商业模式中留出空间来考虑未来，还可以粗略地说，没有考虑**现在**还剩下多少钱。这也真让人挠头不已。

这种对更广泛的受众的关注，是传统体育在被严重忽视了几十年后不得不面对的问题。彭博社针对橄榄球观众进行调查后，在一篇报道中指出：

NFL 要想发展，就必须讨好女性，她们是增长最快的球迷群体。不管你怎么统计，在过去几年中，女性观众的增长速度都远远超过男性观众。传统智慧告诉我们，所有可能成为橄榄球迷的男性都已经是橄榄球迷了。NFL 已经从这个性别的人口中榨取了所能榨取的一切。但将更多女性转化为全职球迷仍颇具潜力，而这正是联盟收入增长的来源。（Chemi，2014）[33]

大型体育联盟已经开始认识到（尽管也有些小失误），女性是受众群体中的重要组成部分，并开始关注起她们来。[34] 据报道，女性至少占常规赛观众的 30%。2015 年的盖洛普民意调查显示，51% 的女性认为自己是体育迷（Dosh，2016；Jones，2015）。她们还玩"梦幻体育"（fantasy sports）和在社交媒体上进行粉丝参与，这都是营销人员梦寐以求的"参与度"指标。[35]

除了关注传统体育领域中的女性，我认为，当我们理解受众价值时，还必须将其他重要经济角度考虑在内。尽管女性仍在为实现工资平等而斗争，但她们确实控制着家庭支出中不容忽视的部分，也是重要的经济行为体。美国年轻人当下的学生贷款债务负担越来越重，男女两性的失业和就业不足的问题持续存在，企业在排除一整个细分市场时应慎之又慎。[36] 事实上，即使有工作，男性的收入中位数也比过去低（Thompson，2015）[37]。当你把现在的经济格局与五十年前相比时，把高收入白人男性视为主要消费者的旧模式很明显与当前的现实严重脱节。广告模式似乎严重落后于实践、参与，坦率地说，也落后于经济发展。

与其依赖落后于时代的广告业中的陈旧观念，我认为，培养电子竞技的女性观众要比培养足球或其他传统体育项目的女性观众容易得多。在体育领域，还需向女性观众宣扬身体参与的概念，而在游戏领域，女性早已在玩各种游戏，并越来越快地将其融入日常休闲活动中。另外，我们现在也有了数十年的可靠数据可以证明女性是投入的玩家，更重要的是有研究表明，被归因于性别的情况实际上源于女性玩家是游戏新手或某游戏类型的新手（Yee，2008）。女性也是动漫展、动漫节、街机游戏展和其他各种粉丝聚会的参与者，这显示了她们对参与现场活动的兴趣。

新一代女性本身也发生了变化，拥有可以玩游戏的笔记本电脑或个人电脑、任天堂掌机、游戏主机和iPad，对她们来说都很正常。设备本身可以被赋予性别特征，但随着游戏技术嵌入到各种日常工具中去，女性玩游戏的可能性就更大了。有性别之分的休闲活动选择，并非由深层的基本心理或生理取向驱动，而是一系列复杂的社会学和结构性因素在起作用。随着这些因素的变化，关于什么是一个人可以享受的，什么是"像她们这样的人"可以合理去做的内部观念也在发生变化。[38]

最后，也是对电竞最关键的一点是，妇女和女童现在已经有了参与体育运动、被承认其运动员身份的历史，并已在竞技空间茁壮成长。认为女性不喜欢直接或其他形式的竞争、回避艰苦的体力和脑力挑战、不想逼自己做到最好和争取冠军的陈旧观念，现在已不再存在。现在，我们不仅拥有比莉·简·金或斯威策这样的开创者的辉煌历史，而且在她们之后的几代女性受到其成就的鼓舞，推动着女子体育运动的发展。赛雷娜·威廉姆斯、阿比·瓦姆巴赫，甚至年轻的莫内·戴维斯（Mo'ne Davis）等运动员都是了不起的人物。在她们之外，各种体育运动的粉丝和观众中的女性人数也在大幅增长。女性不仅自己玩，还喜欢看别人玩。

这些都是电竞和观众的关键因素，因为它们关系到休闲活动如何被视为性别身份、偏好和可能性的一部分，而这是前所未有的。令人讶异的是，一个如此愿意用新观念来推动体育运动前沿的行业，却这般依赖过时的性别模式。最讽刺的或许是，电竞一直不愿质疑自己对性别、观众和参与的假设，而作为其路标的传统体育却在几十年前就不得不开始面对这些问题。在观众不断增长而出现的危机的推动下，传统体育运动开始正视女性是其重要组成部分的现实。女性有时是玩家，更多时候是观众。虽然我们中的一些人因为所看到的数据和游戏参与的伦理道德，继续要求对电子竞技的性别议题加以干预，但我仍想强烈建议那些可能没感受到原则性要求的利益相关者认识到，这些数据也有助于市场扩张。

增长、竞争和合并

我在本章所描述的发展表明，虽然公司、组织和玩家已经极大地利用了直播的潜力，但该领域仍存在着重大挑战。虽然下一章将重点讨论直播中的监管问题，但在本章最后部分，我还将仔细分析竞争、许可和过度饱和是如何塑造了电竞播出这个领域的。

行业间竞争

多年来与制作人交谈时，我常会问他们最担心的是什么。其中一个人一针见血地道出很多人表达过的意思:"行业竞争让我彻夜难眠。努力让公司向前发展并有可做的业务让我彻夜难眠。"早些年,电竞领域土生土长的爱好者和第三方公司在行业内占据着主导地位,他们通常不受外界影响,而现在他们面临着多方面的激烈竞争。

在过去几年中,电竞行业最重大的变化之一就是游戏开发商对电竞的兴趣和参与发生了深刻转变。在电竞发展史上,游戏开发商们(除了暴雪等少数几个例外)几乎都是走袖手旁观的路子。随着直播的出现,以前根植于深度粉丝社区的场景开始向更多人开放,当电子竞技开始赢得越来越多的观众,游戏开发商也反过来开始拥抱电竞。这意味着他们不仅要在游戏设计时考虑加入适当的"电竞元素",还要看到符合利益的比赛和播出机会。像拳头公司及其《英雄联盟》游戏,就是将以前的第三方电竞业务活动——从赛事组织到媒体制作——吸收进了开发工作室。拳头公司为自己的游戏运营自己的全球联赛,并通过在传统体育和游戏方面具有经验的团队在内部处理赛事和媒体制作。动视暴雪虽然长期与第三方电竞公司合作开展竞技游戏,但还是收购了MLG以拥有这一垂类的部分业务。

这样的发展在电竞播出领域引起了注意。正如一位制作人对我说的那样,当游戏开发商和发行商开始说"嘿,我们自己也可以做这个,没必要雇你们"的时候,行业的中间层的脆弱性开始凸显。这不仅涉及幕后制作人员,还包括在研发驱动体系之外培养的台前人员。《洛杉矶时报》上关于ESL的文章简要地谈及了这种转变:

业内专家担心,游戏制造商将电子竞技项目内部化可能会削弱 ESL。ESL 的对冲部门专门抽调 15 名员工为较小的新游戏开发粉丝群。管理人员还认为,发行商或新入局者需要很长时间才能赶上 ESL 的技能水平和效率。ESL 还忙于拓展相关业务。它希望带头执行药物测试、博彩规范、统计保存和其他行业标准。(Dave,2016)

这些无疑都是精明之举,而 ESL 被大媒体摩登时代集团(MTG)收购也有助于其扎根于更广阔的媒体生态中。随着游戏开发商和发行商对电子竞技越来越感兴趣,在可能的情况下采取行动将其拿下也就不足为奇了。

虽然电子竞技在过去几年中确实得到了发展,但该行业中的公司仍需竞相争夺客户。一些大游戏开发商已转向内部管理电竞或使用传统媒体制作公司,但想要举办比赛或激发人们对电竞的热情的开发商和其他组织仍会寻求专业的第三方电竞公司。这些公司本身则依靠平台进行内容分发。但是当发行商进军活动和制作领域时,会发生什么呢?

这正是 Twitch 开始组建自己的电竞队伍时所发生的情况,它最后和 ESL 这样的组织构成了竞争关系。[39] 尽管大家有意把这些留在幕后,但在直播发展的初期,这成为最大的行业碰撞之一。正如第三方组织者必须厘清自己在电竞产业中的位置一样,Twitch 等平台也在不断寻找正在涌现的商机,而不仅仅是成为一个分发平台。它在播出机制和内容制作的可能性方面占据着特殊的、事实上也是强大的地位。尽管这在传统媒体领域并不罕见,但在游戏领域却是独一无二的。尽管 Twitch 仍以平台业务为主，但它已将其业务扩展到其他领域，从而引发了一些商场上的小规模冲突和紧张局势。

虽然 ESL 等公司长期以来都是电竞内容的重要制作机构，但它们自己并没有直播平台。不过，摩登时代集团在 2015 年收购了它的大部分股份，这家公司有直播平台。这也意味着 ESL 一直在寻求、事实上也需要与 Twitch 这样的播出商保持良好的合作关系。它定期与 Twitch 合作举办活动，但也必须通过招标书（RFP）投标和销售来鼓励竞争。[40]

随着 Twitch 的崛起，其他公司如 MLG 或现已不存在的平台 Azubu，也面临着各自的挑战。每家公司都与之正面交锋，试图在各自平台上整合电竞直播。通过与主播或与战队和联赛的独家协议，以及努力提供更好的收入分成，这两个平台都试图将自己定位为独一无二的竞技游戏平台。在一段很短的时间内，看起来好像会出现真正的直播竞争。

但是质量和观众人数等问题一直是一个困扰。事实上，职业玩家兼主播马修·"纳德索特"·哈格（Matthew "NaDe-SHoT" Haag）2013 年从 Twitch 平台跳槽去了 MLG 的直播服务，还召唤其他《使命召唤》的玩家一起。但他在一年后反思了这一举动所造成的损失，他说："实事求是地说，我最大的遗憾就是离开了 Twitch TV 去另一个平台做直播。"（引自 Hernandez，2015）他接着在一个问答视频中指出，他觉得游戏在平台间的转移严重影响了《使命召唤》的发展。据他观察，观众根本就没跟着走。

我自己也目睹过类似的事情上演。2014 年的一个晚上，我观看另一位《使命召唤》人气主播"死神伊阿姆"(deathlyiam)完成了他的最后一场 Twitch 直播。他和其他许多主播一样,即将转战 MLG,但并非完全出于自愿。Twitch 和 MLG 这两家公司在争夺电竞直播的主导地位,抢夺能吸引大量观众的合作主播。"死神伊阿姆"不得不在这两个平台中作出选择。合作伙伴关系合同通常包含排他性条款,Twitch 也执行了自己的条款。正如"死神伊阿姆"的聊天机器人在对话中告诉观众的那样:"因和 MLG 的合作伙伴关系有冲突,我从下周一开始将不再是 Twitch 的合作伙伴。由于我是全职主播,为了弥补收入的不足,我将只在 MLG 直播。"伴随着计时器的倒计时,他在近千名观众的围观下,情绪激动地谈起了他的社区生活和自己在 Twitch 上度过的时光。在他的最后一场 Twitch 直播还剩三分钟时,他走出屏幕,播放了一段音乐视频,并通过字幕对观众说:"说老实话,我真的爱你们。被迫作出选择真他妈糟透了。我对自己的成就无比开心。"事实证明,MLG 的 MLG.tv 并没有像某些人以为的那样成为"Twitch 杀手","死神伊阿姆"和马修以及许多其他选手最终又回到了 Twitch。该平台仍致力于执行其排他性协议。

2015 年,谷歌推出了自己的直播网站 YouTube 游戏(YouTube Gaming)加入这场竞争,坊间也出现了一大堆文章讨论合同中的相关条款。YouTube 一开始并不是一个强大的竞争对手,但它在播放录制游戏视频上具有主导地位,也是一个创新了生产和发行模式的平台,所以如果它能改进功能,并能得到创作者的支持的话,就能继续成为一个真正有潜力与 Twitch 一较高下的网站。它与 Facebook 一样,也聘请了前职业电竞选手瑞恩·"弗维兹"·怀亚特（Ryan "Fwiz" Wyatt）担任该网站的全球游戏主管。他也曾在 MLG 和引擎电影公司任职。

在所有这些竞争中，让我感到惊讶的是，专业人士常指出业余爱好者和草根组织的工作构成了真正的挑战。这一方面是因为，很多人真的想进入电竞领域工作，为了能够插一脚，他们要价很低。正如一位制作人告诉我的那样："总会冒出来一个人说，'嘿，你给我出个机票我就可以飞去参加你的活动，不收钱'。"考虑到现在直播平台使用的便利度和可负担性，这种做法已经变得切实可行。

行业内的专业人士经常反思，怎样才能将自己的工作与那些架起摄像机就开始直播的业余爱好者区分开来。考虑到直播的一个重要驱动因素是它的可触及性，那么在大型视觉奇观活动的吸引力与仍在大规模吸粉的日常居家直播之间存在着一种有趣的张力。一位制作人这样描述道：

因此，对 MLG、梦想骇客和 ESL 这种真正的赛场巨头来说，我们显然可以通过自己的生产价值来显示我们的区分度。实际上，我们能为普通电竞粉丝提供的价值点并没有太大不同。这就是我最近一直在讨论的一个问题：基本上我们是在提供同样的产品。假设说我们节目的 80% 都是在游戏中进行的。那么好吧，是的，我们有一套不同的图形。但一个在 Photoshop 上很有天赋的孩子也可以制作出一套很棒的图形。对主播来说，你可以突然变成炉石主播克里普（Kripp）或那些居家直播的人中一员。和那些投资十几万美元制作的内容相比，可能还能带来更多观众。

电竞公司努力工作向游戏开发商证明自己的价值。正如一位制作人所说:"我们提供的产品不仅是对你的赛事的展示,还是对你的赛事的制作,让你获得高质量的制作。因此,我们学会让自己与那些会削弱我们价值的人区别开来。"但是现在,他们还是很脆弱的,因为直播成本的降低已经让新的竞争对手进入了市场。这些竞争对手迫切希望成为他们眼中令人兴奋的电竞产业的一部分,并以更低的价格来进行投标。正如上述人士所指出的,虽然电竞播出的 80% 的内容在游戏中,但对更成熟的公司来说,要想生存下去,提高剩余 20% 的内容的价值是至关重要的。

传统媒体和社交媒体的竞争

电竞和直播领域最有趣的转折之一是传统媒体公司和非游戏平台商也纷纷进入了该领域。2015 年 7 月,消息正式传来,称传统媒体摩登时代集团正式收购了海龟娱乐的多数股权(以 7800 万欧元的价格收购了 74% 的股份),后者是 ESL 和其国际子公司的控股公司。尽管自 5 月起,在 Skype 对话、Slack 和 Discord 频道以及专业网站中就有猜测在流传,这一消息的发布仍引发了巨大反响,在社区内以及《福布斯》这样的主流媒体上进行了广泛的报道和讨论。

那些以前从未听说过摩登时代集团大名的人,很可能对其媒体资产多少了解一二,如随处可见的维亚萨特(Viasat)有线电视频道、TV3 网络电视或其广播电台,至少在欧洲是这样。摩登时代集团已经通过提供在线电竞内容的"维亚游戏"(Viagame)频道及其"别墅杯"等赛事,在电竞的世界积累了一些经验。在前述新闻放出后，大部分报道都特别强调了传统媒体公司最终认真投资竞技游戏的重要性。正如莱斯利（Leslie，2015a）在一篇新闻报道中描述的，"毫无疑问，这对电竞来说是一件大事。这是传统媒体机构（原文如此）首次对电竞进行重大投资。摩登时代集团的经验和投资与 ESL 在业内的影响力相结合，这将是一次非常强大的联手"。

与此同时，一些文章以近乎安慰的口吻提到，ESL 的创始人和团队不会去到别处，因为这是一项投资而不是简单的收购。大多数文章都大量引用了创始人兼首席执行官拉尔夫·雷切特（Ralf Reichert）的话，雷切特倾向于用这样的框架来阐述这笔交易，即电竞将借由摩登时代集团广泛的基础设施而得到放大。尽管在这个行业中，我一再听说人们的注意力在从电视上转移出去，但海龟娱乐的新闻稿仍强调，与一家拥有电视台的媒体公司合作"能使我们接触到更广泛的受众并探索新的机遇。我们将继续与我们长期的、出色的在线合作伙伴合作，但现在也可以探索以前难以进入的路径和渠道了"（引自 Schiefer，2015）。

摩登时代集团对电竞的兴趣并没有因为收购了海龟娱乐的多数股权而停止。2015 年 11 月，摩登时代集团在多日的传言之后宣布以 2.44 亿瑞典克朗收购了梦想骇客 100% 的股份。梦想骇客活动始于 1994 年在瑞典举办的业余爱好者局域网聚会，后来发展为被誉为"世界上最大的电脑节"的大型体验活动，并拥有越来越多的电竞赛事。[41] 很快，它不再局限于瑞典，而是开始在世界范围内巡回，并与现场直播相结合，成为国际媒体资产。与我从关于收购 ESL 的谈话和报道中感受到的兴奋形成鲜明对比的是，梦想骇客的出售似乎使许多人的天平发生了倾斜。一家电竞公司得到一家大型媒体的认可并获得资金支持是一回事，但对于许多人来说，当这家媒体集团收购了两家主要电竞公司时，就完全是另一回事了。

在摩登时代集团收购电竞组织的同时，其他传统娱乐公司如威廉·莫里斯奋进娱乐-国际管理集团（William Morris Endeavor-International Management Group，也即 WME/WME-IMG，下文简称"WME-IMG"），也从其他角度在电竞领域耕耘：电竞选手和媒体计划。[42] 2015 年 1 月，WME-IMG 收购了由托拜厄斯·谢尔曼（Tobias Sherman）和高闵植（Min-Sik Ko）于 2013 年共同创立的国际电竞管理公司（Global eSports Management），该公司代理包括卡洛斯·"豹猫"·罗德里格斯（Carlos "Ocelote" Rodriguez）这样的选手以及解说员米克莱斯等其他人才。ESL 和梦想骇客的出售，主要吸引了电竞媒体的报道，与此不同的是，对国际电竞管理公司收购案的报道，扩展到了《综艺》和《好莱坞报道》这样的主要娱乐业新闻媒体。

早期的报道用概括性的框架描绘对此次收购，也即将电子竞技定位为娱乐行业中不断发展的部分，但在同年 9 月，传来了重大新闻。据悉，WME-IMG 将与特纳广播电视公司合作推出 E 联赛，在号称覆盖 9 千万美国家庭的有线卫星频道 TBS 上播出（Spangler，2015）。《综艺》杂志的一篇文章说："双方与游戏发行商阀门公司达成协议，以《CSGO》为题制作内容。"另外，阀门公司聘请了克里斯蒂娜·亚历杭德烈（Christina Alejandre）担任副总兼总经理，亚历杭德烈此前不仅在维亚康姆工作过，也在游戏和电竞行业工作过。有趣的是，据报道，特纳体育公司总裁莱尼·丹尼尔斯（Lenny Daniels）在谈到与现有的联盟进行合作的可能性时说："考虑到（特纳和 WME-IMG）两家公司各自的资源，'这没有任何意义'。"（Spangler，2015）

和许多人一样，我也很想知道，在 CGS 失败后的第一个大型电视电竞节目会取得怎样的成绩。[43] 尽管电竞社区内部对该项目有些批评之声，但总体来说还是积极的反响更多。我注意到在第一个赛季播出的过程中，一位长期从事电竞组织的人对这一努力表达了公开的赞许。这让我有些惊讶，因为在其他情况下，他们通常会尖锐地说，上电视不再是电竞行业的目标。我想知道他们为什么在这一点上退缩了。于是我和他们进行了联系跟进他们的想法。有人回复说：

> 我对 E 联赛的称赞是真心实意的，因为它确实是基于联赛的好产品，但唯一能让我对（我们的赛事）在电视上播出的前景感到兴奋的是，我们可以从电视转播权中获得资金来提升（赛事）。你要这么想。TBS 的大部分内容都放在 Twitch 上，而不是其有线频道上。如果有人喜欢 TBS 的内容，他们就会跑去 Twitch 看，并留在那里。目前，E 联赛是迫使千禧一代周五晚上观看电视直播的工具，但同时也是将电视观众导向 Twitch 的工具。这里有一个明显的赢家，但不是 TBS。

这是一种关于传统有线电视和流媒体直播之间关系的有趣的思考方式。事实上，2018 年在波士顿举行的 E 联盟《CSGO》特锦赛中，比赛的在线直播打破了纪录，决赛未在 TBS 上播出时，线上同时观看人数超过了一百万。无论以上分析在长远来看是否能得到证实，它确实为电视可能如何作为进入线上内容的途径起作用提供了一个更为复杂的模型。这是迄今为止人们对媒体流动的普遍看法中的决定性转变。

不仅传统媒体开始涉足电竞播出，社交媒体平台也随之而上。2016 年 1 月，动视暴雪以 4600 万美元收购了 ESL 的大部分资产，5 月和 Facebook 宣布将在网站上直播电竞比赛。从在奥斯汀举办的世界极限运动会（X-Games）中的《使命召唤》和《Dota》赛事开始，扩展到其他游戏，这也成为社交媒体平台参与游戏直播发展的有趣范例。

值得注意的是，动视暴雪和 Facebook 这两家公司都在合作过程中聘请了一些人。2015 年 10 月，曾担任 ABC 总裁及 ESPN 和 NFL 电视网首席执行官的史蒂夫·博恩斯坦（Steve Bornstein）受聘负责动视暴雪的电竞新部门。同一篇报道披露，ESL 的联合创始人兼副总裁迈克·赛普索（Mike Sepso）也受聘为该团队效力。[44] 而就在动视暴雪和 Facebook 宣布合作一个月后，有报道称 Facebook 聘用了《英雄联盟》的前职业玩家史蒂芬·"史努比"·艾利斯（Stephen "Snoopeh" Ellis）担任战略合作伙伴经理。

要弄清究竟是哪种媒体资产在推动合作是件不太容易的事情。一个重要的角度是，Facebook 将自己定位为游戏开发者向往的地方，反过来也将使该平台在用户生活中变得更有价值。正如一篇文章所指出的："通过其广泛的社交网络，Facebook 和艾利斯可以吸引更多的游戏工作室与现场直播进行整合，在为

Facebook 提供内容的同时推广工作室的作品。当人们看到电竞明星玩某款游戏时，也会想要购买同款。结合平台所拥有的用户生物数据，它将成为游戏公司做广告的有力阵地。"（Constine，2016b）另一方面，游戏开发商在过去几年中已敏锐地意识到电竞粉丝在经济层面的力量。博恩斯坦回顾了 2014 年玩家们在暴雪游戏中投入的 130 亿个小时后评论说，这"令所有其他体育项目的粉丝参与相形见绌"，并补充说，"我相信电子竞技（原文如此）在未来将与最大的传统体育联赛相媲美，在广告、门票销售、授权、赞助和商品销售方面，这个新兴行业有着巨大的增长空间"（引自 Spangler，2015）。

当然，在 Facebook 中引入直播并不仅仅是开通视频管道那么简单。正如我在本书中讨论的那样，自始至终，成功的直播远不是播放游戏片段。一篇抓住了这个要点的文章写道："Facebook 将不得不迎头赶上 Twitch，而后者已经花了数年时间完善它整合了玩家游戏画面的视频流和即时聊天功能。它为视频创作者打造了专用界面、广告和将订阅变现的选项，以及蓬勃发展的游戏玩家社区，这些都将是难以匹敌的。"（Constine，2016a）电竞观众已经习惯通过 Twitch 消费内容，对于电竞观看的体验抱有一系列期待，任何竞争性的平台都必须满足他们的这些要求。

在电子竞技领域之外，Facebook 有过几次直播的高光时刻，特别是围绕警察滥用职权的直播，使得这一功能进入公众视野。该平台覆盖面广，而且正如我们所见，能为视频分销提供强大的机会。但它是否能足够灵活地适应媒体的既定口味，仍是一个关键问题。在思考 Facebook 向直播领域的进军时，也许同样重要的是考虑到，我们在 Twitch 上看到的一些惯例实际上是异常时刻（anomalous moment）——它与这个新的、相当开放的平台有关，与一个尚未固定下来的类型有关。美学、互动形态和其他要素，与这个服务的架构密切相关，而它们是否会驱动这种选择或被这种选择驱动，还有待观察。Twitch 对创新的大力支持，对综艺类直播至关重要，但如果电竞更多地走传统体育直播的道路，那么 Facebook 向数百万用户提供简单的管道的能力，可能会撼动之前的分发平衡。

许可和版权

许可和版权在播出领域所发挥的作用，深刻嵌于日趋激烈的竞争议题之中。在这方面，体育电视的早期发展再次具有指导意义。阿利奇常因其在制作方面的创新受到赞誉，但人们很少注意到他在搞定转播权方面的能力，而这对现代体育具有核心重要性。在这方面，他虽然备受尊敬，但并不那么被人喜爱：

电视体育节目制作是一项双面事业：实物制作和获取版权。阿利奇在节目制作方面的才华几乎得到了所有媒体人的高度评价，获得过17项艾美奖和戛纳电影节的大奖，但同僚们对他在会议桌上的表现的评价就没那么好了。另一家电视网的高管说："在获取版权方面，这个人完全不择手段，像豺狼虎豹。为了获得世界大赛的机会，他可以把我开膛破肚，把心挖出来。"一位他的前副手声称，"在他那张憨憨的'你好杜迪'脸下，隐藏着一个这个行业里最冷酷无情、最投机取巧的家伙"。阿利奇则温和地回应了这些批评，他说："如果你没有版权，你就做不了节目。"（引自"The Playboy Interview"，1976，64）

阿利奇需要和 NFL 等实体谈判，电竞公司则需要直面游戏开发商。尽管围绕这个问题发生了有趣的小冲突（我将在第五章中进一步讨论这一点），但游戏作为一种知识产权，仍然是谁控制着权利、许可及越来越多的特许经营权的决定性因素。

随着电竞媒体播出的制度化程度越来越高，对权利和独家经营权的争夺也越来越激烈。在过去，游戏开发商通常只需要允许别人举办赛事，并且免费或低成本地在媒体上传播。现在，他们越来越多地将自己的游戏视为一种资产，可以利用，可以讨价还价和出售。考虑到各公司长期以来都在大力保护自己游戏的知识产权，这谈不上是一个巨大的飞跃，但它确实代表了所有权要求的新节点。当游戏开发商开始认识到，他们的游戏是与播出模式联系在一起的，而且联赛和战队可以通过播出来吸引观众时，他们对于所有权和管制的手也越伸越长。正如电竞记者伦纳德·兰根沙伊特（Leonard Langenscheidt，2017）所写，"发行商确实能从稳定的比赛和品牌声誉好的战队中获利，因为受人欢迎的战队终将吸引更多的粉丝，并创造出丰富的关于竞争和失利的故事情节。有鉴于此，发行商们正在认识到特许联赛和锦标赛的价值，因为它们具有规范的收入分成和成熟的战队老板"。这些与媒体播出的联系越来越紧密。

在正式开发媒体和联赛的合作结构模式方面，拳头和暴雪是最为活跃的。从暴雪为《守望先锋》提供特许经营机会（据传每支战队的最低标价为两千万美元），到拳头通过其顶级冠军联赛对战队所有权进行密切管理，开发商越来越认识到了这些结构与媒体播出之间的联系，以及这种联系值得关注和监管。这意味着独立联赛和战队都面临着全新的格局，以前不需要太多游戏开发商投入的地盘，现在变成了监管程度和成本都越来越高的行业。[45]

一些战队老板大声疾呼，感觉自己陷入了这样一种经济体系：承担了成本并面临着真正的风险，却无法在经济上公平地获益。2016 年，有消息称包括 Cloud9、Dignitas、CLG、Team Liquid、SoloMid 和 Fnatic 等著名战队在内的 18 支战队向拳头公司发出联名信，详述了对联盟的许多担忧，其中包括监管问题和经济问题（Nairn, 2016）。在被泄露的这封信件的草案中，财务问题占据了主导地位，从商品销售到数字道具等多个领域的收入分成是核心关注点。鉴于推广活动与受众以及推广的可见度密切相关，毫无疑问，电竞的媒体语境肯定在销售中发挥着潜在作用。拳头公司和战队老板们都同意推迟赞助和媒体收入分成问题，在 2018 年之前都不会再进行讨论。

考虑到电竞领域的媒体版权问题被建构和监管的发展速度之快、被赋予的价值之高，这或许是一个错误。建立一个联赛或拥有一支战队，并不仅仅是为了竞技游戏，而是为了创造媒体产品。许多传统的体育队和老板，包括费城 76 人队、曼联和新英格兰爱国者队的老板罗伯特·卡夫，都对电竞表示出了新的兴趣。这些来自传统体育界的人，是否会带来一些他们的模式和谈判策略，将是很有趣的事情。

当然，在所有这些公司的角斗场中，电竞选手正坐在这个日益产业化的模式的最底端。虽然一些职业玩家潇洒离场，并获得了某种长期的稳定性，但选手的不稳定性其实是相当急迫的，却往往不被公开讨论。他们的流失，加上普遍缺乏法律代表，以及不惜一切代价参加比赛的愿望，让他们在未来的电竞媒体经济中处于最底层。电竞选手合同对播出的要求越来越详细，并在合同中要求选手签署宣传权。除那些处于"食物链"顶端拥有谈判权或有出色的法律代表的选手外，很少有选手能在媒体版权和收入方面获得有意义的利益。

过度饱和的游戏供应

在极速发展的同时，业内人士始终抱有一种担忧，即过于拥挤的比赛日程会导致更多的在播出上的竞争。每款游戏的终极寿命也是一个值得考虑的问题。虽然大多数粉丝似乎都有某种类型偏好或游戏偏好，但仍有可能出现大的时间调度的问题。想一下，如果NBA总决赛和"超级碗"在同一天举行，即使观众群体可能不完全重合，但广告会撞车，单单这一项就不得了。我们现在还没有在电子竞技中遇到这种情况，但正如一位制作人所提醒的，这种可能性确实存在：

你知道，还需要记住的是，不只有《英雄联盟》，还有《星际争霸》《使命召唤》等游戏。到某个时候，可能会发生大的冲突，比如某两个联赛在同一个周末举办赛事，这将涉及很多因素，比赛奖金、忠诚度。如果是战队的赞助商，他们可能会将所有选手派去一个赛事，而不管选手自己怎么想。但我认为就目前而言，联赛甚至小型地方比赛，每个人都会非常小心，尽量不去干涉。

虽然大多数组织者都试图留意不要有潜在的时间安排冲突，但随着对观众的争夺越来越激烈，越来越多的游戏将赛事扩展为正式的锦标赛，这将变得越来越困难。

除了时间安排，还有一个风险，就是玩家有可能失去对游戏的兴趣。虽然某些游戏具有强大的留客能力，但它们的生命周期到底有多长，以及会有什么新产品出现并吸引所有人的注意力，这些问题始终存在。正如有人所说："游戏可能会过时。没人再愿意看它。"目前，电子竞技领域呈现出了各种可能的发展途径。《CS》就是一个很好的例子，它坚持发展了近二十年。1999年首次发布后，多年来它经历了各种迭代，至今仍是一款广受欢迎的竞技游戏。相比之下，《英雄联盟》则在几年内迅速崛起，成为冲进电竞领域并掀起风暴的典型代表。而《星际争霸》这款游戏多年来一直是电子竞技的"基础款"，但如今已大不如前。一款电竞游戏的成功不仅与它本身的技能和专业门槛属性息息相关，也与它所能吸引到的玩家密切相关。随着玩家口味的此消彼长，不同游戏的命运也随之变化。在一个充斥着直播的世界里，这也很快成为一个媒体播出的问题。虽然从日常游戏到电竞粉丝之间的线路有来有回，但这条线路是脆弱的。对公司而言，无论是电竞公司还是传统媒体，投资数百万美元在任何一个游戏的播出上都是一个策略性的险招。

第五章 网络化广播的规制前沿

2015年2月初，有件事传开来：Twitch上一个名为"观战李相赫"（SpectateFaker）的频道，因电竞直播领域竞争对手网站Azubu基于《数字千年版权法案》的一项侵权声明而关闭。"观战李相赫"频道能让网友随时观看《英雄联盟》游戏的韩国著名职业选手李相赫（Faker）的单人排位赛（solo queue games）。只要李相赫开始打游戏，无须他开直播，网友就能实时看到（见图5.1）。"观战李相赫"频道不是对Azubu网站内容的直接转播，而是利用了OP.gg网站独有的游戏内部观看模式。该频道采用了

图 5.1 "观战李相赫"频道的离线模式截屏，2015 年

创新性的技术途径，只要李相赫开始玩游戏，该频道就会自动启动，通过 Twitch 直接向网友播放。

对此，Azubu 自然很是紧张。在六个月前，它刚与韩国电子竞技协会以及包括李相赫所在的 SKT 战队在内的多支韩国战队和选手签订了独家播出协议。结果，这项被 Azubu 称为"历史性"的协议遭到了这个聪明粉丝的挑战，用的还是竞争对手的平台。

"观战李相赫"频道的所有者和管理员是一个名为"星爵卢西安"（StarLordLucian）的用户。他在《英雄联盟》的红迪社区子论坛上发文说，他觉得 Azubu 作出了"错误的主张"，他打算反抗。他还寻求建议，问道："还有没有像 Azubu 那样的有'权力'的人能将事态澄清并挽回这个频道？"他指出，自己并没有从 Twitch 直播中赚钱，"百分之百只是为了好玩"而已（StarLordLucian，2015a）。人们在这个帖子后面留下了一千两百多条评论，内容包罗万象，从询问该系统到底如何运作，到对有关知识产权和伦理的思考。"星爵卢西安"从开始接触 Azubu、拳头公司[1]和 Twitch 并尝试解决这个问题后，对帖子进行了 9 次更新。

他的更新过程显示，他在试图处理所获得的各种信息，特别是来自拳头公司的回复。拳头公司最初向他发电子邮件说："如果你打算直播其他玩家玩游戏，那么首先应该与那位玩家联系（在本例中是李相赫），并获得他的许可。这就是正确的做法。""星爵卢西安"虽然一开始对拳头的电邮回复表示满意，并评论说，很高兴了解公司对这件事的立场，但他后来在更新的帖子中表示，他不清楚这个回复依据的基本原则是什么。他觉得拳头公司并没有正面谈论《数字千年版权法案》的声明或相关的知识产权问题，而是更多地关注玩家在不知情的情况下被直播的感受（StarLordLucian，2015a）。之后，令人震惊的是，拳头公司总裁马克·"泰达米尔"·梅里尔（Mark "Tryndramere" Merrill，2015a）在这个帖子上发表了颇为尖锐的评论：

> 你在违背他人意愿的情况下挑选了一位选手，以他完全无法干涉的方式直播他的游戏；你还在尝试合理化这一事实，并试图证明它的正当性。在我看来，这就是一种骚扰和欺凌。Azubu 和 Twitch 的关系在这儿是无关紧要的。如果你看不明白这种情况对李相赫或其他人具有潜在的伤害，那么我们需要进一步加大采取适当措施的力度，来保护选手免受这种特定的情况的影响。

梅里尔的回应带有强烈的个人色彩，并似乎把对复杂的知识产权议题的原则性考量放到了一旁，这在此论坛和其他电竞游戏网站的报道中引发了更激烈的辩论。

"星爵卢西安"在对这些讨论和回复进行反思后写道："我已经考虑过拳头公司的回应，并阅读了下面的回复，得出的结论是，他们的回应真的不合理。如果你真的需要获得玩家许可才能向超过1000个观众播放他玩游戏的过程，那么像彭亦亮（Doublelift）、比尔森（Bjergsen）这样的职业主播在打游戏时为什么不先向队友申请许可？"（StarLordLucian，2015a）考虑到无论是职业选手还是业余爱好者，有多少人在开始直播游戏前确实从未获取其他队友许可，这可真是个好问题。这个案例，整体上涉及电子竞技和直播领域长期以来被忽略、未直接面对的问题。它也再次落入我们多年来屡次看到的窠臼，即大型企业机构发出基于《数字千年版权法案》的侵权声明，简单地期望用户停下一切正在做的事情，且不容辩驳。

在一周多的时间里，此案所涉及的主要公司均未发表任何正式声明，只有梅里尔仍在继续发布有关推文，沿用"电子跟踪"这样的概念，以及声明拳头公司旨在保护玩家。唯一的例外是李相赫自己的团队在 Facebook 页面上发布了一则声明：

> 遗憾的是，一些粉丝用观看模式转播李相赫（以及其他 SKT T1 选手）的比赛，这对选手的直播业务产生了负面影响。李相赫作为 SKT T1 的成员，对目前他的召唤师名字和比赛视频在未经同意的情况下被转播的情况感到不满。SKT T1 战队及其成员非常感谢粉丝们的支持和兴趣。但是，我们想要礼貌地请求，请终止在未经我们同意的情况下转播我们选手比赛的行为。（SK Telecom T1，2015）

正如我之前提到的，对专业电竞主播来说，如果未征得其同意就直播其练习环节，会令他们倍感困扰。这当然是可以理解的。玩家想在改进策略的同时不要过早暴露不成熟的新战术或者不让别人系统性地找到自己玩游戏的弱点所在，这都是合理的。人们也不难推想，普通玩家在玩游戏时更想要拥有隐私，不愿别人在违反其意愿的情况下直播他的游戏过程，使他遭受持续的或不可预知的监视。甚至其战队的声明（尽管它在此问题上有组织上的利害关系）也表明，选手对于自己进行的游戏对局确实拥有最终决定权。

梅里尔和 SK 关于此事的公开评论，表明这是他们的基本原则，但拳头公司实际执行的法律准则（很可能是 SK 与其队员之间的合约关系），可能反映出了一套更为混乱的运作原则。拳头公司的使用条款和"法律吧啦吧啦"（Legal Jibber Jabber）页面（拳头公司当时就这么称呼它的）明确表示，该公司是从游戏资产、聊天记录到"操作方法和游戏玩法"等各方面的唯一所有者。韩国的电子竞技业是一个相当规范的行业，队员经常与战队签订合同并交出很多权利，包括围绕直播的权利。

即便是"星爵卢西安"本人也并未从根本上挑战公司对游戏表演的所有权。他宣布将继续推进直播，希望迫使拳头公司解决核心问题。他在红迪社区子论坛上提出了一个尖锐的观点：

李相赫对游戏资产（game assets）不拥有任何权利。我直播的是游戏资产——观赛客户端，而不是李相赫或 Azubu 拥有的任何东西。就是这么简单。我知道有些人会不同意这一点，并开始谈伦理，但我认为整个事情并不仅仅关乎李相赫。这关乎拳头公司没有执行自己的法律服务条款，这关乎拳头公司的某位共同拥有者与电子竞技和观看模式完全脱节，这关乎 Azubu 对他们根本不拥有的内容发布了虚假的《数字千年版权法案》侵权声明。这些都是将影响游戏和观看模式的未来的问题。为了《英雄联盟》和电子竞技的未来，所有这一切都需要进行辩论。迄今为止，我的直播没有违法或违反《英雄联盟》服务条款。拳头公司总能改变他们的条款，也可以随时用《数字千年版权法案》来对付我的直播，因为他们有权将任何与《英雄联盟》相关的知识产权或项目终结。(StarLordLucian，2015b)

在接下来的一周时间里，电竞新闻媒体相继对此事进行了报道，人们在网络论坛和 Twitter 上展开辩论。最后在 2 月 27 日，拳头公司发表了一份来自梅里尔（Merrill，2015b）的声明，标题为"观战李相赫：我们学到了什么以及我们将怎么做"。文章回顾了这一事件，澄清了对该事件的评判，并避免声称"星爵卢西安"有不良的出发点。拳头公司对这件事的最终判断是："我们会介入并关闭我们认为会对个人玩家带来伤害的直播。"(Merrill，2015b)

特别值得注意的是它如何解决直播的利益和权利问题。事实上，这也是红迪社区内不同讨论主题和 Twitter 对话中数百条信息的出发点。梅里尔在同一份材料中也重申了游戏的使用条款，澄清说，"玩家签字放弃了对他们在游戏中创造的游戏内容的所有权"，"Azubu 对李相赫生产的直播内容不具有所有权"，以及拳头早已把这个意思传达给了该公司。他从这个基本立场出发，改变了措辞，说拳头主要关心的是对玩家利益的保护："对于任何像这样的问题，我们的指导思想都是保护玩家的利益；在这个案子中，事情则没有那么简单。两种完全不同的玩家利益中存在着冲突——个人玩家（在这种情况下是李相赫）的利益与成千上万名玩家的利益，后者喜欢通过 Twitch 的'观战李相赫'频道看他的直播。"(Merrill，2015b) 他描述了拳头公司如何想保护李相赫,关闭"观战李相赫"的 Twitch 频道,同时允许其他类似项目(例如直播新手游戏的 SaltyTeemo)做同样的事,因为后者被认为不会带来任何伤害。虽然梅里尔本人和拳头公司总体上均倾向于将自己的行为框定为基于"玩家利益",但如果就此认为他们没关注所有权侵权声明,就太天真了。考虑到拳头的观众的增长及由此产生的交易(例如 BAMTech 这样的装备),很显然,它是了解将游戏掌控于手中的价值的。与此同时,它也不得不与团队所有者一起,在一系列令人头大的公众争议中前行,有时难免跌跟头。[2] 拳头公司在处理"观战李相赫"的案例时强调了玩家利益,但如果不将其置于媒体行业的宏大背景中考虑的话,则是虚伪的。

我发现,这个案例之所以如此吸引人,原因之一是它不仅包含了当下直播和规制中最为棘手的方方面面,还展现了用户在日常使用中遭遇的在地法律纠纷。他们常常为了追星而选择某个特定的技术,却迎面碰上棘手的法律问题。这个案例突显了该领域越来越多地出现的多元行动者风险——从个人到游戏开发商/出版商再到第三方组织。我们看到开发人员经常面临棘手问题,即如何平衡向用户开放、获取用户创新(或者至少看起来如此)的愿望以及保留基础权利的希望。

多年来,我注意到"狂野西部"或"狂野边境"的比喻经常出现在关于直播的对话和文章中。这两个短语的潜台词外,存在着这样一些事实。直播是一个快速移动的空间,充满变化和迭代。实践、审美和类型以少有人能跟上的速度发展着。用户的行动步伐经常超越现有的技术和工具。就在几年前,绝大部分人都无法预料会出现"用 Twitch 玩《宝可梦》"的 TPP 模式、直播 Cosplay 妆造过程或向成千上万名观众直播《龙与地下城》玩家团战。直播的活力、实验性和创造性是无可争辩的。

但正如"观战李相赫"事件所显示的那样，重要的是要认识到，关于文化和文化生产的工作开始与实施规制的形式纠缠了起来。人们不再是不受阻碍的可以自由探索和发展的行动者；人们遭遇了各种形式的秩序和控制，需要与之抗争。这些秩序和控制对人们的行动进行调整、推动、拉扯和指导。³ 吉莱斯皮（Gillespie，2018，9）认为，"幻想一个真正'开放'的平台，这个幻想是强大的，与深刻的、乌托邦式的社区和民主概念共鸣，但它只是一个幻想。在某种程度上，没有一个平台会不强加规则。不这样做只会站不住脚"。个人在客厅进行直播，大型组织也通过这种形式在全球范围内吸引数百万观众，这一切使得直播充满活力地发展。但这种全新的网络化广播形式在规制方面仍有重要问题需要解决。前面章节中所探讨的大量工作和创造力，与许多干预组织、实践乃至治理和控制形式相互抗衡。

吉莱斯皮在其平台研究中指出，"在这些财政、文化和规制要求的语境下，这些公司在政治乃至话语上，都为其服务和技术定下了框架"。他认为，"他们将自己定位于追求当前和未来的利润，在有利于他们的立法保护和不利于他们的义务责任之间找到一个监管的最佳位置，并建立起一种文化想象，使他们的服务变得有意义"（Gillespie，2010，348）。这意味着虽然这些公司总有重要的技术挑战和技术发展，但也始终受内容分发的特定性限制，而内容分发本身也受到各种法律、政策和文化形式的规制和治理。虽然用户和组织机构一起不断生产，创造出令人惊叹的文化和内容，但与此同时我们仍需注意，这些生产方式并未脱离各种形式的社会秩序和控制，从承载这些生产方式的平台、到它所处的社区，或更广泛意义上的法律和规章制度来说都是如此。

在本章中，我将探讨我所命名的"网络化广播的规制组合"（regulatory assemblage of networked broadcasting）。治理和管理的形式在多个层面运作，从人际关系到算法。这不是一个统一的系统或跨越所有领域的共享价值。节点和节点之间经常互相推动和拉扯。例如，社区有自己的控制形式，包括从频道管理员这种更积极的变动到更具破坏性的形式，如 DDOS 攻击或对主播的直接骚扰和敌意表达等。这个空间如何就特定主题裁决知识产权纠纷或政策，与法律和制度规制密切相关。所有权和内容侵权仍然有很多问题。与 YouTube 和其他平台上的内容一样，算法规制随着自动化管理和监控的增强而不断增强。技术贯穿了所有这些领域，放大和拓展了治理工作。总之，这些不同的行动者和节点削弱了认为新平台固有开放性的流行说法，强调新兴实践始终嵌入在复杂的治理和监管体系之中。

社区管理

多用户空间，包括 Twitch 直播及其同步聊天组件，给人们带来了独特挑战，因为人们在线上交流，并且经常在频道和主播身上投入大量时间。人们创造出这样的空间，反过来也需要对正在形成的社区负责。线上社区管理，也即对环境和网络空间行为的治理,尽管常被认为是马后炮或在游戏和社交媒体公司中处于边缘地位,其实是这些网站中最重要的方面之一。几十年来都有这样的传统,志愿者挺身而出,严肃认真地管理在线社区。公司也越来越多地开始招聘社区管理员,做好与用户交往和调解问题的日常工作。"社区管理"这个术语现在通常被用来描述公司(及其代表)管理和处理平台/游戏/服务用户群行为的正式政策和实践的集合体,但我想将其拓展为包括志愿者以及社区为自治而做的非正式行为和人际互动。我还将讨论由群体驱动的规制的负面实例。是技术将所有这些穿插起来,技术也可以放大和协助社区管理、治理和监管。

管理员

在思考在线社区的管理时,首先是管理员。他们积极的一手工作长期以来都是网络环境中社会秩序、治理和控制的关键组成部分。管理员队伍倾向于由志愿者担当,但有的成功的主播已开始尝试给高级管理员一些补偿,一些大型电子竞技组织也会有几个管理员团队负责人是有偿工作的。这些人拥有特殊的系统权限,对网上的行为和言语进行一线监控。在第二次 Twitch 大会上,这个主题在许多分会场被强调,积极的管理员团队讨论了他们所做的工作。他们反复强调,不管是全能型直播还是电子竞技直播,上面的聊天既是一个频道的反映,也是产品的重要组成部分。发言者鼓励主播主动思考,什么才是其管理团队和社区的最佳实践。他们也很清楚,好的聊天不是如魔法般从天而降,而是精心培植出来的。

在理解直播治理的图景时，管理团队的工作非常重要。游戏学者克劳迪亚·罗将管理分为反应模式和主动模式。反应模式是普通用户最熟悉的模式，主要是对负面行为进行直接回应。相比之下，主动模式旨在促进良好的行为，但也承担"开发、维护和调整内置及第三方工具的技术工作，以使得管理成为称职的'管理工作'，管理好社区和彼此之间的情绪和心理健康"（Lo, 2018, 11）。有效的管理员团队的工作往往比通常想象的要广泛得多。

他们的任务是监控频道中的实时聊天，采用各种手动和自动化的工具，回答问题、删除违规信息，以及主动建设和维持频道文化。他们有时还要协助主播处理赠品、打赏或其他幕后流程。管理员拥有官方的系统权限，能更好地控制聊天中的内容。在删消息之外，他们还可以将人暂时踢出聊天或完全封禁某人进入频道。管理员通常也拥有管理技术，这有助于对聊天的管理。

管理员工作的一部分是对问题作出反应，另一个重要部分是形塑他们想要在社区内看到的行为。这些工作包括：帮助确定聊天基调，通过社交将聊天参与者导向该空间的价值观，并将不良行为重新导向更积极的参与。不同频道的方法各有不同，但都有一系列做法，从微妙的笑话一直到对直播规则的明确声明。一些管理员尝试将负面的聊天导向聊天游戏，例如用 ASCII 码做出一个图案来。在聊天体验中，从规则、表情符号到语气，社交本身就是聊天管理的强大组成部分。经验丰富的主播和管理员都会谈到社区本身如何承担起非正式的管理工作，例如社区成员常常在官方管理员插手之前就针对不良行为仗义执言。主播和管理员以此作为他们工作取得最终成功的证明。

有效的管理团队需要建设，并且目标要明确。他们不是主播从志愿者或频道常客中随机挑选出来并授予管理权的人；相反，他们是接受过培训的一群人，是被挑选出来明确地接受这份工作以及公司价值观的人。优秀的团队会定期整合申请流程、培训、指导和试用期等环节。一些主播制定了书面指南，使管理的实践和标准保持一致。管理员中的领导或小型团队通常管理着一支队伍，从而创建出额外的工作和社交层级。成功的管理队伍通常会有一些持续的反向信道进行协调，使用 Skype、Discord 或 Slack 等第三方软件来辅助正在进行的对话，以便进行故障排除、迭代实践以及向主播提供反馈。在大型电子竞技内容制作中，也经常通过这种方式向志愿者发出参加活动或"紧急"呼叫帮助的请求。反向信道空间也被用于在管理团队内建立起社区感和凝聚力。

管理员在大的社区和管理员小群内感受到的紧密联结关系，是对空间进行管理的有力组成部分。在成员之间建立起对彼此的认可、熟悉和信赖，特别是在具有匿名性和短暂性的受众环境中，是一项非凡的功绩；在现场直播中，管理团队对在线社区的有效管理令人印象深刻。

骚扰和毒性技术

我们倾向于从积极的角度看待"社区管理"一词所蕴含的对用户群体相关事宜的处理及对规则规范的执行的意义。但同样重要的是，我们也要注意社会控制中具有破坏性的和令人困扰的形式。监管和社会秩序也可能是一种使骚扰增多、空间变得有毒的方式。尽管这种社会控制形式具有混乱的属性,我们还是应该理解它为整顿秩序、约束和规制参与及行为所做的工作。

正如我之前所提到的,骚扰是游戏直播中的常见问题,并且以强大的、极具破坏性的方式影响全能型直播和电子竞技直播。米歇尔·怀特(Michelle White, 2006)这样的互联网学者在早期研究中便指出,面向表演和观看的在线网站使骚扰出现,规制也随之出现,通常围绕性别展开。女性、有色人种、性少数群体主播,[4]有时甚至是观众,会遭受一系列残忍对待,包括仇恨言论、对外表或行为的持续评论、不招人待见的图像的视觉虐待,甚至是对频道的破坏。这些行为并不仅仅是随机行为,也是"边界警戒"(boundary policing)的一个重要组成部分,它常常以毁灭性的方式发出信号:"你在这儿不受欢迎。"骚扰与对参与界限、认同形式和行为方式的管控深刻交织。它不仅针对个人,让个人付出代价,也可能是针对目击者和旁观者的公共行为和社会化形式。它构建价值观并寻求建立参与和言论的规范。它发出信号,告诉别人什么是被允许的或者是被期待的。骚扰,是积极的社区管理进程的另一面。

游戏直播中的在线骚扰,最终可能导致主播限制或显著改变自己的行为以减少风险和伤害。这些操作从停止使用摄像头到建立大型管理团队以缓冲攻击,还可能涉及重要的心理建设,如"让内心变强大"或"练就厚脸皮"。持续的骚扰,即使是程度较低的骚扰,也会促生一种特定的主体性,即"你不应该让它骚扰到你"的期待。但对每个个体来说,这并非没有成本;也可能不是人们想要的，甚至是人们无法做到的。那些觉得自己无法做到的人常以离开告终。而其他一些人则会觉得自己不够坚强，仍然深受骚扰的影响，也因此觉得不舒服。作为"边防"的一种形式，它十分有效并且是摧毁性的。

"报假警"（swat）成为最危险的骚扰形式之一。它扰乱了线上和线下的边界，并给受害者带来潜在的身体伤害。报假警，在英文中是"特殊武器和战术小队"（special weapons and tactics）——也即特警——的首字母缩略词，在这里指向警察谎报情况。"报假警"的典型做法为：某人联系执法部门，举报目标地址存在犯罪行为，例如枪击或人质事件。警察于是出现在目标地址，并很可能发生武装冲突。这样的情形非常危险，许多此类事件因涉及 YouTube 和 Twitch 而更受瞩目。例如，乔丹·"库特拉"·马修森（Jordan "Kootra" Mathewson）2014 年直播时被人报假警，警察冲进直播间，整个过程进入了现场直播，直到警察注意到摄像头还在拍摄，直播才中止。

游戏研究学者亚历山大·钱普林（Alexander Champlin）对"突袭"（raids）如何成为"媒体对象"进行了讨论，认为发起"突袭"的人表现出了"一种对警务军事化趋势的极其轻率的看法。这些恶作剧者所参与的事情看起来像是玩闹，却会带来实质性后果，如果我们将报假警与更多的警力部署的趋势联系起来看的话"（Champlin，2016，4）[5]。2017 年的一场可怕意外展现了报假警带来的严重危险。当时，堪萨斯州的警察在接到报假警电话后出警，但因报警者给错地址，警察没有去作为目标人物的游戏主播家，而是到了其邻居家，并导致这名邻居意外死亡。

做现场直播的主播意识到存在报假警的风险，一些人会在事发之前与当地警察部门联系，说明自己的身份和潜在的风险。我所交谈过的人中，大部分人不会一直为报假警的事情担忧，但他们都采取了预防措施，以确保其住所地址不为人知。常见的做法包括使用邮政信箱，在与观众聊天时不明确说明其住处，常常提及在哪个地区而不是哪个具体的城市。尤其是全能型主播，需要格外善加利用与其观众的联系，因此他们线上和线下的边界面临的威胁是不容忽视的。

这种骚扰不仅对主播造成影响，还会反过来影响观众。它深刻地形塑了频道的调性，并常会形成不断放大的闭环，吸引其他观众跳进来加入攻击。骚扰和辱骂式的聊天行为，也可能是一种有力的信号，向刚来这个频道的人提供对该频道观众的想象。它传递出的信息包括，谁在该空间中受欢迎，谁应该闭嘴或离开。有的人觉得，如果观众不喜欢聊天，就应该"隐藏聊天"，但这样的措辞是建立在控制参与和包容的界限的基础上的。

社会技术因素

无论是积极的社区管理形式还是骚扰，技术均交织其间。各种各样的社会技术因素有助于空间的治理，有时则是破坏。例如，Twitch 实行了一个有趣的系统，对于刚进入频道的用户，频道可以选择让用户"同意"弹出的规则。内部研究表明，该系统并没有对用户参与产生负面影响；事实上，当用户同意该规则时，超时和禁令在统计上显著减少了（Toner, 2017）。关注直播规制中的非人类劳动，对于理解当前系统作为社会环境的运作方式十分关键。

例如，聊天机器人（bot），即可以自动执行多种功能的代码，长期以来都是在线聊天空间管理的重要一环。[6] 从技术基础来看，Twitch 聊天构建于简单的输入/输出通信系统，该系统可以追溯到始于 1988 年的基于文本的多用户技术 IRC，即 Internet Relay Chat，意为"互联网中继聊天"。用户输入消息，消息便出现在聊天窗口中，频道中的其他所有人都能看到。用户还可以发出基本的命令来获取信息。与最初基于 ASCII 文本的 IRC 协议不同的是，该系统还可以使用特殊的表情符号，不同频道拥有很多专属的表情符号。

Twitch 将这一技术用于聊天实在是聪明之举，因为该系统十分强大，多年来又有很多第三方开发应用被整合其中。特殊客户可以在 Twitch 的用户界面之外处理文本；考虑到热门频道中聊天的数量和速度，对于管理员来说，这是一项重要功能。IRC 还拥有大量聊天机器人，能被立即使用。聊天机器人不仅可以自动执行某些程序，还可以"坐"在频道中"监听"。如果用户进行查询，它们可以为用户提供有用的信息，并帮助管理员先发制人地采取行动。它们经常在频道上以用户的身份"行事"，拥有用户名，也会"发言"。同样重要的一点是，聊天机器人的程序是独立的代码，具有某种准自治性。管理员或主播不一定需要在线，即使没有现场直播，聊天机器人也会继续在频道上运行。

几乎自平台伊始，用户就致力于为 Twitch 开发聊天机器人。这些聊天机器人有 Nightbot、Xanbot 和 Moobot 之类的名称，可以监视聊天、审查被禁的言论、过滤、回答简单问题和提供常规信息，例如提醒主播马上要到开播时间。它们属于非人类的社区管理者和管理团队的常规成员。聊天机器人自主地在频道上行事，人类管理员则会定期对其进行调整和功能扩展，使其在频道的特定语境中更好地发挥作用。例如，人类管理员会当场修订和拓展聊天机器人所使用的被禁词列表，让其更好地处理频道中实时出现的行为。聊天机器人的行为具有可塑性，并服从于管理员的输入。这一事实表明，尽管它们有时是在自主行动，但它们的行为与开发人员和管理员关于聊天中应鼓励什么和禁止什么的观念紧密相关。

多年来，Twitch 软件开发人员和第三方都在持续推动工具开发，以更好地跟上主播和观众的实践。克劳迪亚·罗（Lo，2018）详细描述了管理员在创建有助于社区管理的系统时所做的大量工作，从聊天机器人到日志查看器（Logviewer）等工具，后者允许聊天机器人记录下特定用户在多个频道的聊天记录。她强调了后台工作多么善于利用技术来管理直播，其工作范围往往远超平台的既定参数。对于那些采用多种方式重新配置和修改游戏空间的用户来说，这也许不足为奇，但管理员无疑将这种敏感性带入了社区管理工作中。

然而，这些系统的最大挑战之一是，它要求主播们知晓工具的存在，了解它们的工作方式以及如何挑选使用，还要学会安装和管理它们。尽管网页（包括 Twitch 的网页）和论坛上关于如何操作的建议汗牛充栋，但并不是每个人都能克服这一技术障碍。平台处理技术问题和社区管理问题最重要的进展之一，是 2016年 12 月发布的 AutoMod 软件。这是针对 Twitch 进行了调整、预先训练过、拿来就能用的现成的机器语言软件。只要在直播页面上进行设置，就可以配置不同级别的保护机制，实现类似于第三方聊天机器人的功能。如果主播选择使用这一工具，就可以移动滑块来设置管理的阈值。该系统自发布以来已经进行了一些改进，截至本书撰写时，它包含四大类别：身份 / 语言，指向"种族、宗教、性取向、残疾情况或类似情况"；露骨的性爱语言，包括"性行为、性内容和身体部位"；激进的语言，涉及"对他人的敌意，通常与欺凌有关"；亵渎语言，包括"粗话、诅咒、你不会对奶奶说的话"。

当用户移动滑块时，将启动更多的类别管理，但实际上并不能将单个类别的关键词过滤调至最高级。例如，将前三个类别的关键词过滤滑块调至"更多管理"后，能提供对前三个类别的"更多过滤"，但对第四个类别"亵渎语言"则不作管理。如想对攻击性语言在整体上实现"最多过滤"，唯一的方法是将整个系统设置为"最多管理"，这又会触发对其他类别的"更多过滤"。这种分类和过滤层级的细节部分尚有些不清楚，尽管使用其他聊天机器人的、有经验的用户可能会发现该系统的"黑箱"设计有一定的局限性，但对经验不足的用户来说，可以直接得到这一管理工具，无疑是网站的重要举措。

该工具另外还有两个值得注意的因素：一是它利用了机器学习和自然语言处理算法，另一个是它打造聊天体验的方式。虽然在该工具发布之时，该系统使用机器学习和自然语言处理的细节并未言明，自发布以来这方面的技术是否有进展也不清楚，但有文章指出，亚马逊收购 Twitch 很可能在这方面带来了红利，因为可能使用了亚马逊的 AWS 机器学习平台以及在诸如 Echo 播放器这样的设备中发展成熟的技术（Orland，2016）。鉴于聊天社区不断在灵活地尝试破坏当前的聊天机器人系统，社区管理员必须时时跟上不断变化的进程，一个可以"学习"和适应的系统将会改变游戏规则。最终，我们仍不清楚它的运行方式。但正如我们所看到的，机器学习出现了很多失误，例如微软的人工智能 Tay 在经受在线训练后"学会"了阴谋论、纳粹话语和常规的辱骂性言论。所以这个方式仍然面临着严峻的挑战。

AutoMod 的第二个方面，也即系统将消息保存在队列中等候管理员操作，这对我来说属于最重要的方面。在 AutoMod 出现之前，已被删除处理的聊天记录会在直播的边栏中以"已删除讯息"字样存在，形成很长的列表。尽管冒犯性言论已很快被删除，但依旧有**存在感**。这些被删除的文字的鬼魂营造出这样一种感觉——即使我们看不到具体内容，但我们知道频道中实际存在着骚扰。观众会感受到糟糕的氛围，感觉这不是一个理想的地方。

AutoMod 系统则不仅将消息保存在队列中等候审核，如果消息未被审核通过，也不会在聊天中出现，不会有它们存在过的任何迹象。这是一种切中要害的方式，破坏了被删消息所带来的情感影响，以及辱骂性言论的残痕所带来的挥之不去的对骚扰的感知。正如一位主播在游戏新闻评论网站"K 宅"（Kotaku）中所写的，"不要去留意那些制造问题的人，就不会有人想跳上这班车"（D'Anastasio，2016）。AutoMod 所应对的，是言论在社交中的存在方式，以及界面的辅助作用。就骚扰而言，最不合适的回应便是告诉受害者去简单地忽略、屏蔽或隐藏这些言论。这种做法完全没有理解这一点：骚扰行为既是个人行为，也是社会行为。将骚扰言论从集体空间中删除，并且不让它通过"消息已删除"的方式留有回声的工具，是更适合处理骚扰的社会影响的。

与聊天机器人相比，DDOS 攻击（拒绝服务攻击或洪水攻击）是一种简单粗暴的技术干预形式，但如果大规模实施会使网络瘫痪。这种技术是对目标计算机反复"敲门"，请求其系统响应查询，从而让系统瘫痪。DDOS 攻击已被用于多种目的，包括政治抗议以及我们正在讨论的骚扰。[7] DDOS 的漏洞不仅来自 Twitch 本身，还会通过使用其他程序出现，例如 Skype。后者会将某个用户的 IP 地址公开给其好友列表中的用户。不幸的是，使用第三方工具来与他人进行社交联结的做法，可能反过来会对用户不利。一旦其 IP 地址被分配给多个攻击者，目标地址的网络系统便可能过载、瘫痪，甚至关闭通信和参与的可能性。对经常使用 Skype 和其他会暴露自身 IP 地址的程序的主播来说，购买代理服务以保护自己的情况并不罕见。他们还可能对那些进入自己 Skype 圈子的人进行筛选，只留下最信任的人，并用其他通信方法去联络剩下的人。人身攻击的可能性足以改变主播的日常做法。DDOS 攻击在网络生活中已经无处不在，以至于人们都只将其视为日常的小烦恼，希望尽量避免而已。

从以上的例子可以看出，社区管理和"边界警戒"（即使是负面的）的工作已定期分配给非人类的行动者，它们可以比任何真人都更好地管理、规制和规范社区。它们与人类管理员一起，在直播空间的整体治理方面做了大量工作：从对聊天的正式处理到通过言语和行为来与聊天参与者进行社交。当我们考虑规制时，通常只考虑政策或法律层面，但我想要说，重要的是牢记规制的定义可以更广泛，包括发生在人际层面和社区层面的纪律约束和社交关系，并且要通过人类和技术的共同努力来完成。

政策

如果将社区管理看作规制的较为微观的层面，政策就处于它与法律的中间。尽管早先许多人用"开放"和"自由"这样的修辞来形容网络，但事实上互联网早有不同层面的治理、政策和官僚运作。[8] 考虑到互联网涉及的组织及其利益众多，很难想象还有别的更好办法。当社区成员为管理社区做了大量工作时，大多数公司并不满足于就此甩手不管。政策不断出台，就直播而言，包括来自游戏开发人员、团队或代理商、赞助商以及平台本身的政策。正如其他形式的治理一样，这些政策也经常互相冲突，并随着社区的实践而变化和调整。

几乎所有在线服务以及游戏公司都会通过使用条款、服务条款、操作条款和最终用户许可协议等文件，勾勒出适当使用其平台或内容的界限；用户通常需要在开始使用前就同意（即使并非总是如此）。具有讽刺意味并常被拿出来吊打的是，这些协议往往长达数页且充满法律行话，人们通常不会在签署同意前仔细阅读。这些协议还常常包含一些违背正常使用惯例的条款，例如账户共享。[9]

就 Twitch 而言，一些问题在其使用条款中起到了核心作用：

公司本身对平台及其预期用途的意图，与游戏开发商保持友好关系的需要，广告在财务模型中的重要性及随之而来的对受众的依赖，还有围绕知识财产相关的法律问题。当我在 2012 年刚开始研究该网站时，Twitch 仍处于政策制定的初期。当时，在它主办的一些论坛中，常见到主播和官方论坛管理员之间的讨论。这些管理员回答了用户的各种问题，包括网站上允许什么和不允许什么的问题。讨论中，到处都是类似这些标题的帖子："如何处理种族主义？""仿真器 / 只读存储器，可以用来直播吗？""在打游戏时听音乐，有没有相关政策？"在此期间，在 Twitch.tv 上举办的官方论坛是重要的社区空间，供主播确切地了解他们在平台上能做什么、不能做什么。

拉塞尔·"恐惧"·拉克什（Russell "Horror" Laksh）是该网站早先的首席管理员。他做了大量向用户解释政策的工作。当有人询问是否允许人们在频道的聊天室中**讨论**盗版游戏时，他回答说："我们绝不以任何方式支持盗版，我也建议您不要在自己的直播中鼓励盗版。偷盗并不酷。"（Laksh，2011a）这些论坛管理员做的大部分工作着重于对用户的教育，不仅关乎如何做直播，还关乎用户创造内容的边界。

Twitch 制定政策的这一时期，以及拉克什与用户之间的直接对话，凸显出该网站历史上的独特时刻——此时，服务的管理者和用户仍然在努力寻找适当的做法。尽管已有一些明确的界限（例如不可直播未发行的游戏，也不可直播色情游戏），但论坛中还是有不少话题被来回反复地讨论。官方管理员的发言具有权威性，但他们也鼓励用户持续参与对话，如果有疑问，可以就具体案例提问。主播们自己也常左右权衡，就平台上什么活动才有合法性提出自己的观点。在探讨做什么才可行时，语境和细节被认为至关重要，这使得对直播作为一种潜在的复杂视觉和文化产品的理解更为丰富。

伴随着网站的发展，官方论坛似乎不再适合处理人们的询问。想要由官方来回答论坛上的大量具体问题根本是不可能的。社区管理员贾里德·雷（Jared Rea）早期负责网站的政策和管理（也包括志愿者管理团队），不仅创建了早期的服务条款，向主播们提供指导方针，也在遣词造句上下功夫，使普通用户都能理解和使用。这种方法为 Twitch 多年来持续的做法定下了基调，即采用一种更加非正式的沟通方式来传达政策，同时也采用了典型的法律语言。考虑到政策随着站点的发展、外部关系和用户实践的情况在不断发生变化，这是一种有效的修辞方式。鉴于 Twitch 经常将其平台定位为一个社区，一个由用户组成的热情"大家庭"，因此在将该框架与正式并具有法律效力的政策并列时，Twitch 需要进行平衡。

成人内容

尽管 Twitch 试图以符合用户习惯的通俗易懂的口吻说明政策和语言规范，但它有时也不得不划出禁区，而且有些决定还引发了争议。多年来，除了知识产权问题（我将在下面部分详细讨论），全平台上体现的整体审查问题，也包括成人内容，引发了很多争论。

早期论坛上真正引起我注意的第一个主题是色情。拉克什写了一个帖子，澄清说 Twitch 不允许网站上出现色情内容，包括色情游戏，并将采取"先禁再问"的措施。但他接着说："并非所有裸体都是色情。具体来说，我讨论的是视频游戏中的裸露内容。如果您所直播的游戏不是基于色情的游戏，例如，其中的裸露内容不是该游戏主要的吸引特征，您就不会被叫停，也不会受到惩罚。"他说，标题应该标记上"成人"（mature）。他还补充说："如果您对是否可以直播某个游戏有疑问，**请先问清楚！**安全总比后悔好，因为我们不允许在网站上出现色情内容。"（Laksh，2011b）

随后，有人发帖跟进了一个问题，即是否可以直播《第二人生》。《第二人生》是一个基于用户创造内容的沙盒虚拟世界，人们在游戏中创建各种自定义的虚拟化身和空间。拉克什（Laksh，2011b）回答：

> 对于《第二人生》，我要说不。《第二人生》本身不是色情游戏，但用户创造的大多数物品都不可避免地在某种程度上与色情有关。该游戏确实有一些面向青少年开放的区域或总体上与成人无关的内容，但这些区域是网络喷子和那些发布最糟糕色情内容的人的主要目标！这个游戏中确实没有一个安全的、不会一不小心播出我们可能不赞成的内容的地方。因此，我认为最安全的选择就是不要直播这款游戏，以免惹上麻烦。

《第二人生》确实存在着以成人内容和性行为为主的领域，但它也确实拥有教室空间、游戏区域，甚至是准商业中心。尽管读拉克什的帖子时我被逗乐了——《第二人生》竟然具有危险性！但这个案例的确展示出，平台是怎样试图引导和鼓励主播扎根于此，为他人创造出引人入胜的内容，但又必须局限在家长指导级（PG）的分级范围之内的。Twitch的禁播游戏列表中包括"违反社区准则的存在仇恨言论、性别、裸露、无端的血腥或极端暴力行为的"游戏，还包括被"娱乐软件评级委员会"分类为"只适合成年人"的游戏。

列表中的许多游戏听名字就不应该出现在这个平台——坦率地说，也不该出现在任何平台上。而其他一些游戏不仅引发了围绕成人主题甚至是包含性行为的游戏的大讨论，更让人们去讨论，在如此流行的媒体平台上全盘封杀特定主题的领域或文化新产品到底意味着什么。越来越多的设计师在推动游戏讨论严肃、有意义、情感上成熟或微妙的问题，这时创作者带着具有边界突破性的内容转向该平台，也是不足为奇的。

关于这个话题一个比较细致的讨论集中在独立游戏设计师罗伯特·杨（Robert Yang）的游戏上。杨的若干游戏因具有"明确的性行为"以及和裸露有关的问题而在该平台被禁。杨（Yang, 2015）的游戏涉及同性恋身份和性行为，他指出，这个政策的特点是"只要不重要，就是可以的"，这很奇怪。他坚持认为，Twitch的政策是不透明的，在适用性上也不均衡。他说："他们的目标是保持模糊和朦胧，以便他们可以随机决定什么是'过多的性'或'错误的性'，同时为大公司或商业伙伴开辟出特殊的例外空间。我相信这对企业有利，但对创意文化非常不利。"（Yang, 2016）像杨这样的在主流游戏业不常涉及的主题上做深度原创、创意工作的游戏开发人员，会被置于严重的不利地位。

杨（Yang，2015）对 Twitch 政策的一个重要异议是，它既没有考虑语境，也没有考虑到他的游戏实际上"主要关注同意、界限、身体和尊重之类的观念"。许多主流游戏也许确实没有出现他游戏中那么多的裸露或性行为，但我们应该停下来想一想，在流行作品中，有多少带有性威胁和暴力，甚至司空见惯、不足为奇。毫无疑问，多年来，许多人已经指出，美国媒体对呈现各种暴力行为的方式太过随意，但对非剥削性的裸露和性行为感到恐慌。在这个方面，Twitch 的政策与传统广播电视时代相差无几。但我们应该知道，有线电视至少不适合大众观看的内容提供了出口。但在 Twitch 上，迄今为止尚未出现这种备选机制。

尽管对于许多传统媒体而言，成人内容的定义和如何禁止，无疑是熟悉的老问题，但它在 Twitch 上该如何处理却不能简单地套用相同的框架。平台背后有着潜在的深层问题，即它认为哪些图像、内容和呈现方式是其核心，以及想要扶持什么。尽管它已进一步拓展其范围，允许更多的游戏秀甚至是 Cosplay 秀在平台上出现，并常表明它很重视创作者的广泛兴趣，但它确实常常退缩回更狭窄的形式。

着装规范和"虚假女玩家"

争议最大的政策之一是对游戏主播着装的规定。从许多方面来看，这都涉及 Twitch 及游戏文化中关于性别和参与的紧张关系的核心。它涉及平台如何界定合法的内容及呈现，以及这种模式有时会如何与实际的用户实践和需求相抵触。尽管 Twitch 已持续拓展内容的边界,使其超越视频游戏,让人们现在可以在平台上看到吃播、音乐制作以及许多其他创造性活动,但公司仍对边界有明确的规定和相应的执行,并由一些社区成员负责进行监管。

2014年10月,Twitch发布了修订后的《行为准则》(最终更名为《社区准则》),并引发了广泛报道、热烈讨论以及来自各个站点的社会时评。Twitch在准则中对主播的着装进行了详细的规定:

得体地……着装

阿宅也性感,你们都是美丽动人的尤物,但在这里还是让我们以游戏为重点,好吗?不穿衣服或穿具有性暗示的衣服……包括内衣、泳衣、内衣内裤,都是被严令禁止的,当然全裸也同样禁止*(原文如此),这同时适用于男性主播和女性主播。您可能有美妙的六块腹肌,但最好是在沙滩上进行二对二排球比赛时,随着"跟男孩们一起玩"的音乐跟大家分享。我们出售T恤,T恤一直都是被允许的。#Kappa

*如果您身处的地方太热了,而您一不小心正好脱了衬衫(男孩)或是只穿着比基尼上装(烧烤)[把"女孩"的英文单词"girls"故意拼写错误为"grills"是一个网络流行梗],那就裁剪一下网络摄像头的显示,只露出您的脸就行。问题搞定。(Twitch,2014)

那天,颇具人气的主播梅格·特尼(Meg Turney)发了一条推文,说她收到一条来自Twitch的信息,认为她个人资料面板中有一张图片不得体,并且"在任何方面都不适合 Twitch",通知她必须一周之内删除,否则将暂停她的频道。在这张照片中,特尼身穿蕾丝花边短裤和比基尼上衣,手握游戏遥控器,站在看起来像是客厅的房间中,房间中布置着一些和游戏有关的物件。这张风格化和专业性的照片成为 Twitch 挑刺的对象,这让很多人感到震惊。许多评论员认为该政策与平台上其他经常播放的材料并不相符,另一些人则认为这与游戏文化中针对女性的一系列持续攻击相吻合。尽管特尼最初的推文表达了真正的愤怒,但她后来接受《赫芬顿邮报》采访时评论说:"这并不是真正的荡妇羞辱,更像是身体监管或者在执行更严格的着装要求……我只是觉得整个情况很愚蠢。"(引自 Beres,2014)

在内容方面,许多人指出,在明显违反标准的游戏中试图规制主播的着装,太具讽刺意味。如前所述,尽管 Twitch 明确禁止色情游戏,但平台上的内容还是充斥着着装暴露的女性以及处于性暴力和伤害场景中的女性,一些游戏类型本来就是贩卖这些东西的。米切尔(Mitchell,2014b)注意到了这种不协调的情况,他说道:"如果 Twitch 想要成为一流企业并受到重视,那么在某种意义上它必须承认其新政策中明显的固有矛盾:与大多数直播相比,这些游戏本身展现出更多的带有性暗示的主题。"他继续指出,这种政策的局限性不仅体现在游戏的内容中。Twitch 在网站上进行现场音乐直播的尝试曾被搁浅。当 DJ 和电子舞曲制作人博戈尔(Borgore)在家中进行现场表演直播时,因为有穿着比基尼的女性在泳池边走来走去,Twitch 不得不停止这次直播(Mitchell,2015)。

其他批评则关心该政策是如何与更广泛的性别和性别歧视的斗争同步进行的。流行文化粉丝网站"玛丽苏"转发了游戏批评家马特·阿尔布雷希特（Matt Albrecht）的一篇文章。该文认为，这项政策正式针对男性以及女性，引起对"虚假女玩家"的恐慌，以及对利用自己的性征在娱乐环境中占尽优势的女性的恐惧。他说：

当女性出卖自己的性征来换取被观看流量的竞争优势，却不承诺给出任何实际的性好处或繁衍后代时，那些对导致这种性交易的父权制视而不见的人，开始举起自己的干草叉，高喊犯规……请不要介意以上批评中所隐含的，即这些女主播可能全都是可怕的"虚假女玩家"；事实上，女性只要拥有女性的身体，无论其着装有多保守，都会被视为具有性吸引力、可成为性剥削的对象。对保守的批评者而言，仅仅是有对乳房就足够有挑逗意味，而骚扰者的行为也变得正当合理了。对女性而言，在性方面从来都没有一个正确安全的位置可以选择。（Albrecht，2014）

阿尔布雷希特的论点不禁让我们想起特尼关于女性的主体性和具身性正受到监管的评论。考虑到发言的时机，应该说这一论点颇有见地。Twitch 不断试图澄清，这不是一种改变，只是对长期存在的政策的重申和澄清。然而，在这一切发生的几个月以前，也即 2014 年 8 月，发生了"玩家门"（GamerGate）事件。这个时间点为我们提供了理解这一声明的基调和背景。

"玩家门"试图把自己伪装成一场关于"游戏伦理"的运动，

实际上却是对女性主义以及游戏文化中日益增强的玩家异质性的否定。"玩家门"成了"黑箱"条款，包含许多糟糕和有害的冲动与做法。[10] 当它针对游戏开发者佐伊·奎恩（Zoë Quinn）或文化评论家阿妮塔·萨基西安（Anita Sarkeesian）这样的女性时，"玩家门"很可能是具有危险性甚至毁灭性的。此外，它还是一种更广泛的文化价值观，其关注点转向了任何滑入眼帘的事物。无论是学者还是大众媒体的作者，只要对游戏和游戏玩家的霸权观点或有毒的男性气质的代价提出质疑，都会遭到猛烈的、常常精准针对个人的攻击（通常是在IRC、4Chan和红迪网等几个信息渠道中协同作战）。

2014到2015年间，很多人成为被攻击的目标，因为另一些人对游戏文化感到不满，认为其正在被持有不同价值观和立场的人破坏。人们看到"社会正义战士"将太多"政治"或"女性主义"议题插入游戏内容和文化中。在许多这样的案例中，身份认同本身成为一个令人不安的变量。"玩家门"的参与者反复争辩说，他们并非不想让女性、有色人种或性少数人群参与游戏，而是认为这些人不应"将自己的身份"放入游戏中。一个人只**要**融入游戏中占主导地位的身份、具身性和参与形式，就会受到欢迎。

长期以来，游戏文化中都存在一种苦涩的反讽。游戏有史以来便是局外人或边缘人的所在地，是极客女性或不符合主流模式的男性气质容身的空间。但游戏也以复杂的方式划定了边界。原本是局外人文化，却对**其他**局外人进行如此苛刻的评判。我并不是唯一一个指出这个自相矛盾之处的人。进入游戏文化的挑战可能是凶险的,其"规则"很难确定。在其间安放自己的主体性,犹如从针孔中穿过线。

过去几年来,一个变量越来越受到密切关注,那就是女性气质,不管它是体现在男性身上还是女性身上。[11] 作为一名年长的、常以首字母缩写作为姓名表达方式、穿着打扮不格外女性化的女性,我尽管公开从事女性主义工作,却很少成为攻击的目标,这点一直让我感到震惊。有一天,我认识了很长时间的一位报道人让我明白了其背后的原因。在他试图澄清自己面对"社会正义战士"时的挫败感时,说他并不介意"像我这样的人",也即不"向每个人强加自己性别"的人。正如他所评论的,我的名字是中性的,甚至我的 Twitter 账号伊比卡(ybika)也没有明显的性别。也许不言自明的还有我的年龄。我对自己性别身份的呈现,在他看来是没问题的。如果其他人都这样,他觉得也不会有任何问题。是那些把性别搞成"一件事"的人,才会引发问题。我后来假定,这只是因为我在性别上的表现没有困扰到他对"谁是游戏文化的合法参与者"的想法,所以他觉得没问题。游戏空间中的其他女性也谈到,根据观察,如果她们穿得"像个假小子"或采用男性的语言习俗或其他行为举止,她们就不会遇到什么问题。[12]

在 Twitch 上,这种情况表现为对所谓"乳沟镜头"的猛烈攻击和对男人被女性身体操纵的奇怪的恐惧。[13] 红迪网的 Twitch 子区里,不少帖子"警告"社区要对"镜头女孩"保持警惕。有一位名叫"埃利斯0896"的用户在 2014 年 11 月 30 日写道:"现在有一个《英雄联盟》的主播,她有一对我平生见过的最大的胸，快要把上衣撑破了，这样做是被允许的吗？我不想阻止她挣钱什么的，但这个收入应该与游戏挂钩，而不是她那令人难以置信的大胸。"另一位叫"拖拉机之心"的用户于 2015 年 1 月 13 日更快地切入了正题，他问道："只是来玩玩游戏，为什么你们中的很多人化妆，用了全套美容用品？"如此这般，女性气质、性欲、形象和女性的存在，带来一波又一波的评价和监管。尽管许多人不厌其烦地指出，这项政策也正式针对男性，男性也不允许袒胸露乳，但简言之，他们的身体并没有像女性一样被搁到放大镜底下审视。关于一碗水端平的修辞完全避开了政策实施的现实和语境。

几位女主播加入了讨论，说只是做自己就受到了骚扰，并表达出因政策与日常生活的奇怪脱节而感到的失望之情。一位叫"hmet11"的用户在 2015 年 1 月 21 日回应了一个主题为"什么时候 Twitch 才对把直播服务当作要钱平台的女主播采取行动"的帖子，她写道：

女主播在此。我会尽力表达自己的观点，尽量听起来不是在自我维护，尽管我对这个帖子非常生气。我已经直播了大约 8 个月。我之所以直播，是因为我热爱社区，一直都在玩游戏，并且喜欢直播。但你知道还有什么其他原因吗？我这么做是为了赚钱。我卖力工作来获得打赏，增加观看的人数，并希望有一天能找到合伙人，因为我非常愿意成为一名全职主播，而不是从事什么垃圾的朝九晚五的工作。想到再也不能穿我去超市时公开穿的低胸衬衫，我倍感压力，就因为像你这样的小流氓跑到我的聊天室中，告诉我是我在滥用这个系统赚钱。所以，我反而觉得有必要把胸遮起来。

当然，指责这些女性利用平台服务谋取经济利益是荒谬的，因为这种能力对于有抱负的主播来说已经变得非常关键。但是，当女性的身材、表现或身份与人们想象中的理想的主播形象和行为不符时，这些女性，无论是顺性别还是跨性别、白人还是有色人种、同性恋还是异性恋，就会一次又一次成为被针对的对象。不幸的是，该政策似乎合法化了那些热衷于点名没有"正确"使用平台的女性的人的行为，甚至代表了他们。

这种认为某些人不是合法的游戏文化占有者，并因此针对他们的现象，处于一个更大的线上线下都有的趋势中。莱斯利（Leslie，2015b）在一篇关于"福森军队"的文章中强调了这种长期存在的模式。所谓"福森军队"，是一群围绕在热门主播福森（Forsen）身边的恶魔，他们恶意地寻找女性、性少数群体和有色人种主播，然后"突袭"其频道，发布仇恨言论和骚扰性评论。这种旨在骚扰对方的频道轰炸（而非用正面反馈给小主播带来惊喜）由来已久，不幸的是，该政策声明最终只是在给游戏文化中的熊熊烈火上浇油。[14]

尽管 Twitch 平台从整体上没有以这种方式行事或支持任何骚扰行为，但在"玩家门"崛起并成为一股强大文化力量的特定时刻，很难不将这个鼓励主播"保持对游戏的了解"的声明视作以恶毒的手段对游戏文化进入整体监管的这一倒退的呼应。即使该声明用"烧烤"这样的梗替代"女孩"都无济于事。尽管措辞的本意是一个熟悉的"玩笑",但它已经变成了充斥于频道中的丑陋简写,清除了女性作为一个人所具有的特殊性,并简单地用性别来指称她们(正如当屏幕上出现有色人种时,黑人表情包就被自动屏蔽)。尽管公司内部的一些人向我吐露,他们为这项"政策"以及如何使用该政策感到困扰,并指出内部讨论有时非常激烈,但面对公众,公司还是保持着统一的面孔。

2015 年 11 月,Twitch 再次修订了这一政策。这次,宣布更新的博客采用了完全不同的语气。没有开玩笑,没有提"烧烤"或性感着装,而是给了简单提要。新政策简明扼要(在本书写作时依旧如此)地声明,"禁止裸露和涉及明显的性行为或着装的行为"。社区对这一变化几乎没什么评论。事实上,在事情发生几个月后,红迪社区子论坛上的一个帖子才提醒了我这个变化。与许多其他主题一样,从知识产权到诈骗,非正式的、内部人的行话已经被删除,取而代之的是"黑箱"规则,社区继续进行辩论和维持秩序,尽管不再那么热烈。

法律

Twitch 论坛成立之初,人们总在询问如何直播或哪些类型游戏可以直播,以及一些更加根本的问题如未经游戏开发者授权就直播游戏是否**合法**。这些问题一次又一次地被官方论坛管理员所忽略,甚至他们在回答其他问题时也没有对此进行回复。有时其他想帮上点忙的用户会加入讨论,说"像在 YouTube 上一样"这些行为应该属于合理使用的范畴,但也习惯性地表示并不清楚 Twitch 作为一家公司是如何处理这个问题的。在论坛早期，Twitch 并没有就直播的合法性问题发表明确的声明，但对其他众多内容指导方针作出了回答。这一点值得我们注意。

在我们的文化中，有一个引发争议的交叉点。数字游戏在青少年和成年人中的迅猛发展，伴随着监管和治理制度，从日常实践到软件和法律。游戏并不独立存在于这些系统之外，而是在这些系统之内及周围发展并创造意义。它生活在《数字千年版权法案》的世界中。长期以来，我一直致力于探索这种关系，因为它是在知识产权和服务条款/使用政策领域的意义协商。在冲突、妥协和控制的时刻，我们有机会更仔细地观察那些被归化或隐藏的意义和实践体系。

对数字游戏开展的质性研究能向我们提供的最有力的东西之一，就是可以深入观察玩家与软件系统相遇时会发生什么——玩家并不只是简单地接受软件原来的样子，而是把它们变成其他样子。关键是要认识到，这是一种社会学上的描述，而不是个人层面的描述。也许某个玩家不会对自己的玩法/游戏进行调整或改变，但是整体的模式是**转化式的**。游戏社区是一个狂热的、动态的、与他们所在的系统进行对话的对话者。它不可能会是别的样子，从根本上来说，这就是文化的作用。

文化所起的作用还包括围绕着控制和秩序的舞动。规制可以在不同的层面上发生。它可以自上而下，自下而上，也可以在同伴之间横向运作。它可以出现在从代码到社会实践的一切事物中。目前，数字空间治理的一个关键站点是通过企业政策（服务条款和终端用户许可协议）、软件和知识产权制度来进行的。这种规制方式的基础往往是开发者和出版商对所有权的基本主张。这种框架也认为游戏玩家基本可以按照自己的意愿去使用这些数字人造物。

然而不可避免的是，文化行动者总是会对他们所接触到的客体和系统进行服务于自己目的的改造。游戏并不是活在文化之外，而是活在文化之中。它们是文化的客体，因此要对文化负责。它们在文化中**发挥作用**。当然，这种提法本身是不完全正确的，因为并没有单一的"文化"，而是有很多文化。它们重叠、分化，并在各自的秩序、张力和相互的斗争中存在。作为个体，我们在这些文化中穿行和栖居。这是一片美丽的混乱，对方法论和分析都提出了挑战。但有一点可以肯定的是，没有一个系统可以神奇地免疫于文化的作用。这种引发争议的纠缠便是规范。

然而当下，我们的权力并不平均。正如法律学者丽贝卡·塔什内特（Rebecca Tushnet，2010，892）所言：

> 版权法的扩张往往对个体自由的限制多于对特定行业的限制。即使在保留了例外或限制的情况下，这些例外或限制也往往复杂到近乎不可理解的地步。因此，只有能获得充分建议的机构玩家才能自信地利用它们。这是一个极不健康的系统，它使得那些试图表达自己、参与文化和政治对话的公民，发现自己因为版权诉求而受到意想不到的威胁或被迫沉默。

在数字游戏中，我们找不到公平的推搡和争吵。相反，我们经常看到玩家在并不总能适应新兴实践的系统中费力挣扎地使用游戏。而且当新的用途获得认可时，往往处于继续坚持对所有权的错误理解的框架内。公司在"允许"意外的使用方式时，从未在根本上重视玩家所做的生产性工作和对游戏的深度投入。

这些年来，除了前面提到的"观战李相赫"事件这种大型组织交锋，我看到玩家们自己也在这种矛盾中挣扎。一方面，他们通常会承认、认可和重视开发者的工作，为其在游戏上的功劳极尽赞美之词。但同时，他们也会纠结于如何表达自己的感觉，即通过与系统的互动，玩家认为**更多**的东西是通过他们与系统的互动而创造出来的，而系统也是**他们的**。正如一位有见地的主播所说：

当你在直播中添加了任何游戏本身之外的个性化元素时，当你开始创造自己的内容，当你开始加入幽默，当你开始做不同的事情，我认为这就把直播带到了一个新的高度，超越了游戏开发者所规定的黑与白。它变成了你自己的东西，也是互联网亚文化的一部分……互联网不喜欢有人把持、隐瞒社区中有价值的信息或资源，特别是出于赚钱的目的。这不是我们的目的。这也不是互联网的目的。

法律学者朱莉·科恩（Julie Cohen）认为，人们对知识产权规制中的创造性的理解存在误区，也即将作者和读者/用户过度地对立起来。她写道："我们并不需要一个更好的作者身份的定义，也不需要一个严格区别于作者身份的用户身份的概念，而是要对作者身份和用户身份之间复杂的相互关系具有良好的理解，以及理解这种相互关系在创意实践发生的文化环境中的表现方式。"(Cohen，2012，69)我将这一思路进一步拓展，认真听取和参考主播们的经历和话语。我主张将玩游戏概念化为"**转化性工作**"(transformative work)，并由此对我们如何思考数字时代的参与和所有权提出了挑战。

合理使用和粉丝生产

无论是专业人士还是业余爱好者，都在不断地取用他人生产的材料并在此基础上工作。美国知识产权体制的一个重要组成部分便是对合理使用(fair use)的指定(1976年《版权法案》的组成部分)，它为创作者使用他人知识产权提供了不同种类的保护。转化作品组织(Organization for Transformative Works，2015)指出："合理使用是指在没有得到许可或没有付费的情况下，对受版权保护的材料进行某种使用的权利。它是为保护自由表达而对著作权法的基本限制。'合理使用'是一个美式用语，但所有的版权法都有一定的限制，使版权不受私人审查的限制。"一般来说，在提出合理使用声明时需要考虑以下几个因素：

(1)使用的目的和特点。
(2)版权作品的本质。
(3)取用部分的数量和实质。
(4)该使用对潜在市场的影响。[15]

以上这些构成了通常所说的"四要素"检验，但它们并非传统意义上的检验标准，而是与司法解释相联系，给专业和业余创作者都带来了巨大的困惑和挫败感。[16] 这里特别值得讨论的是与作品的目的和特征及其市场效果有关的检验要素。

新的创意作品的目的和特征，是确定其法律地位的关键。合理使用为利用他人的知识产权并通过"增加新的表达方式或意义"以及"通过创造新的信息、新的审美、新的见解和新的理解"而产生价值的创造性努力提供了保护性的立足点。转化性作品产生了一个有意义的新的文化艺术品。

寻求合理使用保护的业余创作者，在宣传和推动这一主题的讨论方面作出了很大的贡献。像 Fiction Alley 和 FanFiction.net 这样的粉丝驱动型网站，以及更早的一些节点，如 Usenet、邮件列表和论坛，为创作者们提供了机会，不仅可以在此分享他们的作品，还可以讨论产制环境和法律挑战。诸如 Lumen（前称 ChillingEffects.org）或转化性作品组织等网站，不仅引起了人们对粉丝制作作品的法律议题的关注，还努力提供资源和信息，帮助人们在这个充满挑战的领域中前行。[17]

教育粉丝创作者了解其法律立足点的一个核心举措，是解释什么是合理使用，同时帮助业余创作者用法律和修辞的手段来框架自己的所作所为。在实践中，这往往意味着强调这是非商业性的使用，并将粉丝的行为定位为主要受激情、爱和不以金钱利益为目的的意愿的驱动。重点在于强调这是一种创造性的、面向社区的活动。这种修辞策略在"转化性工作"组织（Organization for Transformative Works，2013）的会员活动中得到了特别好的体现：

你为什么要参与到粉丝活动中来？对我们中的许多人来说，这个问题的答案是爱——热爱自己喜欢的电视节目、电子游戏或乐队，热爱粉丝社区和我们在那里交到的朋友，热爱转化经典并创造出新东西的创意过程。粉丝们花费了大量时间制作和消费粉丝作品，旅行去参加大会，管理社区，聊一聊他们最新的发烧爱好——不是出于义务，不是为了报酬，而是因为它给我们带来了快乐。

对很多业余创作者来说，以上是完全可以理解的，甚至是非常准确的表达。它抓住了所有创作者的乐趣、关系和承诺。它谈及一种严肃的休闲，有助于我们理解一个粉丝可能作出的承诺和可以达到的投入程度（Stebbins，2004）。

然而，问题是，一旦当这种方式成为主导方向，对于如何批判性地、分析性地探索业余创作者或粉丝生产者的商业意图，我们就准备不足了。这可能会阻碍我们去充分理解以上努力如何成为劳动和工作的一种形式。它无助于我们探索在新涌现的生产模式中的小打小闹、争斗或紧张关系。尽管一种令人信服的修辞能帮助粉丝找回一些法律上的立足点——或许在特定的历史时刻，确实需要这样的一种做法——但我担心这样做会在批判和分析的层面上排除掉太多的东西。

在游戏领域，我们长期以来面临着更为混乱的粉丝和用户生产的局面，它涉及商业的志向或专业的愿望，以及行动者和意图的复杂组合，工作、磨难甚至痛苦的概念均交织其中。关于合理使用和粉丝的标准修辞并不能帮助我们充分了解我们所看到的所有的创造性活动。游戏玩家往往把"非商业之爱"这条线推得远远超过突破口。在我之前关于大型多人在线游戏的研究中,我讲述了玩家和游戏开发商/发行商之间围绕数字产品所有权的斗争(Taylor,2006b)。不管是在拍卖网站上出售你的账号,还是用数字物品换取"现实世界"中的货币,在游戏空间中一直以来都有一个传统,即粉丝和玩家试图从玩游戏中赚钱。[18] 在正式的游戏开发者之外,总有一些人在做模组、外挂和地图,这也是数字游戏中一个强大的历史传统。[19] 有时这些做法具有非商业性的取向,但我们也看到一些开发者,有时是游戏的粉丝和玩家,有时是更专业的机构,为自己的作品寻求经济回报。

在合理使用的争论中,第二个需要特别注意的关键因素是,新的创作将如何影响之前的作品。法院特别关注作品是否"剥夺了著作权人的收入或破坏了受版权保护作品的新市场或潜在市场"。这也是绝大多数人认为合理使用从根本上讲是非商业性的原因,并以为如果不以挣钱为目的,就会自动受到合理使用条款的保护。实际上情况并非如此。即使你是免费赠送,法院也可能会裁定你没有合理使用权。

然而,令许多人感到惊讶的是,一些属于合理使用保护范围内的作品事实上也可能对现有的市场产生负面影响,例如戏仿(parody)作品。有人指出:

> 戏仿作品有可能会削减甚至破坏原作的市场价值,也就是说,戏仿作品可能会因为太过成功而让公众再也不能以严肃的态度对待原作。虽然这可能会造成收入的损失,但这与侵权人仅仅

是侵占作品时的损失类型不同。正如一位法官所解释的,"我们所关心的戏仿作品的经济后果,并不在于它是否有可能破坏或削减原作的市场——任何不好的评论都可能有这种效果——而在于它是否满足了人们对原作的需求"。(Fisher v. Dees,794 F.2d 432 [9th Cir. 1986];Stim,2016,276)

合理使用在经济层面上往往倾向于高度重视非商业性,但情况远比乍看之下更为复杂。基于经验证据,我们并不清楚直播作为一个类别是否满足了我们对游戏的任何初始需求。事实上,使游戏成为如此活跃的新媒体空间的部分原因在于,它们经常将私人游戏过程转化为公共娱乐,而这些往往是全新的产品。考虑到合理使用以"保护表达自由和文化发展能力"为导向,再加上我将在下文中描述的转化性作品的力量,我们可以对商业化的问题进行富有成效的探究(Aufderheide and Jaszi,2011,26)。

伴随游戏而来的视频制作和分发的增长,带来了创造性活动的爆炸式增长,而游戏作为数字化游玩的场域,也超越了"仅仅是"在玩的界限。从最早的利用游戏引擎制作电影,到如今在YouTube上通过向他人提供以游戏为中心的娱乐建造出创新性的新媒体场景,我们可以看到玩家的悠久传统——拿起游戏作品,并制作出更多的东西。[20]这样的一些创新和举动中往往包含着变现的愿望,这一点不该被简单忽略。它说明了一个我们不该疏忽的核心问题:商业与非商业、业余与付费、粉丝与专业之间的简单边界并不存在。大量关于参与式文化和媒体(包括游戏)的学术研究表明,我们需要从根本上重新定位我们如何理解游戏这项工作，探索其转化性。

作为转化性工作的"玩游戏"

通过多个项目中研究玩家（从大型多人在线游戏到职业游戏再到直播）的过程，我发现他们往往对玩游戏的生产性和共同创作有着更细致的理解。游戏学者汉娜·维尔曼（Hanna Wirman, 2009, section 2.3）提出，玩家的生产性至少有五种形式，从表达性到工具性，并且应该"被理解为游戏作为文化文本的前提条件"。萨尔·汉弗莱斯（Sal Humphreys, 2005）在其关于大型多人在线游戏的研究中认为，当考虑到"生产性玩家"的概念时，作者身份的线性概念和随后对版权的理解就被打乱了。她和同事约翰·班克斯（John Banks）研究了用户通过其活动重新配置机制和市场的力量。他们断言，这在"混合配置和新兴的实体中"最为有趣，"它们是不稳定的、有时混乱的商业与非商业、市场与非市场、专有与非专有的混合体"（Banks and Humphreys, 2008, 406）。[21] 这些早期的游戏研究结论仍适用于现场游戏直播者——当他们尝试在文化、结构和法律上定位自己的时候。

主播本身所要面对的很大的问题之一，正如有人所说的，"技术以每小时百万公里的速度移动，而法律则向反方向移动"。一位与我交谈的主播，在思考了游戏和他作品之间的关系后说：

> 是什么让大家一直观看我的直播？是我这个人，还是因为我在玩他们想看的游戏？毫无疑问，我认为是二者的综合。我肯定有我的核心粉丝群，他们是为了我这个人而看我的直播，这些人

就是回头客。他们经常回来观看。但每天晚上也肯定有一定比例的观众是因为看到我在玩某个游戏而过来的……我真的相信,如果你看两个不同的人直播同一个游戏,会有完全不同的体验,得到完全不同的故事。

某人对系统的独一无二的参与,也即这个人和游戏之间的**特定回路**,是直播的核心,对这一点的认识让我和很多主播的对话都生动了起来。玩游戏通常有一种强烈的表演性质:游戏提供了一个场域,在此场域中个体才能进行游戏。[22]

有位接受我深访的主播试图找一个好的类比来向我解释他是如何看待他的工作的,并在此过程中明确阐述了表演性和所有权风险。他将自己做的事情和喜剧演员或音乐家进行类比,后者使用的虽然是俱乐部的场地,但仍然创造出了独一无二的东西。他们是在使用这个场地,但"在上面表演的人,那是他们的戏。那是他们的表演。所以,当我玩游戏的时候,坐在那里,我做直播。任何东西,我直播时的任何内容都是我的。那就是我。那就是我的"。

另一位受访者试图指出这种媒介形式的独特性,他说:"我完全理解不分享或不直播音乐、电影和书的合法性,因为那些艺术形式、那些媒介,它们是非常确定的。你看一部电影,不管看多少次,它从头到尾都是一样的。是的,你很清楚其版权。但对我来说,看别人玩游戏,每次体验到的都是不一样的游戏。"[23] 与之相反,他认为我们看的是一个特定的娱乐产品——通过主播的独特行为而组合生产出来的特定产品。

与我交谈过的主播常常指出他们的作品具有怎样的转化性，说他们的作品产生了新的表达、审美和文化产品。因此，当其中一位说"如果我可以把我的直播变成人们想要的品牌，并把这个品牌发展成一个企业，那将是非常棒的事情"时，这一切并不令人意外。另一位受访者则认为他走向变现，既与他对这项工作的热情有关，也与他的实际考虑有关。

我想说清楚，我赚了钱，所以我才做直播。我做直播并不是只为了赚钱……没人会只顾着做直播和玩游戏而不去考虑如何养活自己的孩子，或者不知道自己的保险情况、医院账单，不考虑是不是有修车的钱。这是不可忽视的一个方面，你必须考虑到。一切都关联在一起。它就发生在这个领域里。我将以对待游戏的同样热情来对待商业方面的问题。因为对我来说，它们是同义词，都是一回事。

当很多关于UGC和游戏的文章都集中在非商业化的层面时，我所访谈的主播已经把他们的创意和商业抱负交织在一起。他们也感到自己在冲击法律结构和狭义的知识产权对游戏作品的理解。然而，转化性工作始终是他们故事的主角。

自治法

他们对自己的工作和创造性产出的经验跟规制他们的法律结构之间存在着鸿沟，这值得我们进一步关注。也许近期法律研究中最有趣的一条主线，便是越来越多地转向实证和"自治法"

(vernacular law)的功能。伯吉斯(Burgess, 2006, 2007)的"草根创意"(vernacular creativity)[①]概念很有用,它抓住了"日常创意实践"能在高雅文化或商业化道路之外蓬勃发展的方式,也是在同样的意义上,法学家尝试理解创意专业人士如何在日常生活中实际思考他们有关所有权的过程和意义。

虽然存在着这样一个强大的迷思,即有必要积极保护知识产权以维持"金钱激励和财富最大化",但正如法律学者杰西卡·西尔贝(Jessica Silbey, 2015, 6)在各类创作者的访谈记录中所言,知识产权"在艺术家、科学家及其商业伙伴和经理人的生活和工作中,有着多种多样的功能和零星的表现形式"。[24] 在她的故事中,知识产权所有人和法律上的常规操作相比,对知识产权在创作活动中的功能、作用及限制有更细致微妙的理解。塔什内特对特定创意共同体是否能理性评估合理使用诉求的考察,也展现了制作者在这个问题上的深思熟虑。她认为:"版权所有人的利益不能被忽视,而且大规模的商业性复制极不可能构成合理使用,与此同时,创作共同体承认这些原则,并能够在尊重版权内容的合法范围内,保留作品转化的空间。"(Tushnet, 2008, 104)

这与用户制作人(如主播)在反思自己的正式法律地位和体验地位时提出的反面主张是一致的。虽然他们经常说自己没有任何有意义的法律保护或权利,但同时也在谈论一种深刻的感受,即他们作为创意生产者有真金白银,这些应该得到承认和正式认

[①] 译者注:vernacular 在国内没有通行译法,在法律语境下译为"自治",在文化研究语境下译为"草根"。

可。多年来，我访谈过的主播实际上都明白，围绕知识产权的修辞与日常实践并不一致，前者损害了文化生产的复杂性。行动者的范围要广泛得多，而且往往是以比当代监管制度所承认的更复杂的方式产生创新、文化活动和转化性的作品。

法学家伯恩斯·韦斯顿和大卫·博利尔（Burns Westen and David Bollier，2013）认为，自治法，即道德合法性的规则和形式，以及在日常生活中涌现的权威，能够对可能被认为是不公正的、不负责任的或功能失调的"正式的、有组织的法律制度"提供一种强大的纠错。传播学者奥利维亚·孔蒂（Olivia Conti，2013，n.p.）在探讨 UGC 的出现时指出，"YouTube 和其他 UGC 平台代表了制度层和自治层之间令人忧虑的调停空间"。

这些日常对话，以及围绕着财产主张和道德权利的铺垫理论或者用户生产者对变现的渴望，都可以在评论区、红迪社区和民族志田野调查中看到。它们一致指向比通常在法律中看到的更为复杂的对文化生产的理解。虽然关于合理使用的主张提供了"创作者对不公平的版权法的主张，自治话语代表了在一个由制度性话语主导的世界中的在地（localised）共同体的主张"（Conti，2013，n.p.）。主播对自己作品的主张，代表了一种强大的对法律框架进行自治干预（vernacular interventions）的形式，这种干预的核心是，将创意行动和生产与商业产品进行更广泛的呈现。它们强调一种深刻的文化共创模式，也呼应了法学家罗斯玛丽·库姆斯（Rosemary Coombs，1998，270）的理解，即"使用商业媒体来制造意义，往往是一种构成性的和转化性的活动，而不仅仅是一种指代性或描述性的活动"。

作为一家公司，Twitch 当然能够认识到，认定为转化性作品是对主播创作内容的保护。该公司在年度大会上定期举办知识产权主题的专题讨论会，提供仅限合作伙伴和附属公司参加的讨论会，直接回答普遍意义上的问题。而且在很多场合，我都听到工作人员鼓励主播考虑在秀中加入转化性内容。公司鼓励主播去了解哪些是法律允许的（考虑到这种形式的内容创作在法律上的总体困境，这可不是小事）。说白了，公司的利益在于主播不违背游戏开发商或出版商的意愿，因此它努力让主播具有善意诚信的行为。

话虽如此，作为一家公司，它并不向主播提供法律代表服务，只将他们视作独立的生产者，并鼓励他们自我教育，去了解有关信息，并最终对自己生产的东西负责。在我准备这本书的最后阶段，我得知该公司与一家法律服务平台——加州律师促进艺术与法律协会（California Lawyers for the Arts and Legal.io）合作，推出了一个新的网站（Legal.io），以帮助主播解决各种法律问题。它提供了一系列指南，从创意共享许可到合理使用和《数字千年版权法案》。用户还可以通过该网站找到律师，并获得更多关于创建有限责任公司或创立商标的信息。一方面，我很高兴看到主播能得到这样的资源，他们通常极其需要获得帮助和指导。另一方面，正如研究劳动的学者杰米·伍德科克（Jamie Woodcock）对我说过的一番批判性话语，这种设置是"零工经济"平台回避对平台劳工有意义的责任的一种方式。尽管这些公司依赖于非雇佣员工的劳动，但又希望他们作为独立经营者来承担风险。考虑到我们当下的知识产权制度对小型内容创作者的竞争环境来说有多不利，以及主播在整体上面临的不稳定境遇，我对此举给主播带来的处境而深感担忧。

许多从事直播的主播希望从自己的作品中获利，希望在不属于自己的平台上建立的不稳定的商业体系中生存，这一点必须得到更多的重视。这种欲望不能被简单地当作粉丝行为或剥削，或仅仅是被"真正的"知识产权持有者裁定的可容忍的变现行为。玩家的活动，可以是一种生产性的、转化性的工作，是一种创造性的参与，应该得到文化承认和法律保护，而不应该被简单理解为仅仅是去玩一个游戏。

自动执行

尽管我们可以推动人们更广泛地思考主播的转化性工作，但当技术被加入进来体现法律结构时，可谓是令人痛不欲生。在本章开头处，我讨论了社会技术行动者在场的不同方式，从聊天机器人到防毒软件。考虑到平台上有大量 UGC 内容，很多公司都采取了技术解决方案，试图处理从色情内容到知识产权侵权等一切问题。虽然人工审核和手动处理数据在内容管理中仍然扮演着重要角色，但越来越多的软件开始被用于捕捉和删除有问题的内容。同样，技术干预也被 Twitch 用来协助治理。虽然有些治理政策以加强品牌标识为导向，但其他政策则在服务本身的法律保护方面发挥作用。

像 YouTube 和 Twitch 这样的内容分发平台，会通过《数字千年版权法案》的"安全港"条款来寻求法律安全，防止版权侵权索赔。正如法学家乔舒亚·费尔菲尔德（Joshua Fairfield, 2009,

1031）在回顾法律最初如何解决在线服务面临的潜在风险时指出的，如果它们"代表第三方知识产权所有者行使控制能力，那么它们将得到保护，免受转承侵权和共同侵权（contributory infringement）的索赔……根据安全港条款，ISP 必须采取行动限制侵权，在符合特定标准的情况下，避免承担控制内容的责任"[25]。根据"安全港"条款，ISP 必须"迅速采取行动，删除或禁止访问侵权通知所指的材料。还必须有一个政策来吊销有重复侵权行为的账户"。当 ISP 已经了解到某项具体的侵权活动但不采取任何措施，或者当它有"可直接归因于'侵权的'经济利益"时，"安全港"可以被撤销。[26]

在实践中，这使得平台公司采用特定的机制，让版权人能很容易地就内容侵权作出声明，然后相关内容就会很快被从平台上拿掉。其中一些侵权声明通过人工调解员进行，但越来越多地开始由自动化系统处理。例如，YouTube（2013）的 ContentID，其工作原理是"权利人向 YouTube 提供他们所拥有的内容的文件（纯音频或视频）、描述该内容的元数据，以及他们希望在找到匹配内容时 YouTube 采取何种处理的相关政策。我们将上传到 YouTube 的视频与这些参考文件进行比对。我们的技术会自动识别您的内容并应用您的首选政策：变现、跟踪或阻断"。像这样的系统（通常被称为"数字指纹"）在捕捉各种预录制的视频和音频方面特别出色。

然而就直播内容而言，挑战仍是巨大的。系统无法提前预知可以采用怎样的识别模式。许可使用与创意内容混杂在一起，令系统感到困扰。事实上，试图自动捕捉和直接关闭直播的一些早期尝试出现了失误，包括在 YouTube 上直播的 2012 年民主党全国代表大会中米歇尔·奥巴马的演讲，以及 2012 年雨果奖在 Ustream 上的直播。在这两起事件中，平台都为自己的错误作出了道歉，但正如《连线》杂志作家吉塔·达亚尔（Geeta Dayal, 2012）所观察到的：" 版权机器人正被接入这一基础设施，被编程为严厉苛刻、绝不屈从的审查员，一只手始终紧握着开关按钮。当机器人在后台检测到版权歌曲或版权电影片段时会发生什么？比如说在家长会上忘记关掉的手机铃声？或者是大会发言人为了展示一个有趣的观点而播放的 YouTube 短片？直播的未来会不会变得如此脆弱，以至于无用？"

2014 年 8 月，Twitch 宣布将使用来自听觉魔术（Audible Magic）公司的软件捕捉录制下来的直播视频中的侵权音频，如果有就将之静音。然而在推出时，一些人就表示这项技术很烦，因为它会错误地将大段视频静音。例如，游戏音乐作曲家丹尼·巴拉诺夫斯基（Danny Baranowsky）惊讶地发现，他正在制作的一款游戏的视频遭到了该软件的打击，很多地方都被静音了，而他自己并没有要求进行这样的监控（Kollar, 2014）。其他人则发现自己的内容仅仅因为包含游戏声音而被静音。Twitch 自己的周播节目也曾被软件短暂锁定并被静音。这个措施推出时，恰逢坊间传言谷歌计划收购 Twitch；许多已经对 YouTube 内容管理系统感到沮丧的人认为这是该平台的断头路。其他人则提出了更广泛的担忧，当你直播时使用你最喜欢的音乐作为背景是一种常规做法，这如果受到限制会破坏直播的活力。[27] 鉴于许多人都表示有兴趣通过某种付费系统来合法使用音乐，但其在实施过程中却明显被拖后腿了。

主播需要担心的东西，也许比这第一次接触到的自动内容监管要多。一方面，直播内容是最难通过自动化系统处理的内容。在许可内容（例如雨果奖的案例或合理使用声明）这样的基本问题之外，在 Twitch 上直播还有多层音频和视频内容需要拆开来解析。正如我在第三章所描述的，在所有的播出内容中，原始的游戏内容只占其中一部分。考虑到技术上的挑战，软件不太可能立即完全监管其内容，主播可以从这一事实中得到一些安慰。另一方面，直播内容的自动监管对各媒体利益相关方来说越来越重要，特别是当传统内容，如体育也开始在网上发布的时候。鉴于一些强大的软件开始进入自动化监管体系，获得收入很可能只是时间问题。

共创文化

最终，游戏直播已经成为另一个我们可以看到用户积极参与并在可商业化平台上运作、积聚和拓展的领域。他们的创新，以及与 Twitch 这样的网站的合作，揭示了玩游戏过程中的转化性工作，并照亮了居于游戏核心的共同创造模式。与其把用户和系统看作是对立的，我们不妨看看它们是如何相互迭代，在持续的文化生产中塑造实践和意义的。正如游戏研究者赛斯·吉丁斯（Seth Giddings，2008，160）所认为的那样，"我们不再仅仅关注'技术'及其'用户'，而是有关它们之间的关系、相互配置（configuration）的事件"。这里的关键是相互关系。从游戏作品到 Twitch 这样的平台，用户在不断质疑和改造他们所面对的系统。

但即使是共创模式，也有控制和监管的形式。有时，这些控制和监管来自用户自身，他们试图捍卫边界和创新，对他人的参与进行约束，不管这些参与是好的还是坏的。而在其他时候，则是管理系统设置边界护栏，引导用户参与。无论是通过人类版主的工作，还是通过受委托的技术的功能，正式的社区管理都在影响着网上发生的事情。

政策通常是最典型的制度性原则的体现。以使用说明和社区指南的形式表达出来的正规化结构，强调了公司认为是得到许可的或合法的行为；这些结构又反过来塑造和约束了用户在这些系统中的行为。Twitch 这样的公司远不是简单的中立平台，而是出于各种原因，致力于完善其网站上所呈现的内容。

最后，在最宏观的层面上，我们可以看到对知识产权的理解和主播在这些空间中的工作直接对话的方式。也许你从主播口中听到的极其令人印象深刻的事情之一就是他们对自己所做的转化性工作的思考，以及他们是如何深刻地意识到我们目前的知识产权制度不仅与他们的实践脱节，还对创造力造成了威胁。而且，他们并没有简单地把自己看成是对游戏开发人员的知识产权的随意侵占，而是对文化产品的共同创造本质有了更细致的理解。

在这一章和之前的章节中，我试图展示游戏直播是由人类和非人类行动者以及组织和平台形成的复杂的组合，这些行动者通过实践和政策来实现自己的愿景。人类学家保罗·拉比诺（Paul Rabinow，2003，56）在谈到"组合"时写道："它们还不是一个可试验的系统,包含可被生产、测量和观察的控制变量。它们是在数年或数十年内出现或者消失的,而非跨越了几个世纪。"我们可以将这个框架拓展到思考与用户参与互动,塑造、放大和限制用户参与的规制机制组合。这个回路总是在不断迭代,伴随着人类实践、社会发展和技术的变化而变化。归根结底,文化生产是一个共同创造的系统,我们必须继续推动,走向承认这一基本真理的制度和法律。

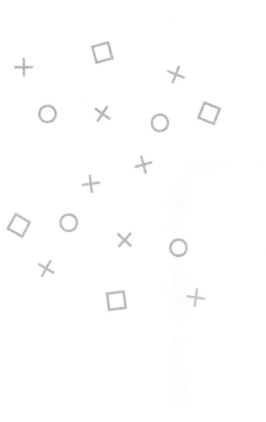

第六章　作为媒介的直播

虽然2017年初的天气没往年冬天那么冷，但3月11和12日的那个周末还是挺料峭的。然而严寒并阻止不了数以万计的人前往波士顿会议中心参加一年一度的PAX East大会。我也再次参会，主要是帮助"任意键"在多样性大厅设置桌位，也想看看Twitch要做什么。大会议程上列了许多小组讨论，包含"直播101：开始你的探索"或"作为POC/性少数人群/女性身份的主播如何安全播出"等标题，这显示出直播仍然是游戏玩家的核心话题。我预计会在Twitch展台上花些时间，因为这里通常是与同好们见面的好地方，并且能从全局了解Twitch在游戏文化中的定位。

在进入各公司展示游戏和硬件的展厅之前，我就发现了一个叫作"Twitch高级休息厅"的地方。几位接待人员过来欢迎我们这些路人，说后面有饮料，怂恿我们进去放松一下。这间紫色的大房间里装有屏幕，正在现场直播游戏实况，包括对展会会场的报道。沙发、桌子和人人都渴望的电源插座，使得这个空间成为忙乱会议中一个受人欢迎的歇脚处。我发现人们在玩棋盘游戏，查看社交媒体、聊天、观看直播。也许这个房间最有趣的地方在于它对非主播的关注。这不是一个常规的VIP主播专用区，而是为主播以外的其他人提供的自由空间。这标志着该网站注意力向观众和临时主播的转向。

房间的前面还设立了一个小小的体验区，专门教人们如何直播。这个小小的"怎么做"区域，表明 Twitch 现在不仅需要扩大观众数量，还需要将新人带入内容生产的过程。由各个主播的直播间构成的长尾，对平台的可持续性很重要。其中某位主播可能会成为下一个大热门，但绝大部分主播的存在意义在于向平台提供持续的活动亮点。正如波斯蒂戈（Postigo，2014，15）在谈到 YouTube 和其他用户生产内容的平台时所说：

（我们）并不像轮盘赌桌上的赌徒，在所有的数字上下注，总的回报超过了看似疯狂的投资。有些下注的数字不赔，有些赔一点，有些赔很多。一些内容类型可能会获得蓬勃发展，然后淡出人们的视线；一些评论员可能会成功，然后被淘汰；一些视频可能会病毒式传播，而另一些视频不为人知。然而，总的来说，无论在什么情况下，赌徒 YouTube 总是赢家。

虽然大型播出公司和电竞赛事汇聚了大量人气，其数字之巨令人印象深刻，在新闻中看起来也很漂亮，但网站依旧需要依靠新的人才来保持其活力，对冲之前内容供应者的生产减缓。

该休息室还发出一个最明确的信号，即 Twitch 事实上是亚马逊的公司。亚马逊的 Prime 用户可以通过关联账户免费获得 Twitch 的 Prime 会员资格，并得到各种福利，这种做法寄希望于这些用户能持续回归这个平台。关联账户的做法将用户与一个基础设施绑定,有利于平台卖出更多游戏,很可能同样有价值的是,也有利于数据收集。在我到达展览厅之前,我就已经开始看到 Twitch 将在下一阶段发展的内容。

当我乘着扶手电梯下行时,心里很清楚自己在找什么:一个发光的紫色展位。我很快就看见了它。它在庞大的厅堂的前面和侧面。依旧是紫色色调,但今年浅色的木头和白色的点缀抵消了紫色,整体视觉效果更趋柔和。当我到达该空间时,立刻意识到"展台"这个词是完全不适用的。因为它由两个基本上独立的结构构成。空间非常大,匆匆一瞥无法分清它的起点和终点。它是环形的,其中一个部分包含直播和观看的空间、一个签名区,还有较小的"主播区",供合作伙伴从大会上进行直播,以及用玻璃隔出的会议室和小型资料桌。另一个部分是一个高台,内部空间巨大,被称为"合作伙伴休息室",是被选定的人进行会面和交流的 VIP 空间,而且一切都会被展示出来。这与我在 2013 年看到的 Twitch 的第一个小展位相去甚远。这不仅体现了 Twitch 的成长,也体现了它在游戏文化和多个利益攸关方中的核心地位,它必须同时兼顾这些利益攸关方,包括观众和粉丝、内容制作者、游戏开发商/出版商、广告商和赞助商。像所有 PAX East 的活动一样,这是一个很棒的机会,可以和许多主播叙旧,并感受当下围绕直播发生的主要对话。

一天后,我和我的伴侣坐在客厅的沙发上,通过游戏主机在电视上看 Twitch。当时是晚上 11 点,我们调到了奥斯汀西南偏南地区的一个特别直播。通常我们不一起看 Twitch,但我们都是喜剧迷,而我们最近最喜欢的节目之一《哈蒙探险》要在

Twitch 上做一个直播版本。《哈蒙探险》是一个动画系列片，是在丹·哈蒙（Dan Harmon）的播客"哈蒙小镇"（也曾是 2014 年一部纪录片的主题）的基础上创作的。哈蒙最为人知的是他的电视节目《社区》，但他多年以来也是一名主播。他的播客有一个常规环节，在这个环节中人们一起玩桌面角色扮演游戏——这绝对是一个有趣的音频试验。这个部分被选取和制作成为 Seeso 上的节目，包含动画。Seeso 是一个现在已经不存在的付费服务，只在康卡斯特 /NBC 环球公司的网上提供。仅仅是《哈蒙探险》中的媒体跨界就令人惊叹：从播客到纪录片再到电视制作，都是一只脚踩在主流媒体上，另一只脚踩在极客的独立领域里。再加上它还在 Twitch 上播放，真的是很难拒绝观看这种混搭各种媒介的制作，不啻为一种试验。

但当晚在 Twitch 上播出的节目令人尴尬，有时甚至令人痛苦，虽然哈蒙的魅力和节目嘉宾的机智一直推动着节目往前走。到节目的尾声，广受欢迎的 Twitch 主播科贝尔——他自己也在网站上做桌面角色扮演游戏直播——对《哈蒙探险》的游戏大师斯宾塞·克里滕登进行了访谈。这是一个奇怪的碰撞，对直播和 Twitch 聊天来说均是如此。虽然《哈蒙探险》来自播客和独立喜剧场景，但表演者的经验和声誉与你通常在 Twitch 上看到的完全不同。在这次直播中，表演者不知道甚至不真正关心聊天中可能发生什么。表演者和观众之间的联系，也即 Twitch 节目的核心，在此荡然无存。尽管这不是一个主流的媒体产品，但相较于典型的 Twitch 节目，它更像一个传统节目。

聊天本身也呼应了这一奇怪的、搭配得不太成功的气息。匆忙赶来观看的哈蒙的忠实粉丝对 Twitch 的包装感到困惑，甚至十分鄙视。而另一方面，一些对《哈蒙探险》知之甚少的 Twitch 粉丝认为它不好笑，而且随着哈蒙越来越醉（这是他广为人知的特点），甚至担忧其行为也许违反了网站的服务条款。这就好像是两种亚文化在一个奇怪的互联网前哨碰撞，既不知道该如何对待对方，也不喜欢和对方待在一起。《哈蒙探险》的演员们似乎甚至不知道 Twitch 是什么，而这也被转换成其喜剧性。Twitch 的常客则在聊天中讽刺式地抱怨道，《哈蒙探险》永远不会有"搭档"。

《洛杉矶时报》在思考在线观看桌面角色扮演游戏日益盛行这一现象时，评论了《哈蒙探险》相较于其他诸如《关键角色》这样的节目的长度，并在无意中预见了这种张力。我想补充说，科贝尔自己在 Twitch 上的一个有趣的现场角色扮演游戏节目也属于后者。作者说，《哈蒙探险》"通过在易于理解的半小时一集的节目中加入动画片段，使其冒险活动不过于占用时间，也提高了可看性。斯宾塞·克里滕登就是这样来对待这个节目的——把它当作一个节目"。正如克里滕登所说，"我们特别考虑了事情可能被编辑的方式"（引自 Phillips，2017）。

然而你在 Twitch 上看到的长达数小时的直播，则是缺乏编辑、缺乏观众和主播之间的互动和熟悉度的，事实上它有时并非"易于理解"，而是由长时间情感投注的表演和观看组成的，这就是《哈蒙探险》与 Twitch 上的内容的核心区别之所在。流媒体上的直播节目，虽然是电视节目的翻版，但已发展出一套自己独特的惯例、实践和乐趣。直播界有自己的名人、自己的历史和自己与观众互动的形式。尽管从表面上看，《哈蒙探险》原始的、未做动画的原始版本似乎完美匹配了 Twitch，但它并没有完全达标，部分原因是它与该平台的特定惯例和乐趣格格不入。

也许是由于我刚从周末的 PAX 之旅回来，现在又看到了这种奇怪的媒体混合形态，我开始思考 Twitch 网站已经不完全是我在 2012 年开始研究时的那个样子了。在过去的几年中，媒体中的试验已经发展成为惯例，自己就成了电视节目类型（genre）。其他由用户驱动的创新实例也被拉回到平台本身的结构中。以打赏系统为例，起初这是主播为获得对其努力的支持而创建的，后来变成了 Twitch 正式的 Bits 系统。它允许观众给主播打赏，也给公司提供了一种抽成的方式。虽然直播确实给草根提供了巨大的市场机会，但在直播间页面上嵌入与亚马逊关联的"立即购买"的按钮发出了一个强烈信号，即他们要做的是与企业有关的商业工作。

尽管全能型主播和电竞制作公司一样，都在寻求向全球观众播放游戏内容的方法，但平台已经开始更多地与主流媒体打交道，例如重播鲍勃·罗斯的绘画秀、茱莉亚·查尔德的烹饪课、大型电子舞曲活动，以及我写下这些文字时正在进行的《电力别动队》马拉松式播放活动。我不想对商业化只是进行简单的批评。我也不想暗示 Twitch 正趋向于变成另一种主流媒体形式。事实上，我一直觉得这个平台很棒的一点是，用户可以通过创造内容寻求收益和专业化发展，并且很高兴地被认为和传统的媒体人物一样具有影响力。现在该平台上仍有很多充满活力的表达和制作形式，但我确实为它作为一个广泛的文化表达空间的未来感到不安。如果 Twitch 越来越成为一种营销工具或者是主流媒体传播的另一个分支,而不是一个真正的变革性的工作空间,那么它将失去很多东西。创新性的表演、严肃的批评、具有挑战性的内容,因其非同寻常而在别处找不到的模式,不仅对该网站的活力至关重要,而且对该网站在我们文化中所起的作用也极为关键。

变化中的媒体产业

几十年来,我们听到各种关于"电视将死"的预言,特别是在"互动"娱乐的挑战下。但随着时间的推移,所有的预言似乎都落空了。米勒(Miller,2010,19)认为:

> 将互联网与电视对立起来看是愚蠢的——两者都是一种发送和接收对方的方式。事实是,电视已经变得更为流行,而不是相反。无论我们喜欢与否,它都会留在这里。我认为我们正在见证电视的转型,而不是电视的消亡。在大多数国家,电视最初都是由国家主导的全国性的广播电视媒体,然后转变为由商业主导的有线电视、卫星电视、互联网电视和跨国媒体,但仍被称为"电视"。

我的一位受访者之前也对我说过,"电视目前的形态离完全消亡还有三十年"。"目前的形态"这一说法也表明了他们明白一些许多人不明白的东西。设备和常规惯例可能在变,但电视的发展一如既往。正如另一位受访者的坦率之言:"我知道,事实上当我五十岁时,我还在看这个东西。我知道很多二十多岁的人都会完全同意这种说法。"

当然，如果忽视这些平台及其产品对传统媒体系统的反击和变革，将是一个错误。随着像 Twitch 这样的网站以及更广泛意义上的游戏的兴起，媒体的品位和制作形式毫无疑问正在发生转变。UGC 已经成为我们整个媒体世界中的重要组成部分，而用户也越来越愿意像消费其他产品那样消费这些产品。伴随着传统媒体消费的变化（从时移到"刷剧"），漫长的甚至有时无聊的游戏直播兴起，观众在这过程中与主播和其他观众互动。从 Twitch 到 Twitter，观众和网红之间的边界在各种平台上被打破。

考虑到游戏、用户创造内容和新的生产分销平台的兴起，思考媒体转型的一个更有建设性的方式是看到传统媒体和新媒体领域之间的回路。人们在观看用户制作内容的 YouTube 视频和 Twitch 游戏直播的同时，仍在观看电视和消费传统内容。媒体杂糅是关键。内容、生产者和受众在一系列设备、平台和类型中流动。

一些主流媒体渠道也开始理解到这一点。例如，E 联盟在有线电视、卫星电视及 Twitch 上都有大本营，ESPN 已经播出了好几次电竞大赛。Twitch 反其道而行之，开始就传统媒体内容拉回平台作出更多尝试，比如播出流行的动漫系列。一些传统媒体和体育明星已经尝试进行直播，NBA 的负责人亚当·西尔弗说，他希望赛事看起来更像 Twitch（Kafka，2017）[1]。虽然我们还没有看到任何 Twitch 上的人物在传统媒体上取得大的突破，但也许会有这一天。无论我们在这些领域的内容之间找到何种流动，关键是观众看起来已经适应了这种跨网站、设备和产品类型观看的方式。对许多人来说,为其他人制作内容——不管是为朋友和家人还是广泛的观众——变得越来越普遍,而且并不是一个大的飞跃。这个回路不仅仅关乎用传统媒体还是新媒体观看,也关乎消费者和生产者身份之间的转换。正如 Justin.tv 的一个初始投资者对直播平台的评论所言:"如果这没把电视网吓坏,那只是因为他们还不了解它。"(引自 Rice,2012)

参与的政治

这种新兴的流动是理解我们当代媒体空间的核心,正如博吉斯和格林(Burgess and Green,2009,79)所说:"在表层之下悄然涌动的是平凡日常但有吸引力的活动,吸引人们参与、形成社区。这些活动会被研究流行文化的女性主义学者认为是文化公民权的实践。"[2] 然而,正如我希望通过对骚扰或监管等问题的讨论所展示的,游戏直播不应该被看作一个没有约束的或乌托邦式的草根参与的胜利故事。开放式参与以及围绕所有权和劳动形式的更广泛的结构性考虑仍然面临严峻挑战。

文化研究学者格雷姆·特纳(Graeme Turner)对过于乐观的媒体转型理论持批判态度,他认为在新的媒体形式中发现的任何民主化潜力都是"'娱乐'的偶然和意外的结果,也是它最不系统化的组成部分"。他写道,"媒体产业仍然控制着符号经济,并努力经营该经济以服务于自己的利益",而这个利益显然是商业利益(Turner,2010,16)。正如他和其他人所讨论的那样,这些新的媒体形式和民主框架之间没有"必然的联系"(Andrejevic,

2009a）。³ 虽然在 UGC 网站的实践中，我们会发现很多值得期待的东西，但保持批判的视角是很重要的。

参与式文化的支持者，认为日常用户有很多机会成为积极的利益相关者，即使是他们也在提醒我们警惕对当下进行简单化的评价。詹金斯（Jenkins，2009，124）通常被视为参与式文化发展最有力的支持者，但在对 YouTube 的反思中他告诫说：

> （它的）乌托邦式的可能性必须结合敌托邦式的现实来解读。在这个世界上，人们获得参与的机会并不均等，许多人甚至得不到鼓励去尝试。如果说 YouTube 基于爱好者的内容创造了价值，那它并没有平等地分配价值。某些文化生产的形式被网站用户的主流口味和网站所有者的商业利益所拥抱。而其他文化产品形式则被挤到边缘，因为其不符合主流口味和利益。

詹金斯所指出的"参与沟"（participation gap）是个严肃的问题。正如我们在游戏直播中看到的那样，关于谁能在平台上进行有意义的创造与成长，仍然存在着深刻的问题，更不用说参与到更广泛的电竞媒体环境中去了。

也正如我在游戏直播的变革性工作中所讨论的那样，新生产者的劳动和粉丝的参与方面仍然存在着严重的问题。从 UGC 和用户活动共同塑造互联网的早期发展开始，批评家们就在提醒我们思考其中可能出现的剥削和挪用（appropriation）现象。⁴ 他们提醒我们注意，商业和商品化的系统具有灵活性，会对用户生产者、粉丝和爱好者的热情和奉献进行不平等的交易和管控。⁵ 了解这些媒体生产者面临的劳动处境是至关重要的。

我认真地对待批评家的看法，也看到游戏主播在自我决策、创造性表达和有意义的互动之间以一种不稳定的状态游走，而结构始终在发挥作用，限制和规范他们的努力。与他们的交谈也像多年来我与许多游戏玩家的交谈一样，让我意识到他们敏锐地、理论家般地发现了这种张力。事实上，他们对自己的经历极富洞察，能识别出自己在欲望和法律或经济结构之间的舞动方式，而这些结构总是差一点就会把他们从这个系统中扔出去。他们明明知道，也依旧带着极大的快乐，在不完全由自己控制的平台上从事情感劳动和表演性劳动。作为研究者和学者，我们面临的挑战是尊重他们作为积极的意义创造者的经验，看到他们在日常生活中进行的复杂探索，但同时也不能忽视严重的结构性不平等和不稳定——这些可能会使一些人无法在此空间进行充分的参与。

作为工作的游戏

有一个值得我们进一步探讨的问题，是商业媒体系统与游戏本身性质的结合。学者丹尼尔·克赖斯（Daniel Kreiss）、梅甘·芬恩和弗雷德·特纳（Fred Turner）提出，这些新的生产和参与形式可能会产生更深层次的腐蚀性（2011，250），他们认为：

尤其是对等生产（peer production），它将我们的职业生活延伸到以前的私人领域，可能会损害我们的私人自治（private autonomy）。这样，数字协作可能会给商业参与者带来特权。正如对等生产使得个体能够轻易地将私人自我和公共自我结合在一起，它也将过去的私人乐趣如玩游戏变成劳动形式，并允许工作进入私密领域。

他们从社会学家马克斯·韦伯关于官僚主义的论述中汲取营养，认为这给现代参与式商业文化带来了新的意义。

尽管他们不是游戏学者，但他们的担忧与那些担心工作、理性或工具性的世界威胁游戏之美好的人产生了共鸣。我对此也深表同情。数字游戏和直播与令人担忧的系统交织在一起，而后者有时可能会侵犯我们的能动性和参与。我们当然必须对游戏和休闲活动所处的结构——从商业化到法律监管——保持警惕和进行批判性的反思。这也是我在自己的游戏研究中一直试图解决的问题。

但极端地来说，这其实是游戏研究中的一个古老论点，可以追溯到理论家罗歇·凯卢瓦（Roger Caillois）1961年的著作《游戏与人》，该书在方法论和理论上都有深刻的负面影响。凯卢瓦（2001，45）写过，现实、义务和职业化对"游玩"造成了"污染"，并断言"过去的愉悦变成了沉迷，过去的逃避变成了义务，过去的消遣变成了激情、强迫和焦虑的过程。"游玩"的原则已经腐化。现在有必要对骗子和职业玩家采取防范措施，这是现实污染的独有产物"。学者汤姆·布洛克（Tom Brock，2017，322）继承了凯卢瓦关于职业化会腐蚀纯粹游戏的怀疑精神，针对电子竞技提出"竞技的堕落是模糊了工作与游戏的边界的后果"。在这种模式中，游戏主播一定会被罚入禁区，在那里，凯卢瓦已经扔进去了很多人。

我现在已经通过几个项目探索了特定类型的玩耍的工具性、玩家所做的工作，以及他们为了促进游戏合理化而对系统所做的修改。[6]虽然本属于我们的游戏可能会被外来者占领和剥夺，我们的能动性可能会被限制，对此我有同样的担忧和警惕，但我也有责任把玩家的实践置于参与者自己对快乐、创造性、社会联系、抱负和真实经验的描述之中，这些描述往往伴随着游戏中的工作。对于这些原始资料，一种方式是将受访者理论化为受骗者或对自己生活缺乏反思的人，自负地认为作为分析者的我们才是能够看到全貌的人，但我还是想走另一条路。

事实上，我想回归韦伯理解人类行动的路径。他写道："我们是文化存在（cultural beings），有能力和意愿对世界采取审慎的态度，并赋予其意义。"（Weber，1949，81）韦伯的方法和理论中最深刻的内容之一是，他理解语境、立场以及个人和群体创造意义的力量。他看到了这些问题与结构之间的复杂性。尽管有人可能会说，今天的游戏玩家和主播就像韦伯曾有力地描述的加尔文派教徒那样，注定要被关在自己制造的铁笼里，但我并不这么认为。

游戏中的工作往往具有深刻的转化性。它可以充满困难的乐趣、令人愉快的工具性，以及在系统、自我和他人之间的复杂协商。它可以在自由与约束、自我导向与对自己或社区的义务之间以复杂的方式进行调节。事实上，当玩家发现游戏的乐趣在消失，感觉事情变得令人过于紧张或者决定将这一工作转回业余爱好时，通常与一系列因素劈头盖脸而来有关，而不是因为某种理想化游戏的某一属性。

对数字游戏的社会学研究凸显了一些旧的关于游玩的理论在处理世界上的问题时是多么简单化、个人化和二分法。有些学者已提供了更丰富的避免二分法的论述，如果我们更多地从研究游玩的人类学家——如在20世纪80年代就已经开始进行这些有价值研究的琳达·休斯（Linda Hughes，2006）、菲利普斯·史蒂文斯（Phillips Stevens，1978）或者严肃休闲研究者罗伯特·斯特宾斯（Robert Stebbins，1982，2004）——那里获得启发，就会找到帮助我们思考游戏和玩耍中意义和经验的复杂性的阐释框架[7]。尽管我们的游戏存在于特定的语境中，我们自己也是特定历史的产物，但通过个人行为和集体行动，我们也能创造出真正的意义，建立社会联系，并实现真正的转变。

通过直播的视角来审视简单的工作-游玩二分法，可能会有一个附带的好处，即促使我们对劳动和休闲进行更有意义的思考。通过观察人们如何创造体验和内容来自我实现，并给他人和社区带来乐趣，可以让我们深入了解商业平台的复杂性。我们在互联网上、在网络环境中做这件事，也表明在新兴的媒体生态中仍有许多需要地方等待我们探索。

注　释

第一章　播出我自己

1. 莱博（Lembo，2000）用"用心看"和"习惯性地看"等说法来说明了人们看电视时可能采取的几种不同的取向。
2. 多年来我逐渐认识到，这种景象可能给某些人带来困扰，而我对电视节目的批判性评价肯定要比我儿时多得多。但总的来说，电视在我的生活中通常是一种强大的积极力量。
3. 仅举几例，参见 Gray，1995；Hendershot，2016；Lembo，2000；McCarthy，2001；Mittell，2010；Morley，1992；Murray and Ouellette，2004；Spigel，1992；Spigel and Curtin，1997。
4. 在本书中我对"平台"一词的使用与吉莱斯皮（Gillespie，2018，23）的定义基本一致："平台是这样一种在线网站和服务：（1）承载、组织和传播用户的分享内容或社交互动，（2）无须制作或委托制作其中（大部分）内容，（3）在信息传播之下建立基础设施，用于处理数据以提供客户服务、广告和盈利。在大多数情况下，平台并不制作内容，但它们会对内容作出重要选择。"他补充道：（4）平台确实而且必须使用一些检测、审查和执行的手段，对用户的内容和活动进行管理。"(Gillespie，2018，25)但我研究的这个案例与他的例子略有不同——Twitch 创造了自己的内容，也将大部分管理权交给了社区，我也将更多讨论这两方面。

5. 有关跨渠道模式的更多见解，参见 Deng et al.，2015。
6. 吉莱斯皮（Gillespie，2018，24）认为，"大多数社交媒体公司已经发现，通过收集和挖掘用户数据可以获得更多收入"。虽然这还没有发生，但亚马逊的收购可能会使这成为 Twitch 的现实，使其与非游戏类网站保持一致。
7. 甚至有经典游戏"黑手党"（"狼人杀"的变型）的直播，这个游戏的玩家中潜伏着一个秘密杀手，这群人必须通过推测、猜测，以及虚张声势来揭露这个杀手。
8. 弗拉姆贝尔尤其擅长利用新平台进行开发。他们利用阀门公司的"早期访问"Steam 计划和 YouTube 来促进反馈和迭代，引起了开发者和玩家同样的兴趣和好评。伊斯梅尔在 2014 年游戏开发者大会（http://www.edge-online.com/news/why-vlambeer-is-turning-nuclear-thrones-development-into-a-performance/）上介绍了 Twitch 的整合情况，并将其称为"表演性游戏开发"。该公司采取了开放方式，向所有人提供授权，不仅可以使用他们的游戏制作视频或直播，还可以将这些内容变现（见 http://vlambeer.com/monetize/）。
9. 例如琳达·休斯在 20 世纪 80 年代的基础研究。
10. 朱利安·迪贝尔（Julian Dibbell，1998）关于基于文本的世界兰姆达社区（LambdaMOO）的著作，尤其为劳伦斯·莱斯格（Lawrence Lessig，1999）现在几成经典的著作《代码即法律》（*Code Is Law*）提供了一个非常重要的切入点。后者有助于向科技领域之外的读者阐明技术与政治之间的深刻关系。另见 Lastowka，2010；Lastowka and Hunter，2004。
11. 例如，见 Giddings，2008；Jakobsson，2011；Postigo，2016。
12. 例如，见 Copier，2007；Mortensen，2006；Nardi，2010；Pearce，2009；Steinkuehler，2006；Sundén，2003；Turkle，1995。
13. 例如，见 Gray，2014；Jenson and de Cassell，2008；Kennedy，2006；Kocurek，2015；Kolko，2000；Ruberg，2019；Shaw，2014。
14. 例如，见 Kendall，2002；Nakamura，2002，2009；Gray，2016。

15. 例如，见 Lowood，2011；Postigo，2003，2015；Sotamaa，2007b；Wirman，2009。
16. 例如，见 Banks，2013；Banks and Humphreys，2008。
17. 例如，见 Kline，Dyer-Witheford and de Peuter，2003；Dyer-Witheford and de Peuter，2009。
18. 虽然我的主要关注对象是 Twitch，但我也花了一些时间在它的竞争性网站上，并与相关人员进行了交谈，这为我提供了更广泛的背景和比较参照。
19. "任意键"是英特尔和 ESL 的一项动议。英特尔在 2015—2017 年期间为它提供资金，而 ESL 提供行政协助，帮忙安排活动差旅、记账等。在此期间，英特尔的资金通过 ESL 为我系的一名研究生提供了为期两年的资助（在本书的大部分数据收集工作结束后），但我并没有从中领取任何报酬。
20. 一些受访者阐明了被公众了解或认可的价值，特别是在成为历史文献的工作中。在出版物上获得合法化会令人信服。例如在本项目中，我与一位主播进行了广泛的交谈，他希望在书中透露其姓名。虽然我持有的研究伦理准则要求我进行匿名化处理，但我们还是花了一些时间讨论了我们双方的观点，最终我提出在本书或学术出版物范围之外，用其他适当的方式来宣传他们的工作。我发现这次对话很有价值，我与一位参与者讨论了相关问题，我还开始思考，我们这些在 UGC 环境中工作的人在处理研究伦理和出版问题时，可以创造性地考虑采取怎样的干预措施。有关如何在研究中处理互惠问题和电子竞技的另一个视角，见 Taylor，2016。
21. 虽然我没在这里花时间讨论 Twitch 和 YouTube 内容之间的关系，但主播菲利普·"莫尔德兰"·卡布恩（Philipp "Moldran" Karbun，2015）撰写了关于直播的学士论文，并讨论了主播如何利用不同的平台来建构自己的品牌。

第二章　网络化广播

1. 更多关于互动电视历史的信息，见 Carey，1997；Jenson，2008。
2. 正如最早从事电竞直播的人对我说的："坦率地说，你知道，我一直都在做现场直播。我不是 YouTube 人。我倒也不是真的不关心视频点播，而是对于我来说，直播的快感总是来自它的现场性。早在 21 世纪初，我们就在做音频直播了。那时我们也没有地方放我们的MP3。所以就是，如果你没有在现场听，你可能就错过了。"

3. 一个重要的条件：格雷姆·特纳（Turner，2009）指出，学者们在分析时很容易走过头，即假定美国电视的发展轨迹适用于全球，其实不然。我在下文中的讨论主要集中在美国语境下。

4. 另见 Ducheneaut et al.，2008；Hallvard，Poell and van Dijck，2016；Wang，2015；Wilson，2016。

5. 历史概述见 Lotz，2014。

6. 电台也经历着这种转变。随着播客的迅猛发展，越来越多通常由业余爱好者制作的音频内容正通过非传统渠道进行分发和播出。TuneIn radio 等 App 甚至可以帮助制作者绕过苹果应用程序商店，每天24小时不间断播出。这些电台的重点往往不是音乐，而是从政治到飞碟等涵盖各种内容的脱口秀。

7. 关于数字和网络技术如何改变了传统广播电视，见 Gripsrud，2010；Lotz，2014；Turner and Tay，2009。

8. 关于真人秀和劳动视角，见 Andrejevic，2004。

9. 博吉斯和格林（Burgess and Green，2009，109）也明智地提醒我们记住："YouTube有许多新的东西，但也有许多旧的东西……过去几十年间，各种参与式文化的出现为此类平台在早期的接受、快速接纳和多样化使用铺平了道路。"

10. 关于在线播出的基础设施问题的概述，见 Sandvig，2015。

11. 更广泛的"生活记录"活动的清单，通常包括电视内容，如史蒂夫·曼（Steve Mann）早期对可穿戴设备和摄像机的试验，见 Achilleos，2003。

12. 在性工作和色情业中，直播仍然是一种流行的技术。访问成人直播网站的人会立即注意到，它们与游戏直播平台在技术可供性和用户界面惯例上均有相似性。

13. 在一个早期摄像头项目中关于"珍妮镜头"（Jenni Cam）、"赛博格主体性"（cyborg subjectivity）和性别问题的讨论，见 Jimroglou，1999。

14. 尽管森夫特（Senft，2008，38）的作品略早于此，但她敏锐地预见到 Justin.tv 的"特色频道"如何"展示了该网站将'现实意识形态'、网红和流媒体视频技术相结合，创造出新时代的'珍妮镜头'的方式"。

15. 爱丽丝·马维克（Marwick，2013）对社交媒体上的名人和品牌进行了探讨。
16. 最初的网站和资产于2001年破产后已出售。在撰写本书时，网站仍在直播，但与之前的情况已大相径庭。
17. 小众，至少在公众的想象中是这样。有的通过视频随机连接用户的网站仍在吸引用户（Kreps，2010）。更重要的是，据估计，有些成人真人摄像头网站的日点击量高达数百万。
18. 例如，见Burgess and Green，2009；Jenkins，1992，2006a，2006b；Kavoori，2011；Lange，2007，2010；Snickars and Vonderau，2009。
19. 见Jenkins，1992，2006a。
20. "草根创造力"的概念源于Burgess，2007。
21. 关于街机厅作为文化和技术场所的精彩历史分析，见Kocurek，2015；Guins，2014。
22. 试图理解人们为什么观看直播，是游戏直播研究迄今为止的核心。例如，吉福德·张（Gifford Cheung）和黄立成（Jeff Huang）（2011）通过《星际争霸》游戏来探讨人们为什么喜欢看别人打游戏。他们发现了一系列与我所提出的相似的原因（辨识出了类似"好奇者"或"学生"这样的类别）。在最早的专门研究直播的一篇论文中，梅迪·凯图埃（Mehdi Kaytoue）及其同事（2012）分析了一百多天的Twitch直播，试图了解观众的观看模式，特别是围绕电子竞技的观看模式。托马斯·史密斯（Thomas Smith）、玛丽安娜·奥布里斯特（Marianna Obrist）和彼得·赖特（Peter Wright）（2013）研究了观众观看速通、"一起玩"和电子竞技等不同类型游戏的不同动机，并对互惠概念或向他人学习的概念进行了初步的思考。威廉·汉密尔顿（William Hamilton）、奥利弗·加雷顿（Oliver Garretson）和安德鲁德·柯恩（Andruid Kerne）（2014）的研究与此相似，他们研究了"参与式社区"吸引那些重视社交和经验分享的观众的力量。恩里科·甘多尔菲（Enrico Gandolfi，2016）的研究和许多这样的主题形成呼应，将观众的收视率与观众的游戏习惯、身份以及整个游戏文化联系在一起考虑。最后，马克斯·舍布洛姆（Max Sjöblom）和尤霍·哈马里（Juho Hamari）（2016，6）采用"使用与满足"理论来理解收视率，并总结道："从总体上看，我们的研究结果表明，所有五种满足（认知、情感、社交、纾解压力和个人整合)都与用户观看直播的时长和数量相关的主要结果变量有着显著关系。"另见 Sjöblom et al., 2017。

23. 这与电视研究长期以来所发现的大多数人边看电视边做其他事情的情况类似(Morley, 1992)。
24. 实际上,可以通过第三方程序(如 IRC 客户端)直接进入聊天室。虽然管理员、主播和其他高端用户会这样做,但普通用户只需在聊天室内使用边上的聊天窗口即可。
25. 更多游戏之外的共享直播经验和集体标注实践的创造性方法,见威廉·戈登·曼格姆(William Gordon Mangum, 2016)关于 DeepStream 平台的研究。
26. 阿曼达·洛茨很好地展示了传播渠道的变化如何经常困扰到传统的受众测量技术,以及参与度如何在后电视时代成为一种新的"通货"。参与度不仅仅是简单的观看,还包括通过在社交媒体上以分享等方式展示自己作为观众的参与,对参与度的追逐已经成为许多平台提供衡量标准的依据。
27. 另见 Brody, 2004; Kosterich and Napoli, 2016; Burroughs and Rugg, 2014。
28. 玛塞拉·萨布莱维奇(Marcella Szablewicz)对中国电竞的精彩研究提供了关于中国大型赛事中的观众工作的稍有不同的视角。她断言,这些赛事奇观并不是为了服务于观众观看,而是"展示民族主义和意识形态的平台。正是在这些公共场合,国内外观众接触到了中国理想公民身份、技术发展和市场原则的表征"(Szablewicz, 2016, 271)。
29. 有关这一概念的更多信息,参见 Bourdieu, 1984; Adkins, 2011。
30. 简彦豪和塞贝尔后来成了 YC 公司的合伙人和"社交摄像头"网站的创始人,谢尔成了 Twitch 的首席执行官,沃格特创办了一家致力于自动驾驶的公司,该公司后来被通用汽车公司收购。
31. 除非另有说明,所有金额均以美元计。
32. 值得注意的是,这也是整个行业有理由批评的一个角度,因为它将那些不被认为是游戏玩家的潜在优秀人才排除在外(我们知道,"游戏玩家"这一类别在性别和年龄上有不同的划分)。
33. 例如,参见 Gillespie, 2007; Postigo, 2012。
34. 有关体育直播的更多信息,参见 Birmingham and David, 2011; Mellis, 2008。

35. 与 Justin.tv 不同的是，后来出现的平台爱丽欧（Aereo）通过网站进行收费有线电视播出，但未能抵挡有线电视公司的强烈反对，仅运营两年就关闭了。对此的简要介绍参见 https://en.wikipedia.org/wiki/Aereo。
36. 我们如何将科技研究的分析形式与媒介基础设施工程的思考结合起来，更多相关信息请参见乔舒亚·布劳恩（Joshua Braun，2013）关于 Hulu 和 Boxee 作为社会技术系统的精彩讨论。
37. 直播中的经济问题往往是隐形的，但至关重要。例如，Justin.tv 的"第一张网络服务器账单是 4 万美元"（Rice，2012）。如果它达到某个特定国家的流媒体的最大数量，观众就只能支付每个月 9.99 美元的订阅费来获取内容。这些"免费"平台的成本，可能是它们在创业初期必须应对的最重大的经济挑战。
38. 在技术参数和帮助之外，Twitch（2018）还提供了美学方面的简要说明："设计是主观的，因此我们不会在我们平台上规定什么是'好的设计'。不过，您应该考虑几种最佳做法，以确保您给受众带来美好体验。"Twitch 接着讨论了品牌定位、色彩、布局和其他设计元素。

第三章　家庭工作室：从私人游戏向公共娱乐的转型

1. 关于初涉游戏直播领域的玩家如何接触直播，请参见雷恩福雷斯特·斯卡利-布莱克尔（Rainforest Scully-Blaker）及其同事（2017）的研究，他们向人们介绍了游戏直播平台。
2. 这是一种视频制作技术，即在绿色背景前拍摄主体，并可以将新图像插入其中。在直播中的效果是，主播的脸可以作为一个图层显示在视频游戏中或其他图像前。
3. 戴维·钱伯林（David Chamberlin，2011）对界面、元数据和媒体权力之间的相互关系的精彩研究，在此值得一提。
4. 在撰写本文时，合作伙伴和附属机构之间的最大区别，并不在于基本的创收机制（尽管 Twitch 的确会为合作伙伴支付费用），而在于诸如直播间表情、视频延迟设置和存储、公司的优先支持以及接触"合作伙伴团队"等功能。
5. 关于广告屏蔽的讨论经常带有道德色彩，在此主播以支持或赞赏为由向受众发出呼吁，这一点我将在后面详细讨论。

6. 安东尼·佩利科恩（Anthony Pellicone）和琼·阿恩（June Ahn）（2017）分析了直播论坛的主题，发现了几个类似的组成部分：组装技术、社区建设和采取游戏态度。
7. "群众工作"一词来自脱口秀界，描述的是喜剧演员与观众之间的互动。并非所有脱口秀演员都认为自己擅长群众工作，并将其视为一种即兴表演技能。
8. 他还将这个立场与管理策略联系起来，强调并非所有的播出平台都能推动积极参与，而他提出这一观点很有帮助。沃克将积极的姿态与主张消极的模式进行了对比，后者只是为人们提供了一种游戏直播的方式。这与我在第五章对转化性游戏的讨论形成了共鸣。
9. 一位受欢迎的主播 J. P. 麦克丹尼尔（J. P. McDaniel, 2015），在谈到从电竞主播转向全能型主播时指出："我必须重新训练我的大脑，当摄像机在我面前开机时我该如何表现。能想到这一点真的很奇怪。我不知道是否有人看，但还是不得不这样做。对我来说，我甚至从来没想过我必须重新训练这一切。我还是很死板，很单调。以前我会说'欢迎来到我的直播间，我是 J.P. 麦克丹尼尔……'现在我会说'嘿，老铁，你们好哇。'这么一来就显得很社会了。"
10. 过去几年间逐渐兴起了一种做法，叫作"主播狙击"，即一边看直播，一边进入主播的连线对战，利用观看他们的直播来取得优势。至少有一家游戏开发商，即《绝地求生：大逃杀》的制作商蓝洞工作室，已经禁止玩家这样做了。
11. 正如格雷格·西格沃斯（Greg Seigworth）和梅丽莎·格雷格（2010, 14）在他们关于这一主题的论文集中所写："情感存在于身体与身体（人类、非人类、部分身体和其他）之间传递的强度中，存在于那些围绕、介于和有时粘附于身体和世界的共鸣中，以及存在于这些强度和共鸣之间的传递或变化中。"事实上，情感理论为更广泛的游戏研究提供了很多启发，特别是对我们这些经常处理后述特定数据的人来说，这些数据植根于自身经验以及人类和非人类行为者之间的复杂关系回路。我当然可以想象回到自己之前的田野工作中，包括大型多人在线游戏和电子竞技，并且使用这一视角来重新探索特定领域。
12. 传统艺人这样描述自己其实并不罕见。记得在读史蒂夫·马丁（Steve Martin）的自传时，我被他对自己害羞和拘谨的描述惊到了。
13. 关于她对音乐家的关系劳动的分析，见 Baym, 2015, 2018。

14. 凯兰·克莱尔·多伊尔·迈尔斯考（Kaelan Clare Doyle Myerscough，2017）观察并留意到了"民族"（nation）一词的使用，这"本身就可以衍生出一篇文章"。当然，这个词也可以用在体育领域，如"红袜族"。

15. 这个评价与贝姆（Baym，2012，294）所引用的一位音乐家的说法极其相似。他说："'我不喜欢称他们为粉丝，'奥唐纳说，'再也不想这样了。他们更像是朋友，对我的音乐和工作感兴趣的人。我每天会收到三四封电子邮件，我会回复他们，和他们聊得很好。'"

16. 这让我想起了迪贝尔（Dibbell，2006）的研究，他发现《魔兽世界》中的金币农夫常会在下班后换个地方重新登录游戏，这次是为休闲而玩。

17. 尽管没有正式隐瞒，但我确实有时听到在某款特定游戏（通常是电竞游戏）中建立起名声的主播说他们会在无聊中挣扎。在多年玩同一款游戏后，有些人可能会觉得自己已经准备好重新再出发，但也知道去打另一款游戏可能会带来部分观众流失的风险，还可能必须与那些已经在另一款游戏中建立起地位的主播竞争。

18. 本地空间作为个人主要的直播地点，在过去几年间发生了变化。通过手机上的流媒体，直播现在可以在任何时间、各种不同的空间中进行。它还被用于公民参与、抗议和记录，包括从对弗格森抗议活动的直播到明尼苏达圣保罗警方枪杀菲兰多·卡斯提尔的 Facebook 直播。

19. 我有幸在项目期间访问了印度，去了新德里最大的游戏网吧，并与当地努力打造电竞事业的人们共度时光。他们解决基础设施问题的方法之一是将游戏网吧不仅作为游戏场所，还作为制作直播内容的地方。家庭工作室的模式并不适用于所有地方，关注物质上的细节仍然至关重要。

20. 当祖母去世时，他在社区内分享了这一消息和他的悲痛之情。许多观众都在网上以某种方式见过或听说过他祖母，跟没听说过的相比，祖母去世的消息肯定对他们产生了不同的影响。

21. 主播荣加·维谈及在 Twitch 年度大会上试图找有色人种公开谈论这些话题时遭遇的挑战，指出："我联系的那些人拒绝了我，原因很有趣。他们说，'听起来像是个很好的讨论会，但我不能参加'。我询问原因，他们说，'我不想疏远我的粉丝'。他们害怕如果说出种族主义带给他们的感受，说出聊天是怎样的或社区是怎样的，就会失去订阅者，人们可能就会不再关注他们，他们就会被贴上'社会正义战士'的标签。"（Vee et al.，2016）关于性少数群体游戏玩家如何处理身份、游戏以及对其品位和偏好的期待之间的复杂关系，参见Shaw，2014。

22. 在有关性别和直播的讨论中，广受欢迎的主播凯西特伦（Kaceytron）经常作为系统失灵的主要案例被提及。数千人在她的直播中观看她玩《英雄联盟》等游戏，而她的聊天中也充斥着观众的厌女评论。对一些人来说，她是女性在平台上被可怕对待的一个例子，正如她自身受到性别歧视的谩骂和评论的冲击。另一些人则把她当作最糟糕的那种"女玩家"，认为她是卖弄性别以代替实际游戏专长的人。在我看来，凯西特伦是玩我所说的"期望游戏"的人，她将游戏文化中的厌女症、对女性应为游戏平台带来什么的期望，反过来对自己施加影响。不止我一个人这么想，她是在"逗弄巨魔"。有关她的直播间的详细分析，请参见 Consalvo，2019。

23. 杰弗逊（Jefferson，2014）在 Ask.FM 问答中讲述了表情符号史，以及它如何与 TriHard 表情符标语联系在一起的："大概 4 天后，几个 Twitch 警察潜伏在我的聊天室里（这是件大事，因为那时我的观众人数还很少，平均不到 300人），看到我格外兴奋（因为他们在那里），就问'为什么他这么卖力？'剩下的就是历史了。"

24. 此前，我借助艾哈迈德（Ahmed，2004）的"情感经济"概念，谈及在打造直播社区和主播与观众之间的社会联系时情感所起的重要作用。但值得注意的是，在我引用的这篇文章中，她的大部分论点实际上都是关于语言等事物在构成仇恨和恐惧的社会和物质方面所发挥的强大"约束"作用。

25. 关于 Twitch 如何向寻求合作伙伴的人提供帮助这方面的更多信息，请参见http://help.twitch.tv/customer/en/portal/articles/735127-tips-for-applying-to-the-partner-program。

26. 有关数字时代的广告的概述，请参见 Turow，2011。

27. 值得一提的是，这意味着如果某项特殊的广告活动以高于正常的价格出售，主播就不会获得很大的收入增长。

28. 毫无疑问，在线广告面临的挑战是电视广告长期面临的挑战的一部分（包括遥控器或 DVR 等技术的出现）。更多相关信息，请参见 Lotz，2014；Meehan，2005。

29. 在撰写本章时，广告商信息页列出了"确定流"目前业务覆盖的范围，包括以下国家：美国、加拿大、德国、法国、瑞典、比利时、波兰、挪威、芬兰、丹麦、荷兰、意大利、西班牙、瑞士、奥地利、葡萄牙、英国、澳大利亚和新西兰。我无法和 Twitch 确认其他市场是否仍在使用广告拦截器有效的旧系统。

30. 他们的评价并非绝无仅有。记者多克·西尔斯（Doc Searls）长期以来也在一直追踪互联网广告泡沫破裂。欲知详情，请参见 http://blogs.harvard.edu/doc/2016/05/09/is-the-online-advertising-bubble-finally-starting-to-pop/。

31. 伊森·祖克曼（Ethan Zuckerman，2014）对互联网以广告为中心的模式提出了自己的控诉，反对聚合和操纵数据带来的更广泛的腐蚀影响："我开始相信，广告是网络的原罪。我们互联网的堕落，是选择广告作为在线内容和服务支持这一默认模式的直接后果，哪怕这个选择是无意中造成的。"

32. 虽然这些数字确实令人印象深刻，但直播业内人士、Twitch 前管理员莫布罗德（Moblord，2017）在分析统计数据时指出，如果将数字细分，直播金字塔最顶端的人就好比能进入 NFL 的那一小撮人。

33. 关于它在 2016 年进化锦标赛中使用情况的概述，请参见 Demers，2016；Steiner，2016。

34. 在我开展研究时，这个附属的项目还没出现，因此我没有关于该群体是否有同样感受的实质性数据。但道听途说地来看，他们似乎也有感恩之心。

35. Twitch 为激发归属感和忠诚度而布局的品牌形象，与"尼克国际儿童频道"（Nickelodeon）的战略并没有什么不同（Banet-Weiser，2007）。

36. 第 317 条和第 507 条值得注意。更多信息，请参见 https://transition.fcc.gov/eb/broadcast/sponsid.html。

37. 值得一提的是，该事件与"玩家门"运动的兴起相吻合，后者据称聚焦揭露游戏报道中破坏伦理的行为。一位著名的内容创作者约翰·"饼干总动员"·贝恩（John "Total Biscuit" Bain）是关于行业中音乐电台贿赂现象的代言人，在"玩家门"运动中，许多人认为他揭露了该行业中存在问题的实践。在贝恩的家乡英国，英国广告管理机构也对不公开的背书进行了干预。在这种情况下,"几名英国 YouTube 用户收费赞美奥利奥,但没有一个视频清楚标注为广告"(Hawkins, 2014)。

38. 这之所以能够实现,是因为 Steam 的交易系统使用了 OpenID API。有关阀门公司如何处理这种情况的更多详情,请参见第四章。
39. 有关从劳动和政治经济视角对 Steam 平台进行的深入分析,请参见 Joseph, 2017。
40. 有关华盛顿州监管裁决和阀门公司应对措施的概述,请参见 Campbell, 2016b。
41. 其中,托马斯·"辛迪加"·卡塞尔(Thomas "Syndicate" Cassell)曾多次被指控不遵守联邦贸易委员会的披露规则。请参见 https://en.wikipedia.org/wiki/Tom_Cassell。
42. 事实上,MCN 作为一种严肃的组织架构似乎正在衰落,甚至在 YouTube 上也是如此,尽管它曾一度非常流行且功能强大。正如《科技博客》(TechCrunch)的一篇文章所指出:"现在不再是一个只有 YouTube 的世界了。我们有 Facebook、色拉布(Snapchat)、Twitter、亚马逊和其他许多巨头,本身都已发展成为数字优先的媒体公司。这些 YouTube 以外的平台对创作者和支持他们的前 MCN 都越来越重要,因为他们希望在尽可能多的平台上分发自己的内容,根据每个平台的核心特点量身定制。"(Csathy, 2016)

第四章 电竞播出:抛弃电视梦

1. 请参见如 Wenner, 1998。
2. 有关早期电竞的详细历史,请参见 Taylor, 2012。
3. 英国天空广播公司和星空卫视都是鲁珀特·默多克的新闻集团的一部分。
4. 有关我访问 CGS 的办公室,参加它最后一届锦标赛的更多信息,以及对它在当时环境中的分析,请参见 Taylor, 2012。
5. 一位长期从事主播工作的人说,他对现场直播内容力量的认识可追溯到他在童年时期收听 AM 电台主持人阿特·贝尔的节目。他说贝尔是他儿时的偶像:"我总在听阿特·贝尔的节目。我是听着其他一些 AM 广播名人的节目长大的。他们是我的灵感源泉,我会想,'我想做一档游戏节目,当然,你知道,跟外星人或者鬼魂无关,我就是喜欢阿特本人。我喜欢他说话坦率。我喜欢他在采访的时候骂人。我就是喜欢他'。AM 电台都是现场直播。我的意思是,偶尔会转播。但你听这些广播时,是一种主动的倾听,我觉得这就是我成长过程中的一种心态。所以,这也是我倾向于现场直播而非存档播出和点播的原因。"除了做更传统的解说,他还是最早做电竞脱口秀节目的人之一,节目中还会有来电。

6. 这或许与最早从业余爱好者社区中诞生的电脑游戏的开发过程并无二致。
7. 韩国是一个明显的例外。在那里,拥有基础设施和资金的电视介入进来,使发行成为可能。
8. 2007 年由塞斯·戈登(Seth Gordon)执导的纪录片《游戏之王》(*The King of Kong*),对街机的视频捕捉功能的早期历史进行了引人入胜的描述。
9. 想要一瞥 HLTV 的拟议广播系统,请参见 Otten,2001。
10. 我的现场记录显示是 2004 年,但我在此以他的日期为准。
11. 值得注意的是,他们都继续在电竞和游戏广播行业担任着重要职务。
12. 格雷厄姆(Graham,2011)在这篇文章中提供了一些精彩的历史花絮,包括对最早的视频广播的见解:"另一个有趣的事实是,Nullsoft 曾一度试图创建'Nullsoft 视频'。在我们使用 Windows Media 和 Quicktime Broadcaster 进行广播之前(甚至在视听客、Ustream、Twitch 等之前),我们曾尝试使用这种技术对我们的第一个大型活动进行直播,即 2004 年 QuakeCon《毁灭战士 3》单人赛。最终呈现的是分辨率为 320×240 的《毁灭战士 3》画面。当你看到如今所实现的效果,再看这个画面,简直让人发笑。"
13. ATEM 看似是一个缩写,实际上是"黑魔"系列切换器的名称。不过,M/E 在这里确实是混音效果的缩写。
14. 有关严肃休闲概念的更多信息,请参见 Gillespie, Leffler, and Lerner, 2002;Stebbins, 2004。
15. 我记得,2010 年我和艾玛·维特科夫斯基在大型局域网聚会"梦想骇客"上做了一些研究,直到活动后期才意识到大部分多人游戏不是当面组织的,而是通过几个 IRC 频道在线组织的。
16. 还有一个有趣的现象:这些活动需要长时间上班,也就意味着人们必须挤出时间与家人联系。这些年来，我看到过后台工作的人员通过 Skype 与子女和伴侣聊天，打开 Facebook 窗口与朋友联系，以及在处理工作邮件时夹杂着处理个人邮件。

17. 几天的时间内，我们在这些空间进行实地考察时，关注点和注意力在有意无意地不断变化。在网络化的空间开展工作时，这些都是方法论上的，也可能是理论上的挑战。你身处的领域究竟在哪里？从字面上看，它是多站点的（Marcus，1995）。实际在场，不仅要关注在那里的物质存在，还要关注生产是如何由一系列分布式技术和基础设施构成的。直播这类活动时所使用的技术，既包括我们一眼就能认出的技术，也包括那些对大多数旁观者来说不仅不为人知甚至有意隐藏的技术。这不仅是一种研究好奇心，对从事制作工作的人来说，更是一种强大的现实。

18. 此外，还有大量的前期制作工作，包括从制作比赛分组表到为赛事的各个方面绘制示意图等。

19. 在帕特里克·格雷登（Patrick Creadon）执导的 2015 年纪录片《专业玩家》（*All Work, All Play*）中，可以看到一些电竞制作幕后工作的精彩片段。

20. 不过她也注意到，不同电竞游戏的框架范围更广，因此与传统体育项目并不能简单地一一对应。此外，她还发现，主播在描述职业选手的表现时考虑到了性别因素。

21. 这些都与当代体育无异。体育场内常有屏幕显示比赛的近景，方便站着等待食物或上厕所的人看。我们也可以认为，观众在观看比赛的同时也在收听广播（在一次比赛中，我发现自己在观众席上听不清播音员的声音）。

22. 主持工作的培训仍然相当不平衡。正如一位首席电竞比赛主持人对我说的："(准则) 真的是常识。我认为随着时间的推移，Twitch 聊天室已经开始有自我约束，例如禁止垃圾邮件、链接和全用大写字母缩写的做法。当然其中很多事情可能是聊天机器人干的。聊天机器人会观察着频道，说：'哦，这家伙在过去五分钟里一直用大写字母打字。我觉得应该封禁他。'"

23. 见 Dosh，2016；"Major League"，2013；Thompson，2014。

24. 此外，2008 年是"暴雪官方粉丝网站 WoW Radio 通过 SHOUTcast 进行音频直播的时间"（http://central.gutenberg.org/articles/eng/BlizzCon）。

25. 正如德默斯（Demers，2016）在分析众筹时提到的，"由于他的倡导（并根据其他描述），詹姆斯和其他人才的这一问题最终得到了纠正。据报道，美国人才收到了不同的有底薪的合同。俄罗斯人才则在拿到报酬之前不知道自己的底薪有多少"。这种不均衡的处理方式令人担忧。另外值得一提的是，阀门公司的联合创始人加布·纽维尔最后公开谴责了哈丁的表现。
26. 更多相关信息，请参见 Taylor，2012。另见倡导电竞内部多样性的组织"任意键"网站上的一些白皮书。
27. 我们还可以进一步延伸这个观点：除少数例外，这种模式是种族化的，尤其是白人男性才是想象中的观众。
28. 对关于这种数据形式的严肃重要问题的出色概述，见 Boyd and Crawford，2012。
29. 更多相关信息，见 Ang，1991；Morley，1992；Silverstone，1994。
30. 关于在游戏的人口统计学分析中，性别和年龄如何常被错误地混为一谈，见 Yee，2008。
31. 同样，我也不希望围绕科学、技术、工程和数学培训、教育或"管道"的案例来论述电子竞技公平。电子竞技近用权应被视为一项基本权利。
32. 例如，见 Bleier，1986；Fausto-Sterling，1985，2000；Laqueur，1990；Longino，1990；Tarvis，1992。
33. 这也包括更广泛的女性参与："这不仅是观看，而是参与。2013 年，梦幻足球的女性参加人数增至 6.4 百万，与 2012 年的 5.8 百万相比，一年就增长了 10%。"（Chemi，2014）
34. "粉色球衣"是拙劣干预的典型，往往是简单化尝试的代名词。关于对 MLB 女性观众进行过于简单化的处理的问题，更多信息请参见 Angi，2014。
35. 有关这方面的更多信息，参见 Angus，2013。
36. 更多相关信息，参见 Applebaum，2014。
37. 坦率地说，老年男性的境况也好不到哪里去，更不用说女性了。正如 2014 年《纽约时报》的一篇文章写道："在美国，工作正在减少。25 至 54 岁的男性壮劳力中，没有工作的人的占比已经是 20 世纪 60 年代末的三倍，达到 16%。更近一段时间，也即世纪之交以来，没有工作的女性比例也在上升。2000 年美国是发达国家中就业率最高的国家之一，现在已跌至行列的末尾。"

（Applebaum，2014）

38. 关于这一点的更多信息，请参见 Taylor，2008。
39. 这种竞争延伸到了雇佣。考虑到该行业的社区根基和爱好者根基（即使在正规公司内部也是如此），该行业迄今为止仍是一个小世界这件事，也许并不令人惊讶。许多人的电竞生涯都是从草根创业公司开始起步的，但如果你真的想在圈内建立起长久的职业生涯，最后也有几个能为之工作的公司。顶尖选手可能会从一支队伍转到另一支队伍，与此类似，商业人才本身也是宝贵的商品。过去几年中，人们在彼此激烈竞争的公司之间跳槽，令人目不暇接。
40. 还有传言称，人们一直在使用非正式的不挖墙脚协议，但也常被破坏。
41. 有关梦想骇客的更多信息，请参见 Taylor and Witkowski，2010。
42. WME 是 2009 年威廉·莫里斯经纪公司（可追溯到 1898 年）与奋进人才经纪公司兼并的产物。两家公司都对从电影到音乐的娱乐业具有显著影响力。2013 年，WME 收购了国际管理集团（IMG），后者积极参与到多层次的体育人才和媒体交易中去。
43. 值得注意的是，自 CGS 以来，其他一次性的电视活动仍在继续。仅在 2015 年一年，BBC 和 ESPN 就都涉足了对大型赛事的直播。
44. 精明的读者会发现，这发生在收购职业游戏大联盟大约五个月之前。
45. 有趣的是，第三方公司彼此之间也陷入了授权混战。2017 年 1 月，ESL 起诉 Azubu 公司违约，索赔 150 万美元。ESL 曾向 Azubu 出售其内容的直播版权，并声称从未收到报酬。2018 年 3 月底有报道称，该诉讼已于 2017 年 12 月达成和解，但未透露具体条件。（Brautigam，2017，2018）

第五章 网络化广播的规制前沿

1. 参见 Lingle，2016。
2. 这是游戏研究多年来探索的一条路径，例如我之前关于治理与控制的一些研究成果（Taylor，2006a，2006b，2012）。
3. 尽管在在线系统中这种状态很难真正执行，因为用户 IP 如果没被禁止就能简单地创建一个新账户，然后重新回归频道。
4. 关于对恶搞和嘲弄如何在直播中循环的思考，请参见 Karhulahti，2016。

5. 还有另一种形式的与聊天无关的机器人——机器人观众（viewbot）值得在此简单提一下。机器人观众是人工"观众"，可以提升观众数量，帮助提高频道的可见度和声誉。机器人观众是可以通过网站以便宜的价格在线购买的服务，经常成为小规模冲突、指责和反驳的对象。人们会指责主播买机器人观众，有时主播也会声称有人向他们的直播间投放机器人观众，企图捣乱。也有一些反制工具，比如第三方工具 Twitch 机器人侦查器，可以识别出使用了机器人的直播间，并将信息公开发在 Twitter 上（@botdetectorbot）。
6. 更多有关 DDOS 抗议用途的信息，请参见 Sauter，2014。
7. 呼吁网络自由主义的经典案例，见 Barlow，1996。
8. 更多详情，见 Taylor，2006b。
9. 关于"玩家门"的更多信息，见 Chess and Shaw，2015；Dewey，2014；Hathaway，2014；Massanari，2017；Parkin，2014。
10. 有关这方面的更多信息，见 Uszkoreit，2018；Witkowski，2018。
11. 麦迪·迈尔斯（Maddy Myers，2014）探讨了其中一些问题。
12. 有时这甚至具有"为孩子们着想"的性质，正如用户"Why_the_Flame"2015年5月22日在海报中所写："Twitch 创造了一种环境，在这个网站上性暗示是有代价的，而这个网站没有设年龄限制，来防止荷尔蒙分泌旺盛的青少年被这种行为吸引。"
13. 甚至有 YouTube 视频记录并庆祝这些对女主播的突袭。
14. 关于游戏中的转化的概念，出现在一些著作中：关于游戏中具有转化性的部分，尤其是与学习相关的内容，例如，见 Sasha Barab, Melissa Gresalfi, and Adam Ingram-Goble [2010] 对这个路径的概述；具有转化性的儿童游戏，见 TWC Editor，2009；另有凯蒂·萨伦（Katie Salen）和埃里克·齐默尔曼（Eric Zimmerman）（2003）关于游戏中的转化的研究，以及奥利·索塔马（Olli Sotamaa，2007a）对可塑规则结构的思考。另见埃丝特·麦卡勒姆-斯图尔特（Esther MacCallum-Stewart，2014）对游戏研究中与粉丝生产者相关的这一概念的概述。我在这里使用的表述"转化性工作"在法律对话和游戏工作方面具有略微不同的意义，尽管它肯定与这些其他用法有共鸣。
15. 斯坦福大学图书馆（Stanford University Libraries，2015）的合理使用指南指

出很有帮助的一点，即需要注意"第五个（不言而喻的）合理使用的因素"："合理使用涉及主观判断，往往受到法官或陪审团个人是非观等因素的影响。尽管最高法院表示冒犯性不是合理使用的因素，但你应该知道，在道德上受到冒犯的法官或陪审团，可能会合理化其反对合理使用的决定。"

16. 斯坦福大学图书馆（Stanford University Libraries，2015）网站观察到："确定什么是转化性，以及转化的程度，往往具有挑战性。例如，《哈利·波特》百科全书的创建被认定是'轻微的转化'（因为它使哈利·波特的术语和词典汇集在一本书上），但考虑到《哈利·波特》一书中的文本被大量逐字逐句地使用，这种转化的性质不足以证明其具有合理使用的正当性。"（Warner Bros. Entertainment, Inc.v.RDR Books, 575 F. Supp. 2d 513 [S.D.N.Y.2008]）更多例子请参见 http://www.nolo.com/legal-encyclopedia/fair-use-what-transformative.html。

17. 有关历年来著名的打击粉丝社区的停止令的列表，请参见 http://fanlore.org/wiki/Cease_%26_Desist。

18. 参见 Castronova，2005；Dibbell，2006。

19. 参见 Postigo，2003；Sotamaa，2007b；Taylor，2006a。

20. 参见 Lowood and Nitsche，2011；MacCallum-Stewart，2014；Postigo，2015，2016。

21. 关于此问题的更多信息，参见 Banks，2013。

22. 我在研究大型多人在线游戏空间时，也从中发现了类似的论点，玩家在虚拟世界中谈到涌现（emergence）（Taylor，2006a，2006b）。在职业电竞选手中，也有类似论点，他们通常认为自己的游戏是数字竞技场上的高度技术性的高超表演，和职业运动员相似（Taylor，2012）。关于表演与法律的复杂性，见 Tushnet，2013。

23. 这与艾斯本·阿尔萨斯（Espen Aarseth，1997）提出的"赛博文本"（cybertexts）的遍历性和独特性概念相似。

24. 她的书有力地回应了科恩（Cohen，2012，66）对关注实际经验的呼吁。例如她观察到："版权系统对文化发展的描述，表现出对用户及其行为的了解的缺乏……但是，如果创作实践产生于作者与文化环境之间的互动——假如作者首先是用户的话——那么不探讨用户在版权法中的位置就是一个关键的

25. 尽管该条款起源于对互联网服务提供商的讨论，但费尔菲尔德（Fairfield，2009，1038）观察到，它被该领域之外的公司所引用（他尤其关注游戏公司可能需要如何处理该条款），并确实澄清了"在网络中立范式下，那些不干预或筛选内容的数据传输公司得到了奖励和保护，而干预数据分发的公司面临着风险"。他认为，关于潜在风险，游戏公司需要评估"如果游戏大神只是转发或编辑第三方内容，就没有责任。但如果游戏大神对内容进行编辑或放入新的语境，则可能导致法律责任"（Fairfield，2009，1044）。
26. 关于平台如何处理与内容审核和安全港条款问题的更多信息，参见 Gillespie，2018。
27. Twitch 通过音乐库服务向用户提供免版税曲目，但大多数人似乎更喜欢在直播时听自己喜欢的音乐。

第六章 作为媒介的直播

1. 在书稿编辑的最后时刻，NBA 事实上官宣了自己的电竞联盟，该联盟围绕 NBA2K 游戏建立，将传统体育和该项体育的电子版本联结起来。
2. 参见凯莉·贾勒特（Kylie Jarrett，2009）关于播客的"混合话语"的讨论，以便了解新媒体中公共辩论的可能性。
3. 正如特纳（Turner，2011，686）在其他地方尖锐地指出的："我认为，没人否认媒体和传播技术的融合实际上正在发生。另一方面，在我看来，所谓融合文化大约 20% 是真，80% 是推测虚构。关于它的重要性的那些说法，夸张且缺乏说服力。"
4. 例如，见 Terranova，2000；Andrejevic，2009b。
5. 马特·希尔斯（Matt Hills，2002）和贾勒特（Jarrett，2008a）在这一点上进行了令人信服的论述。
6. 参见 Taylor，2006a，2006b，2012。
7. 参见 Henricks，2015。

参考文献

Aarseth, Espen. 1997. *Cybertext: Perspectives on Ergodic Literature.* Baltimore: Johns Hopkins University Press.
Achilleos, Kyriacos. 2003. "Evolution of Lifelogging." Paper presented at the 4th Annual Multimedia Systems, Electronics, and Computer Science Conference, University of Southampton, Southampton, UK.
Adkins, Lisa. 2011. "Cultural intermediaries." In *Encyclopedia of Consumer Culture.* 1st ed. Thousand Oaks, CA: Sage.
Ahmed, Sara. 2004. "Affective Economies." *Social Text* 22 (2): 117–39.
Albrecht, Matt. 2014. "Twitch's New 'Dress Appropriately' Policy Is Founded on Obliviousness." *Fireside*, October 28. http://fireside.gamejolt.com/post/twitch-s-new-dress-appropriately-policy-is-founded-on-obliviousness-i8xbwpty.
Andrejevic, Mark. 2004. *Reality TV.* Lanham, MD: Rowman and Littlefield Publishers.
———. 2009a. "Critical Media Studies 2.0: An Interactive Upgrade." *Interactions: Studies in Communication and Culture* 1 (1): 35–51.
———. 2009b. "Exploiting YouTube: Contradictions of User-Generated Labor." In *The YouTube Reader*, edited by Pelle Snickars and Patrick Vonderau, 406–23. Stockholm: National Library of Sweden.
———. 2009c. "The Twenty-First Century Telescreen." In *Television Studies after TV*, edited by Graeme Turner and Jinna Tay, 31–40. London: Routledge.
Ang, Ien. 1991. *Desperately Seeking the Audience.* London: Routledge.
Angi, Cee. 2014. "Baseball Still Doesn't Understand Women." *SBNation*, June 17. http://www.sbnation.com/mlb/2014/6/17/5816758/baseball-promotions-fields-of-fashion-marketing-to-women.

Angus, Kelly. 2013. "Female Sports Fans: An Untapped Sports Marketing Demographic." AskingSmarterQuestions. http://www.askingsmarterquestions.com/female-sports-fans-an-untapped-sports-marketing-demographic/.

Applebaum, Binyamin. 2014. "The Vanishing Male Worker: How America Fell Behind." *New York Times*, December 11. https://www.nytimes.com/2014/12/12/upshot/unemployment-the-vanishing-male-worker-how-america-fell-behind.html.

Aufderheide, Patricia, and Peter Jaszi. 2011. *Reclaiming Fair Use*. Chicago: University of Chicago Press.

Banet-Weiser, Sarah. 2007. "The Nickelodeon Brand: Buying and Selling the Audience." In *Cable Visions: Television beyond Broadcasting*, edited by Sarah Banet-Weiser, Cynthia Chris, and Anthony Freitas, 234–52. New York: NYU Press.

Banks, John. 2013. *Co-Creating Videogames*. London: Bloomsbury.

Banks, John, and Sal Humphreys. 2008. "The Labor of User Co-Creators." *Convergence* 14 (4): 401–18.

Barab, Sasha A., Melissa Gresalfi, and Adam Ingram-Goble. 2010. "Transformational Play: Using Games to Position Person, Content, and Context." *Educational Researcher* 39 (7): 525–36.

Barlow, John Perry. 1996. "A Declaration of Independence in Cyberspace." Electronic Frontier Foundation. https://www.eff.org/cyberspace-independence.

Barrett, Brian. 2016. "Netflix's Grand, Daring, Maybe Crazy Plan to Conquer the World." *Wired*. March 27. https://www.wired.com/2016/03/netflixs-grand-maybe-crazy-plan-conquer-world/.

Batchelor, James. 2015. "Twitch Creates VP of Game Developer Success Role." MCV, November 16. https://www.mcvuk.com/development/twitch-creates-vp-of-game-developer-success-role.

Baym, Nancy. 2012. "Fans or Friends? Seeing Social Media Audiences as Musicians Do." *Participations* 9 (2): 286–316.

———. 2013. "Data Not Seen: The Uses and Shortcomings of Social Media Metrics." *First Monday* 18 (10). http://firstmonday.org/ojs/index.php/fm/article/view/4873/3752.

———. 2015. "Connect with Your Audience! The Relational Labor of Connection." *Communication Review* 18 (1): 14–22.

———. 2018. *Playing to the Crowd*. New York: NYU Press.

"Before and after Title IX: Women in Sports." 2012. *New York Times*, June 17. http://www.nytimes.com/interactive/2012/06/17/opinion/sunday/sundayreview-titleix-timeline.html#.

Beres, Damon. 2014. "Twitch Insists Gamers Keep Their Clothes On." *Huffington Post*, October 28. http://huff.to/1tfxcDD.

Berg, Madeline. 2016. "The Highest-Paid YouTube Stars 2016." *Forbes*, December 5. http://www.forbes.com/sites/maddieberg/2016/12/05/the-highest-paid-youtube-stars-2016-pewdiepie-remains-no-1-with-15-million/#614b51aa6b0f.

Birmingham, Jack, and Matthew David. 2011. "Live-Streaming: Will Football Fans Continue to Be More Law Abiding than Music Fans?" *Sport in Society* 14 (1): 69–80.

Blackmon, Samantha. 2015. "TL;DL: On the Need for Diversity in Twitch Streams and Let's Plays." Not Your Mama's Gamer, March 27. http://www.samanthablackmon.net/notyourmamasgamer/?p=7075.

参考文献 | 389

Bleier, Ruth. 1986. "Sex Differences Research: Science or Belief?" In *Feminist Approaches to Science*, edited by Ruth Bleier, 147–64. New York: Pergamon Press.
Bourdieu, Pierre. 1984. *Distinction: A Cultural Critique of the Judgement of Taste*. Translated by Richard Nice. London: Routledge.
Bowker, Geoffrey C., and Susan Leigh Star. 1999. *Sorting Things Out: Classification and Its Consequences*. Cambridge, MA: MIT Press.
Boyd, danah, and Kate Crawford. 2012. "Critical Questions for Big Data." *Information, Communication, and Society* 15 (5): 662–79.
Bratich, Jack Z. 2008. "Activating the Multitude: Audience Powers and Cultural Studies." In *New Directions in American Reception Study*, edited by Philip Goldstein and James Machor, 33–56. Oxford: Oxford University Press.
Braun, Joshua. 2013. "Going over the Top: Online Television Distribution as Sociotechnical System." *Communication, Culture, and Critique* 6:432–58.
Brautigam, Thiemo. 2017. "ESL Sues Azubu, Claims a Minimum of $1.5 Million." *Daily Dot*, September 3. https://dotesports.com/business/news/esl-sues-azubu-for-one-and-a-half-million-17063.
———. 2018. "Lawsuit Over $1.5M between ESL and Azubu Settled." *Esports Observer*, March 30. https://esportsobserver.com/esl-azubu-lawsuit-settled/.
Breslau, Rod "Slasher". 2012. "MLG CEO Enters the Arena." *GameSpot*, July 24. https://www.gamespot.com/videos/sundance-digiovanni-interview/2300-6356131/.
Brock, Tom. 2017. "Roger Caillois and E-Sports: On the Problems of Treating Play as Work." *Games and Culture* 12 (4): 321–39.
Brody, William. 2004. "Interactive Television and Advertising Form in Contemporary U.S. Television." In *Television after TV*, edited by Lynn Spiegel and Jan Olsson, 113–32. Durham, NC: Duke University Press.
Bruns, Axel. 2006. "Towards Produsage: Futures for User-Led Content Production." In *Proceedings Cultural Attitudes towards Communication and Technology 2006*, edited by Fay Sudweeks, Herbert Hrachovec, and Charles Ess, 275–84. Tartu, Estonia.
———. 2009. "The User-Led Disruption: Self-(Re)Broadcasting at Justin.Tv and Elsewhere." Paper presented at EuroITV'09, Leuven, Belgium, June 3–5.
Brustein, Joshua, and Eben Novy-Williams. 2016. "Virtual Weapons Are Turning Teen Gamers into Serious Gamblers." *Bloomberg*. https://www.bloomberg.com/features/2016-virtual-guns-counterstrike-gambling/.
Burgess, Jean. 2006. "Hearing Ordinary Voices: Cultural Studies, Vernacular Creativity, and Digital Storytelling." *Continuum: Journal of Media and Cultural Studies* 2 (20): 201–14.
———. 2007. "Vernacular Creativity and New Media." PhD diss., Queensland University of Technology.
Burgess, Jean, and Joshua Green. 2009. *YouTube: Online Video and Participatory Culture*. Cambridge, UK: Polity.
Burroughs, Benjamin, and Adam Rugg. 2014. "Extending the Broadcast: Streaming Culture and the Problems of Digital Geographies." *Journal of Broadcasting and Electronic Media* 58 (3): 365–80.
Caillois, Roger. 2001. *Man, Play, and Games*. Translated by Meyer Barash. Urbana: University of

Illinois Press. First published 1961.

Caldwell, John. 2004. "Convergence Television." In *Television after TV*, edited by Lynn Spigel and Jan Olsson, 41–74. Durham, NC: Duke University Press.

Campbell, Colin. 2016a. "Racism, Hearthstone, and Twitch," Polygon, May 12. http://www.polygon.com/features/2016/5/12/11658440/twitch-abuse-hearthstone.

———. 2016b. "Valve Fires Back at Washington State Gambling Commission over CS:GO Betting." Polygon, October 18. http://www.polygon.com/2016/10/18/13318326/valve-fires-back-at-washington-state-gambling-commission-over-cs-go-betting.

Carey, John. 1997. "Interactive Television Trials and Marketplace Experiences." *Multimedia Tools and Applications* 5:207–16.

Castronova, Edward. 2005. *Synthetic Worlds*. Chicago: University of Chicago Press.

Chaloner, Paul. 2015. Talking Esports: A Guide to Becoming a World-Class Esports Broadcaster. http://redeyehd.co.uk/talking-esports-a-free-book-on-esports-broadcasting/.

———. 2016. "Monte's Claims Outline Deeper Debate in Caster Pay." Slingshot, September 27. https://slingshotesports.com/2016/09/27/paul-redeye-chaloner-montecristo-caster-pay-league-of-legends/.

Chamberlin, David. 2011. "Scripted Spaces." In *Television as Digital Media*, edited by James Bennett and Niki Strange, 230–54. Durham, NC: Duke University Press.

Champlin, Alexander. 2016. "Risky Play: Swatting Streamers, or Now You're Playing with (Police) Power." *Media Fields Journal* 11:1–11.

Chemi, Eric. 2014. "The NFL Is Only Growing because of Women." *Bloomberg*, September 26. http://www.bloomberg.com/news/articles/2014-09-26/the-nfl-is-growing-only-because-of-female-fans.

Chess, Shira, and Adrienne Shaw. 2015. "A Conspiracy of Fishes, or, How We Learned to Stop Worrying about #GamerGate and Embrace Hegemonic Masculinity." *Journal of Broadcasting and Electronic Media* 59 (1): 208–20.

Cheung, Gifford, and Jeff Huang. 2011. "Starcraft from the Stands: Understanding the Game Spectator." Paper presented at CHI 2011, Vancouver, BC, May 7–12.

Citron, Danielle Keats. 2014. *Hate Crimes in Cyberspace*. Cambridge, MA: Harvard University Press.

Clark, Taylor. 2017. "How to Get Rich Playing Video Games Online." *New Yorker*, November 20.

Cohen, Julie. 2012. *Configuring the Networked Self: Law, Code, and the Play of Everyday Practice*. New Haven, CT: Yale University Press.

Consalvo, Mia. 2019. "Kaceytron and Transgressive Play on Twitch." In *Transgressions in Games and Play*, edited by Kristine Jørgensen and Faltin Karlsen. Cambridge, MA: MIT Press.

Constine, Josh. 2016a. "Facebook Live Attacks Twitch with Game Streaming." TechCrunch, June 6. https://techcrunch.com/2016/06/06/facetwitch/.

———. 2016b. "Heads Up Twitch, Facebook Just Hired Gamer Snoopeh for Its E-Sports Division." TechCrunch, June 16. https://techcrunch.com/2016/06/16/boom-face-shot/.

Conti, Olivia. 2013. "Disciplining the Vernacular: Fair Use, YouTube, and Remixer Agency," *M/C Journal* 16 (4). http://www.journal.media-culture.org.au/index.php/mcjournal/article/view/685.

Coombs, Rosemary J. 1998. *The Cultural Life of Intellectual Properties: Authorship, Appropriation, and the Law*. Durham, NC: Duke University Press.

Copier, Marinka. 2007. "Beyond the Magic Circle." PhD diss., Utrecht University.

Csathy, Peter. 2016. "Whatever Happened to MCNs?" TechCrunch, June 10. https://techcrunch.com/2016/06/10/whatever-happened-to-mcns/.

D'Anastasio, Cecilia. 2016. "Twitch's AutoMod Is Already a Game-Changer, Streamers Say." Kotaku Australia, December 15. http://www.kotaku.com.au/2016/12/twitchs-automod-is-already-a-game-changer-streamers-say/.

Dave, Paresh. 2016. "Riot Games Closes in on Landmark Streaming Deal for E-Sports with Mlb Advanced Media." *Los Angeles Times*, November 22. http://www.latimes.com/business/technology/la-fi-tn-la-tech-20161122-story.html.

Davis, Wendy. 2012. "Justin.tv, UFC Settle Copyright Lawsuit." Mediapost, April 20. http://www.mediapost.com/publications/article/172946/justintv-ufc-settle-copyright-lawsuit.html?edition=.

Dayal, Geeta. 2012. "The Algorithmic Copyright Cops: Streaming Video's Robotic Overlords." *Wired*, September 6. https://www.wired.com/2012/09/streaming-videos-robotic-overlords-algorithmic-copyright-cops/all/.

Demers, Matt. 2016. "Thoughts on Twitch Cheering Post-Evo 2016." MattDemers.com, July 19. http://mattdemers.com/thoughts-on-twitch-cheering-post-evo-2016/.

Deng, Jie, Felix Cuadrado, Gareth Tyson, and Steve Uhlig. 2015. "Behind the Game: Exploring the Twitch Streaming Platform." *NetGames: IEEE 14th International Workshop on Network and Systems Support for Games*. Zagreb, Croatia, December 3–4.

Dewey, Caitlin. 2014. "The Only Guide to Gamergate You Will Ever Need to Read." *Washington Post*, October 14. https://www.washingtonpost.com/news/the-intersect/wp/2014/10/14/the-only-guide-to-gamergate-you-will-ever-need-to-read/?utm_term=.d6b3e716787a.

Dibbell, Julian. 1998. *My Tiny Life*. New York: Holt.

———. 2006. *Play Money*. New York: Basic Books.

Distortednet. 2014. "Does Anyone Else Feel 'Weird' When They Witness Stuff Like This?" Reddit, November 18. https://www.reddit.com/r/Twitch/comments/2mo6k6/does_anyone_else_feel_weird_when_they_witness/cm6lrjm.

Domise, Andray. 2017. "Black Streamers Are Here to Save the Gaming Community." Fanbros, November. http://fanbros.com/black-streamers-save-gaming/.

Dosh, Kristi. 2016. "The Evolution of Marketing to Female Sports Fans." *Forbes*, February 22. https://www.forbes.com/sites/kristidosh/2016/02/22/the-evolution-of-marketing-to-female-sports-fans/#2b4155bf7fc3.

Dovey, Jon, and Helen Kennedy. 2006. *Game Cultures: Computer Games as New Media*. New York: Open University Press.

Ducheneaut, Nicolas, Robert J. Moore, Lora Oehlberg, James D. Thornton, and Eric Nickell. 2008. "SocialTV: Designing for Distributed, Sociable Television Viewing." *International Journal of Human-Computer Interaction* 24 (2): 136–54.

Dyer-Witheford, Nick, and Greig de Peuter. 2009. *Games of Empire*. Minneapolis: University of Minnesota Press.

Ellohime. 2015. "From Private Play to Public Entertainment: Live-streaming and the Growth of Online Broadcast." Panel at the MIT Game Lab, March 5. http://gamelab.mit.edu/event/from-private-play-to-public-entertainment-live-streaming-and-the-growth-of-online-broadcast/.

Fairfield, Joshua A. T. 2009. "The God Paradox." *Boston University Law Review* 89:1017–68.

Fausto-Sterling, Anne. 1985. *Myths of Gender*. New York: Basic Books, 1985

———. 2000. *Sexing the Body: Gender Politics and the Construction of Sexuality*. New York: Basic Books.

Federal Trade Commission. 2000. "Advertising and Marketing on the Internet: Rules of the Road." https://www.ftc.gov/tips-advice/business-center/guidance/advertising-marketing-internet-rules-road.

Filewich, Carling "Toastthebadger". 2016. "'Enough Is Enough': Confessions of a Twitch Chat Moderator." GosuGamers. https://www.gosugamers.net/hearthstone/features/39013-enough-is-enough-confessions-of-a-twitch-chat-moderator.

Fisher, Eran. 2015. "'You Media': Audiencing as Marketing in Social Media." *Media, Culture, and Society* 37 (1): 50–67.

Fitzgerald, Drew, and Daisuke Wakabayashi. 2014. "Apple Quietly Builds New Networks." *Wall Street Journal*, February 4, section B1.

Ford, Colin, Dan Gardner, Leah Elaine Horgan, Calvin Liu, a. m. tsaasan, Bonnie Nardi, and Jordan Rickman. 2017. "Chat Speed OP Pogchamp: Practices of Coherence in Massive Twitch Chat." *CHI 2017*, 858–69. Denver, CO, May 6–11.

Freitas, Evan. 2016. "Presenting the Twitch 2016 Year in Review." Twitch, February 16. https://blog.twitch.tv/presenting-the-twitch-2016-year-in-review-b2e0cdc72f18.

Gandolfi, Enrico. 2016. "To Watch or to Play, It Is in the Game: The Game Culture on Twitch.tv among Performers, Plays, and Audiences." *Journal of Gaming and Virtual Worlds* 8 (1): 63–82.

Gannes, Liz. 2009. "Copyright Meets a New Worthy Foe: The Real-Time Web." Gigaom, May 21. https://gigaom.com/2009/05/21/copyright-meets-a-new-worthy-foe-the-real-time-web/.

Giddings, Seth. 2008. "Playing with Nonhumans: Digital Games as Technocultural Form." In *Worlds in Play: International Perspectives on Digital Games Research*, edited by Suzanne de Castell, and Jen Jenson, 115–28. New York: Peter Lang.

Gillespie, Dair L., Ann Leffler, and Elinor Lerner. 2002. "If It Weren't for My Hobby, I'd Have a Life: Dog Sports, Serious Leisure, and Boundary Negotiations." *Leisure Studies* 21:285–304.

Gillespie, Tarleton. 2007. *Wired Shut*. Cambridge, MA: MIT Press.

———. 2010. "The Politics of Platforms." *New Media and Society* 12 (3): 347–64.

———. 2018. *Custodians of the Internet*. New Haven, CT: Yale University Press.

Google. 2018. "Multi-Channel Network (MCN) Overview for YouTube Creators." April 8. https://support.google.com/youtube/answer/2737059?hl=en.

Graham, Marcus. 2011. "Why Is It Called Shoutcasting?" Reddit, November 20. https://www.reddit.com/r/starcraft/comments/mioko/why_is_it_called_shoutcasting/.

Gray, Herman. 1995. *Watching Race*. Minneapolis: University of Minnesota Press.

Gray, Kishonna. 2014. *Race, Gender, and Deviance in Xbox Live*. Oxford: Elsevier.

———. 2016. "They're Just Too Urban: Black Gamers Streaming on Twitch." In *Digital Sociolo-*

gies, edited by Jessie Daniels, Karen Gregory, and Tressie McMillan Cottom, 355–68. Bristol, UK: Policy Press.
Gregg, Melissa. 2011. *Work's Intimacy*. Malden, MA: Polity Press.
Gripsrud, Jostein. 2010. *Relocating Television: Television in the Digital Context*. London: Routledge.
Guins, Raiford. 2014. *Game After: A Cultural Study of Video Game Afterlife*. Cambridge, MA: MIT Press.
Hall, Stuart. 1980. "Encoding/Decoding." In *Culture, Media, Language*, edited by Stuart Hall, Dorothy Hobson, Andrew Lowe, and Paul Willis, 117–27. London: Hutchinson.
Hallvard, Moe, Thomas Poell, and José van Dijck. 2016. "Rearticulating Audience Engagement: Social Media and Television." *Television and New Media* 17 (2): 99–107.
Hamilton, William A., Oliver Garretson, and Andruid Kerne. 2014. "Streaming on Twitch: Fostering Participatory Communities of Play within Live Mixed Media." *CHI 2014*, 1315–24. Toronto, ON, April 26–May 1.
Harry, Drew. 2012. "Designing Complementary Communication Systems." PhD diss., Massachusetts Institute of Technology.
Hathaway, Jay. 2014. "What Is Gamergate, and Why? An Explainer for Non-geeks." Gawker, October 10. http://gawker.com/what-is-gamergate-and-why-an-explainer-for-non-geeks-1642909080.
Hawkins, Zoe. 2014. "British Ad Authority Clamping Down on YouTube Payola." Critical Hit, November 27. http://www.criticalhit.net/gaming/british-ad-authority-clamping-down-on-youtube-payola/.
Hendershot, Heather. 2016. *Open to Debate*. New York: Broadside Books.
Henricks, Thomas S. 2015. *Play and the Human Condition*. Urbana: University of Illinois Press.
Hernandez, Patricia. 2015. "Competitive *Call of Duty* Player Says Leaving Twitch Is His 'Biggest Regret.'" Kotaku, October 19. https://kotaku.com/competitive-call-of-duty-star-says-leaving-twitch-is-hi-1737337557.
Hicks, Antonio. 2017. "Streamlabs Live Streaming Report Q2'17—53% Growth, $100M+, Twitch and YouTube Crushing It." Streamlabs, August 2. https://blog.streamlabs.com/streamlabs-live-streaming-report-q217-53-growth-100m-twitch-youtube-crushing-it-1b9048efb4e2.
Hillis, Ken. 2009. *Online a Lot of the Time*. Durham, NC: Duke University Press.
Hills, Matt. 2002. *Fan Cultures*. London: Routledge.
Hughes, Kit. 2014. "'Work/Place' Media: Locating Laboring Audiences." *Media, Culture, and Society* 36 (5): 644–60.
Hughes, Linda. 2006. "Beyond the Rules of the Game: Why Are Rooie Rules Nice?" In *The Game Design Reader*, edited by Katie Salen and Eric Zimmerman, 504–17. Cambridge, MA: MIT Press. First published 1983.
Humphreys, Sal. 2005. "Productive Players: Online Computer Games' Challenge to Conventional Media Forms." *Journal of Communication and Critical/Cultural Studies* 2 (1): 36–50.
Hwang, Tim, and Adi Kandar. 2013. "The Theory of Peak Advertising and the Future of the Web." PeakAds. http://peakads.org/images/Peak_Ads.pdf.
Jakobsson, Mikael. 2011. "The Achievement Machine." *Game Studies* 11 (1). http://gamestudies.org/1101/articles/jakobsson.
Jarrett, Kylie. 2008a. "Beyond Broadcast Yourself: The Future of YouTube." *Media International*

Australia 126 (1): 132–44.
Jarrett, Kylie. 2008b. "Interactivity Is Evil! A Critical Investigation of Web 2.0." *First Monday* 13 (3). http://firstmonday.org/ojs/index.php/fm/article/view/2140/1947.
———. 2009. "Private Talk in the Public Sphere: Podcasting as Broadcast Talk." *Communication, Politics, and Culture* 42 (2): 116–35.
Jefferson, Mychal "Trihex." 2014. "How Does It Actually Feel Beeing [*sic*] an Emoticon on Twitch?" Ask.FM, October 24. https://ask.fm/trihex/answers/119066915888.
Jenkins, Henry. 1992. *Textual Poachers*. New York: Routledge.
———. 2006a. *Convergence Culture*. New York: NYU Press.
———. 2006b. *Fans, Bloggers, and Gamers*. New York: NYU Press.
———. 2009. "What Happened before YouTube." In *YouTube: Online Video and Participatory Culture*, edited by Jean Burgess and Joshua Green, 109–25. Cambridge, UK: Polity.
Jensen, Jens F. 2008. "Interactive Television: A Brief Media History." In *6th European Conference: EuroITV 2008*, edited by Manfred Tscheligi, Marianna Obrist, and Artur Lugmayr, 1–10. Salzburg, Austria, July 3–4.
Jenson, Jen, and Suzanne de Cassell. 2008. "Theorizing Gender and Digital Gameplay." *Eludamos* 2 (1): 15–25.
Jhally, Sut, and Bill Livant. 1986. "Working as Watching: The Valorization of Audience Consciousness." *Journal of Communication* (Summer): 124–43.
Jimroglou, Krissi M. 1999. "A Camera with a View." *Communication and Society* 2 (4): 439–53.
Johnson, Mark, and Jaime Woodcock. 2017. "'It's Like the Gold Rush': The Lives and Careers of Professionally Video Game Streamers on Twitch.tv." *Information, Communication, and Society*. http://eprints.lse.ac.uk/86374/.
Jones, Jeffrey. 2015. "As Industry Grows, Percentage of U.S. Sports Fans Steady." Gallup, June 17. http://www.gallup.com/poll/183689/industry-grows-percentage-sports-fans-steady.aspx.
Joseph, Daniel. 2017. "Distributing Productive Play." PhD diss., Ryerson University.
Kafka, Peter. 2017. "The Head of the NBA Wants His Games to Look More Like Twitch." *Recode*, September 13. https://www.recode.net/2017/9/13/16304278/nba-twitch-adam-silver-tv-ratings-facebook-amazon.
Kane, Mary Jo. 1995. "Resistance/Transformation of the Oppositional Binary: Exposing Sport as a Continuum." *Journal of Sport and Social Issues* 19:191–218.
Karbun, Philipp. 2015. "An Overview of Technical, Financial, and Community Aspects of YouTube Video Production and Gaming Live Streams." Master's thesis, Vienna University of Economics and Business.
Karhulahti, Veli-Matti. 2016. "Prank, Troll, Gross, and Gore: Performance Issues in Esport Live-Streaming." Paper presented at the First International Joint Conference of DiGRA and FDG, Abertay University, Scotland, August 1–6.
Kavoori, Anandam. 2011. *Reading YouTube: The Critical Viewers Guide*. New York: Peter Lang.
Kaytoue, Mehdi, Arlei Silva, Loïc Cern, Wagner Meira Jr., and Chedy Raïssi. 2012. "Watch Me Playing, I Am a Professional: A First Study on Video Game Live Streaming." *WWW 2012 Companion*, 1181–88. Lyon, France, April 16–20.
Kendall, Lori. 2002. *Hanging Out in the Virtual Pub*. Berkeley: University of California Press.
Kennedy, Helen W. 2006. "Illegitimate, Monstrous, and Out There: Female 'Quake' Players and

Inappropriate Pleasures." In *Feminism in Popular Culture*, edited by Joanne Hollows and Rachel Moseley, 183–201. Oxford: Berg.

Kline, Stephen, Nick Dyer-Witheford, and Greig de Peuter. 2003. *Digital Play*. Montreal: McGill-Queen's University Press.

Kocurek, Carly. A. 2015. *Coin-Operated Americans*. Minneapolis: University of Minnesota Press.

Koebel, Adam. 2016. "Dire Straights: How LGBT+ Streamers Survive and Thrive." Panel at TwitchCon, San Diego, CA, September 30–October 2.

Kolko, Beth E. 2000. "Erasing @race: Going White in the (Inter) Face." In *Race in Cyberspace*, edited by Beth E. Kolko, Lisa Nakamura, and Gilbert B. Rodman, 213–32. New York: Routledge.

Kollar, Phillip. 2014. "Twitch Audio Copyright Changes Are Terrible, Poorly Implemented, and Absolutely Necessary." Polygon, August 8. http://www.polygon.com/2014/8/8/5982043/twitch-audio-copyright-necrodancer-changes-shitty-poorly-implemented-necessary-content-id-youtube.

Kosterich, Allie, and Philip M. Napoli. 2016. "Reconfiguring the Audience Commodity: The Institutionalization of Social TV Analytics as Market Information Regime." *Television and New Media* 17 (3): 254–71.

Kreiss, Daniel, Megan Finn, and Fred Turner. 2011. "The Limits of Peer Production: Some Reminders from Max Weber for the Network Society." *New Media and Society* 13 (2): 243–59.

Kreps, David. 2010. "Foucault, Exhibitionism, and Voyeurism on Chatroulette." *Cultural Attitudes towards Communication and Technology Conference*, 207–16. Murdoch University, Australia.

Laskh, Russell. 2011a. "Policy on discussing piracy?" Twitch.tv Support Forum. December.

———. 2011b. "Game Nudity!" Twitch.tv Support Forum. September.

Lange, Patricia. 2007. "The Vulnerable Video Blogger: Promoting Social Change through Intimacy." *Scholar and Feminist Online* 5.2 (Spring). http://sfonline.barnard.edu/blogs/printpla.htm.

———. 2008. "Publicly Private and Privately Public: Social Networking on YouTube." *Journal of Computer-Mediated Communication* 13:361–80.

———. 2010. "Achieving Creative Integrity on YouTube: Reciprocities and Tensions." *Enculturation* 8. http://enculturation.net/achieving-creative-integrity.

Langenscheidt, Leonard. 2017. "How Intellectual Property Rights Are Hurting Esports Teams." *Esports Observer*, February 22. http://esportsobserver.com/how-ip-rights-are-hurting-esports-teams/.

Laqueur, Thomas. 1990. *Making Sex: Body and Gender from the Greeks to Freud*. Cambridge, MA: Harvard University Press.

Lastowka, Gregory F. 2010. *Virtual Justice*. New Haven, CT: Yale University Press.

Lastowka, Gregory F., and Dan Hunter. 2004. "Laws of the Virtual Worlds." *California Law Review* 92 (1): 1–73.

Le, Mike. 2017. "Monetization and Livestreaming: 2015 and 2016." Streamlabs, January 24. https://blog.streamlabs.com/monetization-in-livestreaming-2015-2016-c08835ca2331.

Lembo, Ron. 2000. *Thinking through Television*. Cambridge: Cambridge University Press.

Leslie, Callum. 2015a. "The Biggest Esports Business Moves of 2015." *Daily Dot*, December 16.

http://www.dailydot.com/esports/biggest-esports-business-moves-2015/.
———. 2015b. "Meet the Forsen Army, the Vanguard of Twitch's Dark Side." *Daily Dot*, February 11. https://dotesports.com/hearthstone/forsen-army-harassment-twitch-katy-coe-1385.
———. 2016. "The CS:Go Gambling Scandal: Everything You Need to Know." *Daily Dot*, July 26. http://www.dailydot.com/esports/csgo-gambling-scandal-explained/.
Lessig, Lawrence. 1999. *Code Is Law*. New York: Basic Books.
Lin, Kevin. 2012. "TwitchTV Knowledge Bomb No. 1: Advertising." Team Liquid, January 5. http://www.teamliquid.net/forum/starcraft-2/300563-twitchtv-knowledge-bomb-no-1-advertising.
Lingle, Sam. 2016. "Riot Makes Billions from LOL, but Its President Blames Team Owners for Not Investing More into the Scene." *Daily Dot*, August 23. https://dotesports.com/league-of-legends/reginald-marc-merrill-riot-games-3744.
Lo, Claudia. 2018. "Models of Moderation." Unpublished manuscript.
Longino, Helen E. 1990. *Science as Social Knowledge: Values and Objectivity in Scientific Inquiry*. Princeton, NJ: Princeton University Press.
Lotz, Amanda. 2014. *The Television Will Be Revolutionized*. 2nd ed. New York: NYU Press.
Lowood, Henry. 2011. "Video Capture." *The Machinima Reader*, edited by Henry Lowood and Michael Nitsche, 7–22. Cambridge, MA: MIT Press.
Lowood, Henry, and Michael Nitsche, eds. 2011. *The Machinima Reader*. Cambridge, MA: MIT Press.
MacCallum-Stewart, Esther. 2014. *Online Games, Social Narratives*. New York: Routledge.
"Major League: Gay and Lesbian Internet Users Are Avid Sports Fans." 2013. Nielsen, June 26. http://www.nielsen.com/us/en/insights/news/2013/major-league--gay-and-lesbian-internet-users-are-avid-sports-fan.html.
Mangum, William Gordon. 2016. "DeepStream.tv: Designing Informative and Engaging Live Streaming Video Experiences." Master's thesis, Massachusetts Institute of Technology.
Marcus, George. 1995. "Ethnography in/of the World System." *Annual Review of Anthropology* 24:95–117.
Marwick, Alice. 2013. *Status Update*. New Haven, CT: Yale University Press.
Massanari, Adrienne. 2017. "#Gamergate and the Fappening." *New Media and Society* 19 (3) 329–46.
McCarthy, Anna. 2001. *Ambient Television*. Durham, NC: Duke University Press.
McDaniel, J. P. 2015. "From Private Play to Public Entertainment Panel: Live-streaming and the Growth of Online Broadcast." Panel at the MIT Game Lab, March 5. http://gamelab.mit.edu/event/from-private-play-to-public-entertainment-live-streaming-and-the-growth-of-online-broadcast/.
Meehan, Eileen R. 2005. *Why TV Is Not Our Fault*. Lanham, MD: Rowan and Littlefield.
Mellis, Michael J. 2008. "Internet Piracy of Live Sports Telecasts." *Marquette Sports Law Review* 18 (2): 259–84.
Merrill, Marc. 2015a. "I'm the Admin of SpectateFaker." Reddit, February 21. https://www.reddit.com/r/leagueoflegends/comments/2woxph/im_the_admin_of_spectatefaker_after_reading/cotgdum/.
———. 2015b. "SpectateFaker: What We Learned and What We'll Do." *League of Legends*,

February 27. http://na.leagueoflegends.com/en/news/riot-games/announcements /spectatefaker-what-we-learned-and-what-well-do.
Miller, Toby. 2009. "Approach With Caution And Proceed With Care." In *Television Studies After Television*, edited by Graeme Turner and Jinna Tay, 75–82. London: Routledge.
———. 2010. *Television Studies*. London: Routledge.
Mitchell, Ferguson. 2014a. "Dota 2 Is the Richest of the Big Esports, but Its Players Are the Poorest." *Daily Dot*, August 13. http://www.dailydot.com/esports/dota-2-prize-distribution -players/.
———. 2014b. "Twitch Wants to Be Your Moral Police, and That's a Problem." *Daily Dot*, October 30. https://dotesports.com/general/twitch-dress-code-unfair-845.
———. 2015. "Twitch's Harsh Rules of Conduct Are Holding It Back." *Daily Dot*, March 18. https://dotesports.com/esports/twitch-borgore-music-explicit-content/.
Mittell, Jason. 2010. *Television and American Culture*. Oxford: Oxford University Press.
MMAJunkie Staff. 2011. "Ufc Owners File Suit against Justin.Tv for Copyright and Trademark Infringement." January 21. http://mmajunkie.com/2011/01/ufc-owners-file-suit-against-justin -tv-for-copyright-and-trademark-infringement.
Moblord. 2017. "Partner Football." *Streamer News*, August 4. http://streamernews.tv/2017/08 /04/partner-football/.
Morley, David. 1992. *Television, Audiences, and Cultural Studies*. London: Routledge.
Mortensen, Torrill. 2006. "WoW Is the New MUD." *Games and Culture* 1 (4): 397–413.
Mulligan, Jessica. 2003. *Developing Online Games*. San Francisco: New Riders.
Murphy, Sheila C. 2011. *How Television Invented New Media*. New Brunswick, NJ: Rutgers University Press.
Murray, Susan, and Laurie Ouellette. 2004. *Reality TV*. New York: NYU Press.
Myers, Maddy. 2014. "Hyper Mode: How to Be Visibly Femme in the Games Industry." *Paste*. March 13. https://www.pastemagazine.com/articles/2014/03/hyper-mode-gdc-fashion.html.
Myerscough, Kaelan Clare Doyle. 2017. Personal communication.
Nairn, Vince. 2016. "LCS Owners Send Letter to Riot Games about Concerns regarding Relegation, Financial Stability, and Charter Membership." Slingshot, November 12. https:// slingshotesports.com/2016/11/12/riot-games-lett-lcs-owners-league-of-legends-concerns -relegation-financial-stability/.
Nakamura, Lisa. 2002. *Cybertypes*. New York: Routledge.
———. 2009. "Don't Hate the Player, Hate the Game." *Critical Studies in Media Communication* 26 (2): 128–44.
Nakandala, Supun, Giovanni Luca Ciampaglia, Norman Makoto Su, and Yong-Yeol Ahn. 2016. "Gendered Conversation in a Social Game-Streaming Platform." Unpublished manuscript. https://arxiv.org/abs/1611.06459.
Nardi, Bonnie. 2010. *My Life as a Night Elf Priest*. Ann Arbor: University of Michigan Press.
Neff, Gina. 2012. *Venture Labor*. Cambridge, MA: MIT Press.
Newbury, Elizabeth. 2017. "The Case of Competitive Video Gaming and Its Fandom." PhD diss., Cornell University.
Newman, James. 2002. "In Search of the Videogame Player." *New Media and Society* 2 (3): 405–22.

Nissenbaum, Helen. 2010. *Privacy in Context*. Stanford, CA: Stanford Law Books.

Nixon, Sarah. 2015. "The Female Streamers Dilemma." Not Your Mama's Gamer, April 26. http://www.nymgamer.com/?p=7965.

Nixon, Sean, and Paul du Gay. 2002. "Who Needs Cultural Intermediaries?" *Cultural Studies* 16 (4): 495–500.

OGNCasters. 2016. "MSI." Nexus, March 23. https://nexus.vert.gg/msi-30f7f6cdd946.

Organization for Transformative Works. 2013. "Fandom Is Love: OTW April Membership Drive." http://transformativeworks.tumblr.com/post/47040420151/fandom-is-love-otw-april-membership-drive.

———. 2015. "F.A.Q." November 30. http://transformativeworks.org/faq#t456n22.

Orland, Kyle. 2016. "Twitch Rolls out Automated Tool to Stem Wave of Chat Harassment." *Ars Technica*, December 12. http://arstechnica.com/gaming/2016/12/twitch-rolls-out-automated-tool-to-stem-wave-of-chat-harassment/.

Otten, Martin. 2001. "Broadcasting Virtual Games in the Internet." Unpublished manuscript.

Parker, Trey. 2016. "Felix Kjellberg (a.k.a. PewDiePie)." *Time*. http://time.com/4302406/felix-kjellberg-pewdiepie-2016-time-100/.

Parkin, Simon. 2014. "Zoe Quinn's Depression Quest." *New Yorker*, September 9. http://www.newyorker.com/tech/elements/zoe-quinns-depression-quest.

Parks, Lisa. 2004. "Flexible Microcasting: Gender, Generation, and Television-Internet Convergence." In *Television after TV*, edited by Lynn Spiegel and Jan Olsson, 133–56. Durham, NC: Duke University Press.

Partin, William. 2017. "Greed Is Good! Political Economy of Crowdfunding in DoTA 2." *Medium*, August 20. https://medium.com/@willpartin/greed-is-good-political-economy-of-crowdfunding-in-dota-2-7cecdfe78343.

Pearce, Celia. 2009. *Communities of Play*. Cambridge, MA: MIT Press.

Pellicone, Anthony, and June Ahn. 2017. "The Game of Performing Play." Paper presented at CHI 2017, Denver, CO, May 6–11.

Phillips, Jevon. 2017. "'Critical Role' and 'Harmonquest' Prove Watching Role-Playing Games Can Be Fun, but 4 Hours?" *Los Angeles Times*, February 22. http://www.latimes.com/entertainment/tv/la-et-st-role-playing-online-games-20170222-story.html.

Postigo, Hector. 2003. "From Pong to Planet Quake: Post-Industrial Transitions from Leisure to Work." *Information, Communication, and Society* 6 (4): 593–607.

———. 2012. *The Digital Rights Movement: The Role of Technology in Subverting Digital Copyright*. Cambridge, MA: MIT Press.

———. 2014. "The Socio-Technical Architecture of Digital Labor: Converting Play into YouTube Money." *New Media and Society* 18 (2): 332–49.

———. 2015. "Playing for Work." In *Media Independence: Working with Freedom or Working for Free*, edited by James Bennett and Niki Strange, 202–22. New York: Routledge.

Rabinow, Paul. 2003. *Anthropos Today: Reflections on Modern Equipment*. Princeton, NJ: Princeton University Press.

Rice, Andrew. 2012. "The Many Pivots of Justin.Tv: How a Livecam Show Became Home to Video Gaming Superstars." Fast Company, June 15. https://www.fastcompany.com/1839300/many-pivots-justintv-how-livecam-show-became-home-video-gaming-superstars.

Roettgers, Jako. 2009. "House Committee Takes on Live-Streaming Piracy." Gigaom, December 15. https://gigaom.com/2009/12/15/house-committee-takes-on-live-streaming-piracy/.
Ruberg, Bonnie. 2019. *Video Games Have Always Been Queer*. New York: NYU Press.
Salen, Katie, and Eric Zimmerman. 2003. *Rules of Play: Game Design Fundamentals*. Cambridge, MA: MIT Press.
Sandvig, Christian. 2015. "The Internet as the Anti-Television." In *Signal Traffic*, edited by Lisa Parks and Nicole Starosielski, 225–45. Urbana: University of Illinois Press.
Sattler, Michael. 1995. *Internet TV with CU-SeeMe*. Indianapolis: Sams Publishing.
Sauter, Molly. 2014. *The Coming Swarm*. New York: Bloomsbury.
Schiefer, Johannes. 2015. "Modern Times Group to Make Major Investment in ESL." *ESL-Gaming*, January 7. https://www.eslgaming.com/article/modern-times-group-make-major-investment-esl-2121.
Scott, Mark. 2015. "Study of Ad-Blocking Software Suggests Wide Use." *New York Times*, August 10. http://bits.blogs.nytimes.com/2015/08/10/study-of-ad-blocking-software-suggests-wide-use/?_r=0.
Scully-Blaker, Rainforest, Jason Begy, Mia Consalvo, and Sarah Ganzon. 2017. "Playing along and Playing for on Twitch." *Proceedings of the 50th Hawaii International Conference on Systems Sciences*, Kona, January 4–7.
Seibel, Michael. 2009. "Testimony for the Hearing on 'Piracy of Live Sports Broadcasting over the Internet.'" Committee on the Judiciary, US House of Representatives, December 16.
Seigworth, Greg, and Melissa Gregg. 2010. *The Affect Theory Reader*. Durham, NC: Duke University Press.
Sell, Jesee. 2015. "E-Sports Broadcasting." Master's thesis, Massachusetts Institute of Technology.
Senft, Theresa M. 2008. *Camgirls: Celebrity and Community in the Age of Social Networks*. New York: Peter Lang.
Shaw, Adrienne. 2014. *Gaming at the Edge*. Minneapolis: University of Minnesota Press.
Shear, Emmett. 2013. "Hi I'm Emmett Shear, Founder and CEO of Twitch, the World's Leading Video Platform and Community for Gamers. Ask Me Anything!" Reddit, May 23. https://www.reddit.com/r/IAmA/comments/1exa2k/hi_im_emmett_shear_founder_and_ceo_of_twitch_the/.
Sherr, Ian. 2014. "Xbox Endorsements on YouTube Cause Flap." *Wall Street Journal*, January 21. http://blogs.wsj.com/digits/2014/01/21/xbox-endorsements-on-youtube-cause-flap/.
Shimpach, Shawn. 2005. "Working Watching: The Creative and Cultural Labor of the Media Audience." *Social Semiotics* 15 (3): 343–60.
Silbey, Jessica. 2015. *The Eureka Myth*. Palo Alto, CA: Stanford University Press.
Silverstone, Roger. 1994. *Television and Everyday Life*. London: Routledge.
Sjöblom, Max, and Juho Hamari. 2016. "Why Do People Watch Others Play Video Games? An Empirical Study of the Motivations of Twitch Users." *Computers in Human Behavior* 75:985–96.
Sjöblom, Max, Maria Törhönen, Juho Hamari, and Joseph Macey. 2017. Content Structure Is King." *Computers in Human Behavior* 73:161–71.
SK Telecom T1. 2015. "Notice." Facebook, February 23. https://www.facebook.com/SKsports.T1/posts/1618205308413628.

Smith, Thomas P. B., Marianna Obrist, and Peter Wright. 2013. "Live-Streaming Changes the (Video) Game." EuroITV '13, 131–38. Como, Italy, June 24–26.
Snickars, Pelle, and Patrick Vonderau, eds. 2009. *The YouTube Reader*. Stockholm: National Library of Sweden.
Sotamaa, Olli. 2007a. "Let Me Take You to the Movies: Productive Players, Commodification, and Transformative Play." *Convergence* 13 (4): 383–401.
———. 2007b. "On Modder Labour, Commodification of Play, and Mod Competitions." *First Monday* 12 (9). http://firstmonday.org/article/view/2006/1881.
Spangler, Todd. 2015. "Turner, WME/IMG Form E-Sports League, with TBS to Air Live Events." *Variety*, September 23. http://variety.com/2015/tv/news/turner-wme-img-esports-league-tbs-1201600921/.
Spigel, Lynn. 1992. *Make Room for TV*. Chicago: University of Chicago Press.
Spigel, Lynn, and Michael Curtin. 1997. *The Revolution Wasn't Televised*. New York: Routledge.
Stanford University Libraries. 2015. "Measuring Fair Use: The Four Factors." October 10. http://fairuse.stanford.edu/overview/fair-use/four-factors/.
StarLordLucian. 2015a. "I Was the Dude Running SpectateFaker." Reddit, February 12. https://redd.it/2vmrfs.
———. 2015b. "SpectateFaker Admin Here: Here's My Final Decision regarding the Stream." Reddit, February 23. http://redd.it/2wtetm.
Stebbins, Robert A. 1982. "Serious Leisure: A Conceptual Statement." *Pacific Sociological Review* 25:251–72.
———. 2004. *Between Work and Leisure: The Common Ground of Two Separate Worlds*. New Brunswick, NJ: Transaction Publishers.
Steiner, Dustin. 2016. "EVO Is Giving Their Twitch Cheer Money to the Players." PvP Live, July 15. https://pvplive.net/c/evo-is-giving-their-share-of-cheer-money-to-the-pl.
Steinkuehler, Constance. 2006. "The Mangle of Play." *Games and Culture* 1 (3): 199–213.
Stenhouse, Henry. 2016. "What It Takes to Be a Counter-Strike: Global Offensive Observer." PC Gamer, February 7. http://www.pcgamer.com/what-it-takes-to-be-a-counter-strike-global-offensive-observer/.
Sterne, Jonathan. 2012. "What If Interactivity Is the New Passivity?" *Flow*, April 9. https://www.flowjournal.org/2012/04/the-new-passivity/.
Stevens, Phillips, Jr. 1978. "Play and Work: A False Dichotomy." *Association for the Anthropological Study of Play Newsletter* 5 (2): 17–22.
Stim, Richard. 2016. *Getting Permission: How to License and Clear Copyrighted Materials Online and Off*. 6th ed. Berkeley, CA: Nolo.
Stuart, Tess. 2013. "Rage against the Machinima." *Village Voice*, January 9. http://www.villagevoice.com/news/rage-against-the-machinima-6437191.
Sundén, Jenny. 2003. *Material Virtualities*. New York: Peter Lang.
Szablewicz, Marcella. 2016. "A Realm of Mere Representation? 'Live' E-Sports Spectacles and the Crafting of China's Digital Gaming Image." *Games and Culture* 11 (3): 256–74.
Tarvis, Carol. 1992. *The Mismeasure of Woman*. New York: Simon and Schuster.
Taylor, Nicholas Thiel. 2016. "Now You're Playing with Audience Power." *Critical Studies in Media Communication* 33 (4): 293–307.

Taylor, T. L. 1999. "Life in Virtual Worlds: Plural Existence, Multimodalities, and Other Online Research Challenges." *American Behavioral Scientist* 43 (3): 436–49.

———. 2006a. "Does WoW Change Everything? How a PvP Server, Multinational Playerbase, and Surveillance Mod Scene Caused Me Pause." *Games and Culture* 1 (4): 1–20.

———. 2006b. *Play between Worlds: Exploring Online Game Culture*. Cambridge, MA: MIT Press.

———. 2008. "Becoming a Player: Networks, Structures, and Imagined Futures." In *Beyond Barbie and Mortal Kombat: New Perspectives on Gender and Gaming*, edited by Yasmin Kafai, Carrie Heeter, Jill Denner, and Jennifer Y. Sun, 50–65. Cambridge, MA: MIT Press.

———. 2009. "The Assemblage of Play." *Games and Culture* 4 (4): 331–39.

———. 2012. *Raising the Stakes: E-Sports and the Professionalization of Computer Gaming*. Cambridge, MA: MIT Press.

Taylor, T. L., and Emma Witkowski. 2010. "This Is How We Play It: What a Mega-LAN Can Teach Us about Games." *Foundations of Digital Games Conference Proceedings*, Monterey, CA, June 19–21.

Terranova, Tiziana. 2000. "Free Labor: Producing Culture for the Digital Economy." *Social Text* 18 (2): 33–58.

"The Playboy Interview: Roone Arledge." 1976. *Playboy*, October, 63–86.

Thomas, Luke. 2012. "Justin.Tv Wins Partials Dismissal of UFC Lawsuit, Case Still Ongoing." MMAFighting, March 22. http://www.mmafighting.com/news/2012/3/22/2891833/justin-tv-dismissal-zuffa-ufc-lawsuit-trademark-copyright-mma-news.

Thompson, Derek. 2014. "Which Sports Have the Whitest/Richest/Oldest Fans?" *Atlantic*, February 10. https://www.theatlantic.com/business/archive/2014/02/which-sports-have-the-whitest-richest-oldest-fans/283626/.

———. 2015. "The Economy Is Still Terrible for Young People." *Atlantic*, May 19. https://www.theatlantic.com/business/archive/2015/05/the-new-normal-for-young-workers/393560/.

TitleIX.info. 2016. "History of Title IX." http://titleix.info/History/History-Overview.aspx.

Toal, Drew. 2012. "The TV Show Will Fire Back!" Gameological Society. http://gameological.com/2012/04/the-tv-show-will-fire-back/.

Toner, Ruth. 2017. "Toxicity and Moderation." Paper presented at the Game UX Summit, Toronto, ON, October 4–6.

Turkle, Sherry. 1995. *Life on the Screen*. New York: Simon and Schuster.

Turkle, Sherry, and Seymour Papert. 1990. "Epistemological Pluralism." *Signs* 16 (1): 128–57.

Turner, Graeme. 2009. "Television and the Nation." In *Television Studies after TV*, edited by Graeme Turner and Jinna Tay, 54–64. London: Routledge.

———. 2010. *Ordinary People and the Media*. Los Angeles: Sage.

———. 2011. "Surrendering the Space." *Cultural Studies* 25 (4–5): 685–99.

Turner, Graeme, and Jinna Tay, eds. 2009. *Television Studies after TV*. London: Routledge.

Turow, Joseph. 2011. *The Daily You*. New Haven, CT: Yale University Press.

Tushnet, Rebecca. 2008. "User-Generated Discontent: Transformation in Progress." Georgetown University Law Center Working Paper. http://scholarship.law.georgetown.edu/fwps_papers/66.

———. 2010. "I Put You There: User-Generated Content and Anticircumvention." *Vanderbilt*

Journal of Entertainment and Technology Law 12 (4): 889–946.

———. 2013. "Performance Anxiety." *Journal of the Copyright Society of the U.S.A.* 60:209–48.

TWC Editor. 2009. "Diane E. Levin: Child's Play as Transformative Work." *Transformative Works and Cultures* 2. http://journal.transformativeworks.org/index.php/twc/article/view/105/80.

Twitch. 2014. "Twitch Rules of Content." October 27. http://help.twitch.tv/customer/portal/articles/983016-twitch-rules-of-conduct.

———. 2016a. "How to Use AutoMod." December 12. https://help.twitch.tv/customer/portal/articles/2662186-how-to-use-automod.

———. 2016b. "Introducing SureStream." November 2. https://blog.twitch.tv/introducing-surestream-for-a-better-video-ad-experience-on-twitch-3ca5ce3287c.

———. 2016c. "Seasonal Trends in Advertising and Revenue." June 1. https://help.twitch.tv/customer/portal/articles/880219-seasonal-trends-in-advertising-and-revenue.

———. 2016d. "Twitch and Third-Party Terms of Service and User Agreements." July 13. https://blog.twitch.tv/twitch-and-third-party-terms-of-service-and-user-agreements-b9827599e0fc#.9qbdvv2tg.

———. 2017a. "IRL FAQ." January 18. https://help.twitch.tv/customer/portal/articles/2672652-irl-faq.

———. 2017b. "Twitch Overview." Unpublished, personal communication.

———. 2017c. "TwitchCon 2017 Keynote Celebrates Creators, Announces Upcoming Features, and Shares Latest Milestones." *Business Wire*, October 20. http://www.businesswire.com/news/home/20171020005247/en/TwitchCon-2017-Keynote-Celebrates-Creators-Announces-Upcoming.

———. 2018. "Extensions Guide." https://dev.twitch.tv/docs/extensions/guide/.

UFC. 2011. "Zuffa Files Suit against Justin.tv." January 21. http://www.ufc.com/news/zuffa-sues-justin-tv-copyright-infringement?id=.

Uricchio, William. 2004. "Televisions's Next Generation." In *Television after TV: Essays on a Medium in Transition*, edited by Lynn Spigel and Jan Olsson, 163–82. Durham, NC: Duke University Press.

———. 2008. "Television's First Seventy-Five Years: The Interpretive Flexibility of a Medium in Transition." In *The Oxford Handbook of Film and Media Studies*, edited by Robert Kolker, 286–305. Oxford: Oxford University Press.

Uszkoreit, Lena. 2018. "With Great Power Comes Great Responsibility: Video Game Live Streaming and Its Potential Risks and Benefits for Female Gamers." In *Feminism in Play*, edited by Kishonna L. Gray, Gerald Voorhees and Emma Vossen, 163–81. London: Palgrave Macmillan.

Vee, Ryoga, Chinemere Iwuanyanwu, D'Juan Irvin, and Terrance Miller. 2016. "Diversify Twitch." Panel at TwitchCon, San Diego, CA, September 30–October 2.

Walker, Austin. 2014. "Watching Us Play: Postures and Platforms of Live Streaming." *Surveillance and Society* 12 (3): 437–42.

Wang, Jing. 2015. "TV, Digital, and Social: A Debate." *Media Industries Journal* 1 (3). http://quod.lib.umich.edu/m/mij/15031809.0001.311?view=text;rgn=main.

Weber, Max. 1949. *The Methodology of the Social Sciences*. Translated and edited by Edward A. Shils and Henry A Finch. New York: Free Press.

Weber, Rachel. 2015. "Twitch Appoints VP of Game Developer Success." Gamesindustry.biz, November 16. https://www.gamesindustry.biz/articles/2015-11-16-twitch-appoints-vp-of-game-developer-success.

Wenner, Lawrence, ed. 1998. *MediaSport*. London: Routledge.

Westen, Burns H., and David Bollier. 2013. "The Importance of Vernacular Law in Solving Ecological Problems." CSWire Talkback, December 13. http://www.csrwire.com/blog/posts/1147-the-importance-of-vernacular-law-in-solving-ecological-problems.

White, Michelle. 2006. *The Body and the Screen*. Cambridge, MA: MIT Press.

Wilson, Sherryl. 2016. "In the Living Room: Second Screens and TV Audiences." *Television and New Media* 17 (2): 174–91.

Wirman, Hanna. 2009. "On Productivity and Game Fandom." *Transformative Works and Cultures* 3. http://journal.transformativeworks.org/index.php/twc/article/view/145/115.

Witkowski, Emma. 2018. "Doing/Undoing Gender with the Girl Gamer in High Performance Play." In *Feminism in Play*, edited by Kishonna L. Gray, Gerald Voorhees and Emma Vossen, 185–203. London: Palgrave Macmillan.

"Workshop #1 White Paper: Women in Esports." 2015. AnyKey. http://www.anykey.org/wp-content/uploads/AnyKey_Workshop_1-White_Paper-20October2015.pdf.

Yang, Robert. 2015. "On My Games Being Twice Banned by Twitch." September 24. https://www.blog.radiator.debacle.us/2015/09/on-my-games-being-twice-banned-by-twitch.html.

Yang, Robert. 2016. "Why I Am One of the Most Banned Developers on Twitch." Polygon, July 14. https://www.polygon.com/2016/7/14/12187898/banned-on-twitch.

Yee, Nick. 2008. "Maps of Digital Desires: Exploring the Topography of Gender and Play in Online Games." In *Beyond Barbie and Mortal Kombat: New Perspectives on Gender and Gaming*, edited by Yasmin Kafai, Carrie Heeter, Jill Denner, and Jennifer Y. Sun, 83–96. Cambridge, MA: MIT Press.

YouTube. 2013. "Content ID." http://www.youtube.com/t/contentid.

———. 2017. "Statistics." https://www.youtube.com/yt/press/en-GB/statistics.html.

Zuckerman, Ethan. 2014. "The Internet's Original Sin." *Atlantic*, August 14. https://www.theatlantic.com/technology/archive/2014/08/advertising-is-the-internets-original-sin/376041/.

薄荷实验
think as the natives

"薄荷实验"是华东师范大学出版社旗下的社科学术出版品牌,主张"像土著一样思考"(Think as the Natives),以期更好地理解自我、他人与世界。该品牌聚焦于社会学、人类学方向,探索这个时代面临的重要议题。相信一个好的故事可以更加深刻地改变现实,为此,我们无限唤醒民族志的魔力。

MINT LAB　　薄荷实验·已出书目

《香港重庆大厦:世界中心的边缘地带》

麦高登 著　杨玚 译

《特权:圣保罗中学精英教育的幕后》

西莫斯·可汗 著　蔡寒韫 译

《音乐神童加工厂》

伊莎贝拉·瓦格纳 著　黄炎宁 译

《学以为己:传统中国的教育》

李弘祺 著

《乳房:一段自然与非自然的历史》

弗洛伦斯·威廉姆斯 著　庄安祺 译

《美丽的标价:模特行业的规则》

阿什利·米尔斯 著　张皓 译

《喂养中国小皇帝:儿童、食品与社会变迁》

景军 主编　钱霖亮、李胜等 译

《给无价的孩子定价:变迁中的儿童社会价值》

维维安娜·泽利泽 著　王水雄等 译

《唐人街:镀金的避难所、民族城邦和全球文化流散地》

王保华、陈志明 主编　张倍瑜 译

《捡垃圾的人类学家:纽约清洁工纪实》

罗宾·内葛 著　张弼衍 译

《人行道王国》

米切尔·邓奈尔 著 马景超、王一凡、刘冉 译

《清算:华尔街的日常生活》

何柔宛 著 翟宇航等 译

《看上去很美:整形美容手术在中国》

文华 著 刘月 译

《找工作:关系人与职业生涯的研究》

马克·格兰诺维特 著 张文宏 译

《道德与市场:美国人寿保险的发展》

维维安娜·泽利泽 著 姚泽麟等 译

《末日松茸:资本主义废墟上的生活可能》

罗安清 著 张晓佳 译

《母乳与牛奶:近代中国母亲角色的重塑(1895-1937)》

卢淑樱 著

《生老病死的生意:文化与中国人寿保险市场的形成》

陈纯菁 著 魏海涛、符隆文 译

《病毒博物馆:中国观鸟者、病毒猎人和生命边界上的健康哨兵》

弗雷德雷克·凯克 著 钱楚 译

《感情研究指南:情感史的框架》

威廉·雷迪 著 周娜 译

《培养好孩子:道德与儿童发展》

许晶 著 祝宇清 译

《拯救婴儿?新生儿基因筛查之谜》

斯蒂芬·蒂默曼斯、玛拉·布赫宾德 著 高璐 译

《金钱的社会意义：私房钱、工资、救济金等货币》

　　维维安娜·泽利泽 著　姚泽麟等 译

《成为三文鱼：水产养殖与鱼的驯养》

　　玛丽安娜·伊丽莎白·利恩 著　张雯 译

《生命使用手册》

　　迪杰·法桑 著　边和 译

《不安之街：财富的焦虑》

　　瑞秋·谢尔曼 著　黄炎宁 译

《寻找门卫：一个隐蔽的社交世界》

　　彼得·比尔曼 著　王佳鹏 译

《依海之人：马达加斯加的维佐人，一本横跨南岛与非洲的民族志》

　　丽塔·阿斯图蒂 著　宋祺 译

《风险的接受：社会科学的视角》

　　玛丽·道格拉斯 著　熊畅 译

《人类学家如何写作：民族志阅读指南》

　　帕洛玛·盖伊·布拉斯科、胡安·瓦德尔 著　刘月 译

《亲密的分离：当代日本的独立浪漫史》

　　艾莉森·阿列克西 著　徐翔宁、彭馨妍 译

《亨丽埃塔与那场将人类学送上审判席的谋杀案》

　　吉尔·施梅勒 著　黄若婷 译

《实验室生活：科学事实的建构过程》

　　布鲁诺·拉图尔、史蒂夫·伍尔加 著　修丁 译

《德国电梯社会：一个欧洲心脏地区的危机》

　　奥利弗·纳赫特威 著　黄琬 译

《封面之下：一本小说的创作、生产与接受》

克莱顿·柴尔德斯 著 张志强、王翡 译

《离开学术界：实用指南》

克里斯托弗·卡特林 著 何啸风 译

《事实与虚构：论边界》

弗朗索瓦丝·拉沃卡 著 曹丹红 译

《影子母亲》

卡梅隆·林·麦克唐纳 著 杨可 译

《诊所在别处》

托德·迈耶斯 著 姚雨萌 译

《特殊待遇：来自亚洲一流医院的医学生》

安娜·鲁多克 著 于茗骞 译

《生活在写作之中：与契诃夫一同磨砺民族志技艺》

基伦·纳拉扬 著 淡豹 译

《修复世界：保罗·法默博士与下一代医生的对话》

保罗·法默 著 张晶 译

《金门：美国住房之战》

康纳·多尔蒂 著 相欣奕、张美华 译

《寻找正确的单词：一个关于文学、悲伤和大脑的故事》

辛迪·温斯坦、布鲁斯·米勒 著 鲍伟奇 译

《拍电影的人类学家：先驱让·鲁什的田野与民族志研究》

保罗·斯托勒 著 杨德睿 译

《VIP 世界》

阿什利·米尔斯 著 时川萌 译

《游戏直播简史：重塑游戏、电竞与情感经济》

T. L. 泰勒 著 曹书乐、何威 译

◎ 薄荷实验 · 中文原创

《生熟有道：普洱茶的山林、市井和江湖》

张静红 著

《过渡劳动：平台经济下的外卖骑手》

孙萍 著

《薄暮时分：在养老院做田野》（暂名）

吴心越 著